U0040213

LOCUS

LOCUS

LOCUS

LOCUS

touch

對於變化，我們需要的不是觀察。而是接觸。

touch 67

第二波魔球革命

提升事業與人生戰績，球團、企業、個人都能用的常勝智慧

Astroball

The New Way to Win It All

作者：班・賴特 Ben Reiter

譯者：趙盛慈

審訂者：曾文誠

責任編輯：吳瑞淑

封面設計：三人制創

校對：呂佳真

出版者：大塊文化出版股份有限公司

台北市10550南京東路四段25號11樓

www.locuspublishing.com

電子信箱：locus@locuspublishing.com

讀者服務專線：0800-006689

TEL：(02) 87123898　　FAX：(02) 87123897

郵撥帳號：18955675　　戶名：大塊文化出版股份有限公司

法律顧問：董安丹律師、顧慕堯律師

版權所有　翻印必究

Copyright © 2018 by Ben Reiter

This translation published by arrangement with Crown Archetype, an imprint of the Crown Publishing Group, a division of Penguin Random House LLC through Andrew Nurnberg Associates International Limited

Complex Chinese translation copyright © 2019 by Locus Publishing Company

All rights reserved

總經銷：大和書報圖書股份有限公司

地址：新北市新莊區五工五路2號

TEL：(02) 89902588 (代表號)　　FAX：(02) 22901658

初版一刷：2019年2月

定價：新台幣380元

Printed in Taiwan

提升事業與人生戰績, 球團、企業、個人都能用的常勝智慧

第二波魔球革命

Astroball

The New Way to Win It All

美國《運動畫刊》專欄作家
Ben Reiter
班・賴特　著
趙盛慈　譯

獻給最佳隊友

愛麗絲、瑪德琳、希莉亞

我想，世界上最有福氣的一件事，就是以人類的心智，沒有能力將世上一切事物統統賦予關聯。這是一個無邊無際的黑暗汪洋，我們生存於祥和的無知之島上，而我們並非注定要揚帆遠行。每一門科學，都在各自努力奮鬥，所以幾乎沒有對我們造成傷害。但是一旦分離的知識拼湊起來，這駭人的現實，以及我們所在的可怕位置，就會顯現。如此一來，我們不是因為真相揭示而瘋癲，就是從這致命的光明，逃向和平、安全的新黑暗時代。

——洛夫克拉夫特（H. P. Lovecraft），一九二八年

如果我的直覺不對，混音就還沒完成。

——德瑞博士（Dr. Dre），二〇一四年

推薦序
「原來答案就在這裡！」

曾文誠（TSNA創辦人、FOX體育台球評）

二〇一七年世界大賽第七戰，我在轉播席看到台灣球迷暱稱「阿土伯」的奧圖維完成最後一個出局數，結束這驚心動魄的七場大戰，太空人隊拿下隊史的首座世界大賽冠軍時，我心中仍有一絲不解，為何著名的《運動畫刊》能準確預測到這一年冠軍隊伍就是太空人，而且早在二〇一四年就大膽用封面預告，要知道那年太空人可是大爛隊啊！

答案原來就在班．賴特這本新書當中。

太空人用大數據，精準地量化選手的價值，這個精準的判斷來自總經理魯諾領導下的特別小組，本書稱之為「數據宅之窩」，所以如果不是量化數據下產生的結果，他們不會用珍貴的選秀狀元相中波多黎各的高中游擊手，不會留下一百六十五公分身高的二壘手，還有用將來性十足的小聯盟新秀，去交換一位已經超過三十歲，但卻要價兩千萬美元以上的投手，還有，還有，太空人率風氣之先，應用數據做出防守布陣，這種移防布陣如今可說是大聯盟的顯學啊。

若從這個角度來看，以數據為先，量化每位選手可能的表現結果，做出球隊經營的方針，從此角度觀之，稱這本書為「魔球2」似乎不為過，但「魔球2」就是不同，這是我喜歡這本書的地方。

如果你有看《魔球》，見識到運動家在有限資源下保持競爭力的話，你也應該感覺到此書似乎有意無意地把傳統的球探打成食古不化的大反派。但《第二波魔球革命》，所述就不同了，太空人隊整合了來自高等學府，有理工背景的「宅男」，和數十年看球經驗的球探，利用各自優點在選秀會做出最正確的決定，打下不只是二〇一七年也是未來爭冠的基礎。

但我喜歡這本書還在於它那濃濃的「人味」，不是只有冰冷的數字，一切靠量化，例如網羅貝爾川那段，他們靠的是直覺，相信休息區有所謂的「化學效應」，把這位不惑之年的明星球員拉到太空人隊裡，他們希望他做的不是轟非常多的全壘打，或防守上有什麼美技，而是帶領這群年齡偏輕的球員克服各種場內外的挑戰，這是魯諾等太空人高層希望貝爾川辦到的，而事實上這種「化學效應」真的出現在休息區中，這是根本算不出的。

還有，是人都會犯錯，也是這本書不忘告訴我們的，從百敗的球隊到世界大賽冠軍，太空人隊也曾做下錯誤的決策，例如把近年大聯盟最強悍的打者J・D・馬丁尼茲釋出，成為他們最難以彌補的痛，另外還差點把後來拿下賽揚獎的凱戈交易出去，只因他沒有太好的球速。

當然這只是小插曲，太空人隊如何在百敗之下，讓《運動畫刊》做出最正確的預測，就是他們顯示出的長遠建隊計畫，適才適用及量化數據的應用，但即使如此，我還是很喜歡書末所寫到的：「如果說拒絕數據力量的人會被淘汰，那麼相信數據就有答案的人，同樣也會失去競爭力」，畢竟打棒球的是人，再好的科技只是工具。

喔，對了，這本書我花不到兩天就看完了，相信你也會是。

目錄

前言

謝謝你的玩笑

休士頓太空人隊（Huston Astros）的球場前身是休士頓舊中央車站。二〇一四年六月，我踏進太空人隊球場辦公室，準備開始為《運動畫刊》（*Sports Illustrated*）撰寫報導。不管我對這支球隊了解多少，有件事足以令所有情況黯然失色，幾乎體育界的人統統這麼認為。

他們的表現糟得可笑。

太空人是五十年來最差勁的棒球隊。他們在二〇一一年輸掉一百零六場比賽，二〇一二年輸掉一百零七場，二〇一三年輸掉一百一十一場。繼紐約大都會隊（New York Mets）在一九六〇年代早期接連墊底之後，就是太空人隊連續三年吊車尾了。現在，他們即將再次慘吞最後一名。他們的比賽在當地電視台轉播時，有好幾次收視率拿鴨蛋，表示尼爾森公司（Nielsen）無法證實有任何一個休士頓人收看比賽轉播。相較之下，倒是有很多人看崔貝克（Alex Trebek）在二〇一三年十一月十八日那一集《危險邊緣》（*Jeopardy!*），拿一道獎金一千美元的問題來嘲笑太空人隊，主持人問道：

「這個預防的裝置是油井設備中，用來控制井孔油液的大型活門裝置；太空人隊本來該拿來用一用。」

來自辛辛那提，教五年級的老師回答：「是防噴器嗎？」

雖說沒有價值本來就經常和擺爛同時發生，但從表面上看，太空人就是一支平凡無奇、沒有什麼價值、又在擺爛的球隊。看他們究竟還能多爛，可能有點意思，不過事實擺在眼前，要是沒有好理由，《運動畫刊》和主編史東（Chris Stone）才不會付錢讓我搭飛機到休士頓去，更別說要為這支當地的爛棒球隊撰寫特別報導了。但我已經說服史東相信，這種輸球的狀況，有些事情說不通。

據說，太空人隊的經營高層是超級天才，先前有成功帶領聖路易紅雀隊（St. Louis Cardinals）球探部門的經驗。可是在休士頓，他們卻一季接著一季只輸不贏，因為這樣，太空人隊不只在棒球圈，在整個體育界都淪為人們的笑柄。經過將近一年的討論，球團答應，讓我史無前例地參與他們的內部運作。從二〇一四年的業餘選秀大會頭幾輪，一直到對洛杉磯天使隊（Los Angeles Angels）的主場系列賽，我都參與了。

他們必得有一套作戰計畫，而我想要了解這個計畫。

但我發現令我驚訝的事，這些事可以分成幾個層次。不，太空人隊的決策人士並不認為，球隊會在二〇一四年勝出，他們認為，會像二〇一三或二〇一二年那樣戰績慘澹。他們其實也沒有在擺爛，至少從傳統上大家對擺爛的理解來看並非如此（傳統上，大家認為球隊會為了隔年的高順位選秀權而刻意擺爛輸球）。不過他們還是拿到了高順位選秀權。我加入他們的那個星期，他們即將連續第三年握有狀元籤。

可那只是整個偉大策略的一部分，他們不要浪費任何一個決定，或任何一毛錢，而拖延他們的球隊打造計畫。這支球隊，不僅要成為冠軍，更要建立起一個王朝。深陷泥淖的體育隊伍為將來而戰，這種情形在以前發生過好幾次，但正如太空人隊所言，從來沒有隊伍如此一心一意，也沒有隊伍像這樣公開自己的意圖。在ＮＢＡ美國職籃的費城七六人隊（Philadelphia 76ers）展開「相信過程」（The Process）之前，ＮＦＬ職業美式足球聯盟的克里夫蘭布朗隊（Cleveland Browns）在二〇一五年左右開始出招之前，太空人隊就已經這麼做了。這是新的做法。

更耐人尋味的一點，在於太空人隊高層主管的決策方式。棒球運動展開數據革命的時間超過十年，現在太空人隊的經營者當中，有許多人從科技業起家。其中一人甚至曾經是美國太空總署的火箭科學家。所以他們了解大數據，而且他們創立一個部門，來解析大數據和掌控大數據的力量。

最重要的是，他們也明白大數據的缺點，而全世界的人才正要開始與大數據的缺點對抗而已。從某個方面來說，這正是本書所要探討的主題。

但我說過頭了。

就在兩年前，《紐約時報》宣告大數據時代來臨，稱頌電腦潛力無限，從前多得超乎想像，甚或單純不存在的資訊庫藏，現在可以用電腦徹底搜尋和分析，來達到諸如減少犯罪、抑制疾病爆發、為有情人牽線，以及替投資人賺進大把大把鈔票的目的。大數據會找出世界運作的隱藏模式，讓我們解開世界運作的謎團，甚至透過向前推論，來預測未來。

但是隔年，大數據變成一個人人都在談、講到爛掉的企業行話。有一個部落格搜遍文字紀錄，估算出二〇一三相較於二〇一二年，在華爾街的電話會議和投資人簡報裡，大數據一詞的使用頻率，比從前高出百分之四十三。在TED演講中，大數據聽起來很酷炫，但事實上，大數據幾乎就等於數據和用來處理數據的演算法，而且大多數的時候，數據和演算法不是不完整就是有瑕疵。而且人們開始發現，過度倚賴大數據來當作決策引擎，可能導致刑事司法體系中出現愈來愈多含種族偏誤的情形、股市會突然崩盤、有才幹的教師遭到大量解雇，還有，如太空人隊所相信，棒球隊會變得平凡而沒有深度。總有一天，總統大選的競選團隊會採用號稱政治史上最先進的數據運算方式，推斷出候選人完全不必在好幾個決戰州（例如密西根州和威斯康辛州）從事競選活動，因為拿下這些選舉人票的機率，候選人都已經胸有成竹了。

儘管如此，太空人隊卻發展出一套方法，將近來大家所忽略的資料來源，重新整合到他們的決策過程當中：人。他們把人類的觀察發現融入機率模型，並且讓人類來負責鑑別結論的輕重緩急——有時候還負責駁回結論。而且他們發現，那些牽涉到人類的結論容易產生變化，又具有無法預測的特性，很少一點爭議都沒有。他們想辦法找出，是哪些選手對當前狀況感到不滿，並且擁有超強的改進動力和能力。他們說，這是成長的心態。

離開休士頓的當下，我開始思考，採用太空人隊的方法，不僅僅是能夠拿下勝場數這麼簡單而已。假如這個方法有效，或許就是一種證明，顯示新的思維模式能夠用來打造一支棒球隊，而且能夠讓人類和電腦相得益彰。在這個人們被數據淹沒的時代裡，我們都對人工智慧即將帶來失業而感到恐慌，太空人隊讓我們看見正面的結果，知道成功並非取決於人類或機器，而是取決於人類與機器——前提是由人類主導。

要不然，太空人隊就會成為有史以來最慘烈、最翻不了身的輸家。不僅僅在運動界，連在任何行業當中都是如此。

史東是《運動畫刊》的第九位主編，先前他在《運動畫刊》當了二十年的曲棍球賽記者。他身上流著出版的血液。他的父親在美國末代獨立報紙——康乃狄克州《日報》（*The Day*）——擔任很長一段時間的社論版副主編。史東一從哥倫比亞大學新聞系畢業，就到《運動畫刊》工作，希望有一天能負責經營《運動畫刊》。其中一個含義是，由他來幫忙設定每個星期的全國體育議題。他在二〇一二年的時候辦到了。

兩年後，二〇一四年的六月即將邁入尾聲，史東面臨到一個許多雜誌主編經常感到頭痛的問題：這期雜誌就要截稿了，但他還沒有封面報導。

史東沒有料到那個星期會是這樣的狀況。初夏時節，體育賽事很多，有史丹利盃（Stanley Cup）冰上曲棍球決賽、ＮＢＡ職籃總冠軍戰，而且二〇一四年還有世界盃足球賽。可是那一年，曲棍球和籃球的七戰四勝制冠軍賽提早結束了。洛杉磯國王隊（Los

Angeles Kings）只用五場比賽就打敗紐約遊騎兵隊（New York Rangers），在六月十三日封王；聖安東尼奧馬刺隊（San Antonio Spurs）也只用五場比賽就打敗邁阿密熱火隊（Miami Heat），在六月十五日封王。兩支冠軍隊伍都產生得太快，不足以登上《運動畫刊》的封面，但那一期《運動畫刊》即將在六月二十三日截稿，六月三十日正式出刊。

六月二十二日美國男子足球隊在世界盃對上葡萄牙隊，直到這場比賽的傷停補時階段以前，他們都很有躍上封面報導的架式。結果，C羅納度（Cristiano Ronaldo）在巴西世界盃成功傳出中球，飛奔過來的瓦瑞拉（Silvestre Varela）越過美國門將霍華德（Tim Howard）順利頭槌破網，將勝利在望的美國隊逼成平手。《運動畫刊》的封面報導不會放和局比賽。

就在那個星期天，出現第四個可能登上封面報導的對象。曾經轟動一時、在二〇〇五年即將滿十六歲前一個星期成為職業選手、身高一百八十二公分的韓裔美籍高爾夫球選手魏聖美，終於在眾人一片看好看了很多年後有所突破，拿下她的第一場大賽冠軍頭銜——美國女子高爾夫公開賽。當時《運動畫刊》的資深高爾夫記者西普納克（Alan Shipnuck）人就在北卡羅萊納州松林二號球場。他熬了一整個晚上，寫出一篇細膩的三千字報導，介紹他花了十年時間報導的魏聖美，如何克服被大家當成天才少女卻屢屢失敗的壓力，拿下等待已久的勝利。他交出報導，對於登上雜誌封面信心十足。難得有一篇不是以老虎伍茲為主角的高爾夫球報導。

但史東開始考慮第五個選項。他真心相信，太空人隊像我在交出去的報導裡所形容的那樣有潛力。他說：「我讀完報導以後，相信太空人隊有一個非常有趣的計畫，而且我相信計畫會成功。」

二〇一四年六月二十三日星期一，那期雜誌就要截稿了，史東問了我一個問題：從實事求是的角度來說，這個計畫什麼時候會成功？也就是，這群在太空人隊各就各位的核心選手，什麼時候會開花結果，成為明星球員，還有太空人隊的決策高層要到什麼時候，才會做完所有決策，讓他們心目中的制勝陣容上場比賽？二〇二〇年，還是二〇一九年？

我告訴他，是二〇一七年。

幾天後，身在加州卡梅爾鎮的西普納克，臉上掛著微笑，從他住的屋子走向四十五公尺外的信箱，打開生鏽的信箱門，伸手進去摸索，直到感覺摸到《運動畫刊》的平整頁面。他等不及看到他挑選的魏聖美封后照片。西普納克回憶：「想像一下，當我發現等著我的竟然是最遜的棒球隊那一身俗艷的制服，我有多麼吃驚和失望。是郵差在整我嗎？可惜不是。」

封面照片不是魏聖美，而是太空人隊的外野手新秀喬治・史普林格（George Spring-

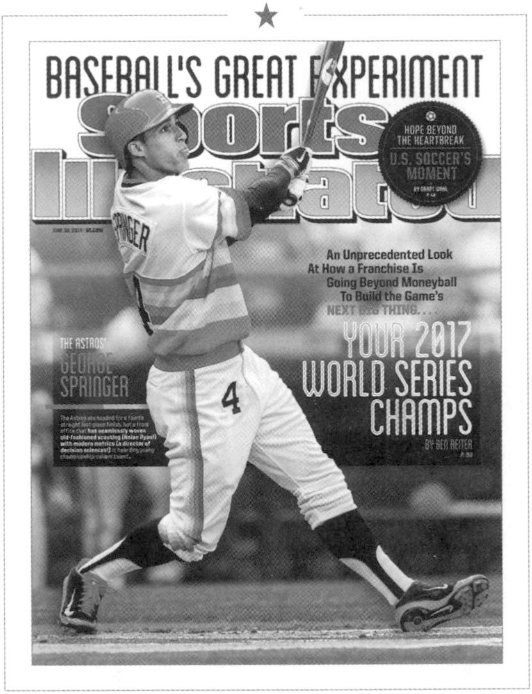

二〇一四年六月三十日的《運動畫刊》封面。

er）。史東不但捨棄新科球后，選擇讓這支最遜（甚至連贏球都放棄）的職業棒球隊光榮登上雜誌封面，而且還給予祝福，荒謬地預言這支球隊總有一天會成功。正在揮棒的史普林格右邊，用大寫字體呈現的封面故事標題寫著：歡迎二〇一七年世界大賽冠軍。

這真是孤注一擲。

拉斯維加斯賭盤通常會在春訓期間預言該年度最有可能奪冠的球隊，但那支球隊在秋天實際拿下總冠軍的機率不到兩成。事實上，《運動畫刊》的棒球搶先報已經十五年沒有預測球季冠軍隊伍了，上一次是一九九九年預測洋基隊（Yankees）奪冠，而基特（Derek Jeter）會帶領球隊打贏冠軍保衛戰並不令人意外。自從一九八七年，《運動畫刊》刊登以〈印地安人起義〉（Indian Uprising）為標題的封面報導（這個標題從許多方面來說下得很可惜），大力推崇克里夫蘭印地安人隊（Cleveland Indians）是大聯盟最佳球隊，但六個月後印地安人隊卻以六十一勝一百零一敗的戰績作收，到現在《運動畫刊》都還會因此收到讀者投書。眼下，《運動畫刊》告訴三百萬名訂閱雜誌的讀者，棒球界五十年來最差的球隊，再過三年半就會在世界大賽奪冠。

史東剛啟用推特帳號，沒多久就出現第一則酸他的留言。不管哪一份刊物，不管哪一個職員，質疑老總挑選的封面都是前所未聞的事，但西普納克實在太氣憤了，氣到管不住自己。他拿出手機在推特上面留言：「我寫的 @themichellewie 報導刊登在這個星期的《運動畫刊》上，就是用吊車尾的太空人隊當封面的那一期。#現在就殺了我 #拜託。」

史東用幽默態度接納了西普納克對他出言不遜的事。西普納克只是對太空人隊封面故事感到不相信和憤怒的眾多人士之一，就連太空人隊自己的家鄉都有這樣的聲浪。事實上，休士頓那裡對此尤其反感。《休士頓紀事報》（*Houston Chronicle*）嗤之以鼻地表示，這篇報導「只不過是譁眾取寵，或許根本只是說笑而已，不是預言」。

有一個很有代表性的球迷在推特上留言：「謝謝你的玩笑！我很久沒有像那樣大笑了……二〇一七年總冠軍，哈哈哈哈。」

你知道後來結果如何。二〇一七年十一月一日，休士頓太空人隊拿下世界大賽冠軍，史普林格獲選那年世界大賽的最有價值球員。這個結果令體育界眾人興奮不已，尤其是太空人隊的球迷還有賭徒們。許多人根據這個一度顯得可笑的預測來下注，讓拉斯維加斯的賭盤莊家大輸一千一百四十萬美元。

至少，有一個人顯然例外。西普納克寫下：「咬我啊，賴特。」

休士頓太空人隊以前是棒球史上爛到爆的一支球隊，而他們決心成為最棒的球隊。這是他們辦到的方法。

楔子
法官的遠見

休士頓太空人隊是在太空時代開啟和展開的過程中孕育出來的一支隊伍，從一開始就是一個創新的組織。他們的創始者是一位手腳纖細、肚子圓滾滾的經理人，名叫羅伊・馬克・霍芬海斯（Roy Mark Hofheinz）。霍芬海斯只想用創新的方式來經營球隊。他的第一個計畫，也是最偉大的一個計畫，就是他自己。

一九一二年，霍芬海斯出生在休士頓東北方一百三十六公里的德克薩斯州博蒙特市。儘管當時博蒙特有些家庭因為附近油田湧出石油而開始有錢，但霍芬海斯的家庭卻沒有因此致富。他的父親是一名洗衣店卡車駕駛，在霍芬海斯十五歲的時候，在卡車的方向盤前過世。

羅伊期許自己未來能活得比父親久，過得比父親成功。四年後，他在十九歲那年通過州律師考試，二十二歲那年當上州議員，並在二十四歲那年，成為美國最年輕的郡法官。三十五歲的時候，他成為百萬富翁，經營石油生意，也經營廣播電台、電視台、房地產，以及用於製造水泥的煉鋼副產品爐渣。一九五三年，四十一歲的他當上休士頓市長，並在兩屆任期內打擊休士頓的賭博和色情業，並且力抗市議會對他的彈劾。

那時，霍芬海斯成為一位名聞遐邇的法官，名氣遠遠超出休士頓。他開始尋找人生中第二件偉大的使命。他相信，他在市中心南方十一公里處，一塊一千平方公尺的沼澤地上找到了。大部分的人只把那個地方當作狩獵場，認為那裡只適合短吻鱷、鴨子、蚊子，還有追逐動物和被動物追逐的人，但霍芬海斯想像的卻是其他東西。在他眼中看見的是，將來有一天，令人尊敬的葛培理（Billy Graham）牧師會視為世界第八大奇景的場地。

霍芬海斯法官做任何事都豪氣萬千，即便是用他家鄉德州的標準來看，也很豪邁。五十好幾、接近六十歲的時候，他的腰圍吋數就跟年紀數字一樣。他很喜歡說，「任何不會反咬我一口的東西」我都吃。在他的觀念裡，節制就是把傑克丹尼威士忌和低卡胡椒博士汽水混著喝，還有把他每天抽的無憂牌雙椎形雪茄（Sans Souci Perfectos），從二十五支裝的盒子裡，多少分送幾支出去。

霍芬海斯要休士頓和他一樣來者不拒，從連他都稱為內陸鄉下的地方，成為一座閃耀的新興都市，改變休士頓在國人心中的印象。霍芬海斯在世的時候，石油和運輸業讓休士頓的人口成長了十二倍，從一九一〇年的八萬人，增長到超過一百萬人，成為全國第六十八大城市，連紐約、芝加哥、洛杉磯、費城、底特律等城市都排在休士頓後面。是時候該讓所有人知道休士頓崛起了。對霍芬海斯來說，要讓大家認識休士頓，就要吸引大聯盟球隊到休士頓駐紮。現有的棒球場應付不了這樣的需求。霍芬海斯宣布：「我們會打造一座球場，讓提圖斯皇帝（Emperor Titus）的劇場相形之下就像一間廢棄磚廠。」

提圖斯皇帝的劇場有一個大家比較熟悉的名字，就是羅馬競技場。霍芬海斯蓋球場的時候，靈感正是來自羅馬競技場的其中一個特色：天幕。奴隸會把劇場的天篷拉起來，遮住看臺，確保觀眾在觀賞獅子咬囚犯的時候，不會曬傷或將束腰外衣打濕。休士頓很少有好天氣，年降雨量一千一百六十八毫米，夏季最高溫平均攝氏三十五度左右。大聯盟還沒有拓展到這個位居亞熱帶的荒涼都市，其中一個原因就在這裡。結束義大利之旅，回到德州的霍芬海斯，想出一個計畫。這個計畫不僅能消除惡劣天氣帶來的威脅，還能保證他的球場賽事可以一年三百六十五天，在一個理想而且能完全掌握的地方進行。霍芬海斯說，他心中構思的是這樣一座球場，正式名稱叫作哈里斯郡巨蛋球場（Harris County Domed Stadium）。善於吸引大眾注意的霍芬海斯，沒多久就替球場重新

一九六四年太空巨蛋球場內部焊接工作，離盛大開幕還有一年。

命名。那段時間，美國太空總署的載人太空船中心在休士頓設立，霍芬海斯便趁著這股熱潮，將體育場命名為太空巨蛋球場（Astrodome）。

沼澤地抽乾了，填進人民繳納的三千一百六十萬美元稅收，太空巨蛋球場在一九六五年完工，跟霍芬海斯夢想中的幾乎一模一樣。《紐約時報》專欄作家戴利（Arthur Daley）誇張地說：「記者見過唯一能超越這裡的地方是印度阿格拉市精美的泰姬瑪哈陵。」這是世界上第一座全天幕球場，這裡的天篷連太空總署的工程師都會望之興嘆。天篷頂端高六十三．四公尺，表示球場第二層可以容納一幢十八層樓高的建築，而且上方還有多出來的空間；寬幅則有一百九十五．七公尺，達所有現存天篷的兩倍。天蓬以四千五百九十六塊透明有機玻璃網格製成，陽光可以穿透網格，滋養球場上覆蓋的一．四公頃百慕達草（Tifway）的草坪。

霍芬海斯確保，他心中想像的四萬五千名球迷，成群結隊前來看棒球比賽時，也能在他巨型天幕底下，得到良好的照顧。用最便宜的票價一塊半美金，可以買一個鋪設舒適泡棉坐墊的位子，四周有造價四百五十萬美元的空調系統在不斷運轉著，將溫度降到攝氏二十三度。引導球迷的兩千零九十一名比賽日員工會穿上五十三種不同款式的制服。其中，場地工作人員會穿著太空衣鬆土和澆水。中外野的地方裝了世界上第一個動畫記分板。這個太空記分板（Astrolite）寬一百四十四．五公尺，有五萬顆燈泡在上面，會指示球迷什麼時候該歡呼，什麼時候該大聲吶喊。休士頓球員擊出全壘打的時候，記分板會突然一陣大亮，表演火箭沖天、牛仔掏槍、公牛噴氣的燈光秀。揮金如土的人來這裡，甚至可以有更好的享受。他們可以選擇在三間餐廳和一間私人俱樂部用餐，用五塊半美金的價格，點一份超大的頂級肋眼厚烤牛排。霍芬海斯說：「看過棒球生意過去是怎麼運作的之後，我發現這是我比其他人占優勢的地方。」

比起球迷，最享受大巨蛋球場的還是霍芬海斯法官自己。他在右外野圍欄外，替自己安排了一間占地兩層的頂樓豪華公寓，每一層深七．九公尺，寬六十一公尺，裝飾品

霍芬海斯法官在奢華的太空巨蛋球場會議室。

是他在香港、泰國、中東旅遊六天所購入、重達一萬一千八百公斤的藝術品。他的粉紅大理石浴缸搭配金水龍頭，三．七公尺見方的睡床旁邊擺放金電話，下面鋪著金地毯。有七個以棒球手套為造型的金菸灰缸，放在公寓各處，他會用其中一個來捻熄他的無憂牌雪茄。

霍芬海斯在巨蛋球場開幕前一晚誇口：「沒有人看過這裡，還會在回到卡拉馬朱、芝加哥、紐約後，隨便你說一個，認為這裡還是次等城市，是印地安人的地方。」

霍芬海斯的睡眠時間很少，所以他才有時間每天抽這麼多支雪茄。他花一個星期的時間，測試球場最貴包廂裡的燈光，確定燈光能讓女性觀眾的妝容和服裝增色。他把每個細節都考慮進去了。

每個細節，除了一個：棒球。

「霍芬海斯比較在意吸引一般大眾的枝節事物。」他的其中一名建築師說：「事實上，在我們埋頭蓋這個東西的時候，球隊在霍芬海斯法官心裡，排在最後面。」

問題在打出第一顆內野高飛球的時候顯現。太空巨蛋球場前景一片看好，吸引國家聯盟讓一九六二年兩支擴編球隊中的其中一支駐紮休士頓（另一支球隊是紐約大都會）。這支球隊原本叫作休士頓四五手槍隊（Colt .45s）。過去三年，休士頓四五手槍隊的球員都在忍受匆促蓋成、有三萬三千張椅子、臭蟲飛來飛去、濕氣瀰漫的拷問室。一九六三年，以十九歲年齡和外野手身分加入四五手槍隊的史陶布（Rusty Staub）說：「我不管他們說過哪個棒球場是地球上最熱的地方，四五手槍隊球場就是最熱的地方。」某天晚上，在戶外球場上，有一名投手低下頭來，看見腳踝上面滿滿地停了好幾十隻蚊子。他用力一拍，白色的棒球襪都被染紅了。

所以這些球員跟大家一樣，對太空巨蛋球場充滿期待，也樂於將隊名改為太空人隊。霍芬海斯法官還特意邀請太空人雪帕德（Alan Shepard）來為這個名字背書。太空人隊在新家進行第一場比賽的時候，球員發現舊場地至少有一項優點：他們能在那裡看見擊飛的棒球。《時代》雜誌報導：「天篷的拼接圖案，讓球員無法追蹤棒球飛行的軌跡，他們步履蹣跚，就像窒息的蟑螂，高飛球一顆接著一顆落在他們的腳邊。」

陽光強烈的時候問題最嚴重。幸好，一九六五年四月九日，內戰結束一百週年當天，太空人隊在正式開幕賽中對上洋基隊的時候，厚重的雲層讓外野手不必戴著頭盔比賽。兩天前，霍芬海斯的老朋友和好兄弟詹森總統曾在約翰霍普金斯大學一場全國電視轉播的演講中，說明美國有必要在越戰投入更多軍力。此時，詹森在霍芬海斯的包廂裡，看著洋基隊的曼托（Mickey Mantle）擊出第一支全壘打。

在自詡休士頓忽必烈的霍芬海斯的眼中，這個棘手的天幕還是有缺點。有一份報紙已經替他蓋的對稱仙境取了「德州第一大泡泡」的綽號。為了改善問題，霍芬海斯從全國各地聽來上千種建議：把棒球漆成比較亮的顏色、換一種草坪、加裝擋煙隔板。法官採用的解決辦法，是讓有機玻璃漆上二萬六千公升的灰白色壓克力塗料。這麼做的確把問題給解決了，只是又引發另外一個問題。他的百慕達草坪現在沒有陽光可曬，開始漸漸枯萎。

霍芬海斯將這個大災難看成另一個創新的好機會。他把內野改成用拉鍊拼合、寬四公尺的條狀合成草皮。這種草皮由孟山都公司（Monsanto）的化學纖維部門研發而成，想當然，名字就叫「太空草皮」（Astroturf）。霍芬海斯誇口：「連球都不會在地上亂彈了。」而且合成草皮更能耐受重壓，可以舉辦許多棒球以外的活動，例如：美式足球賽、布道會、現場搖滾音樂會，以及帶著會大量排尿的大象做表演的玲玲馬戲團（Ringling Bros. and Barnum & Bailey Circus）——當然啦，霍芬海斯法官自己就是馬戲團的老闆。但不是大家都像他這麼熱切。專欄作家史密斯（Red Smith）寫道：「踩在鞋底都踏爛了的體育寫手腳下，感覺就像殯儀館的地毯。」史密斯漏寫了，是天花板開始漏水的殯儀館。

即便如此，休士頓人的確如霍芬海斯所預料的那樣——他們來到了球場。一九六四年，四五手槍隊只吸引七十二萬五千名觀眾到場觀賽；一九六五年，太空巨蛋建好第一年，就吸引超過兩百一十萬名球迷來看太空人隊比賽，所有活動加起來，總共有四百五十萬人入場。球場開張三年後，將近五十萬人支付一美元的門票，在少數幾天場內沒有活動的時候進場參觀，體驗站在導覽人員稱為地球上最大的場地是什麼樣的感受。

霍芬海斯擔任法官的時候，曾經整合過哈里斯郡的高爾夫球場和巴士業者。他對各式各樣的出錢者都展臂歡迎。「我的做法現在就是向錢看齊，」他解釋：「只要你有錢就可以買票看球，不管你是白人、黑人，還是身上有圓點點，想坐哪就坐哪。」沒多久，他為訪客推出太空巨蛋以外的場地，讓他們在曾經是一片沼澤地的地方掏錢出來花。太空巨蛋變成太空王國（Astrodomain）的中心設施。太空王國是一個綜合設施，裡面建了四間飯店和斥資一千八百萬美元打造、占地六萬九千坪、全園區裝設戶外空調系統的太空世界遊樂園（Astroworld）。綜合設施裡面還有一間一萬四千坪的太空展演廳（Astrohall）。一九六九年，霍芬海斯法官在這裡舉辦由艾靈頓公爵擔綱表演的萬人跨年派對。霍芬海斯將這場盛大演出取名為「太空球」（Astroball）。

一九七〇年，霍芬海斯法官中風，讓他後半生都必須坐在輪椅上，但他並沒有因此放棄夢想，他繼續在這裡舉辦吸引國際媒體報導的活動：一九七〇年，貓王連續舉辦六場演唱會；一九七一年有兩天晚上，克尼維爾（Evel Knievel）表演用機車飛越十三輛汽車的特技；一九七三年，網壇名將金恩夫人（Billie Jean King）在這裡和里格（Bobby Riggs）展開「性別大戰」，以直落三取勝。霍芬海斯一直要到很晚才明白，他最需要的是一場他辦不了的表演，叫作「冠軍棒球隊」。

《運動畫刊》指出，太空人隊「和紐約大都會隊同時誕生，但卻沒有那麼有趣」。貓王、克尼維爾、金恩夫人一年可能只來巨蛋表演幾次，但太空人隊每年至少要來這裡八十一次。沒多久，天幕和記分板的新鮮感就消失了，史陶布、摩根（Joe Morgan）和後來的塞德尼奧（César Cedeño），這些年輕球星無法在周邊地區這麼奇怪的球場裡，幫助球隊欣欣向榮。就連令人發噱的大都會隊都在一九六九年奪下世界大賽冠軍，但太空人隊卻連邊都沾不上。一九七五年，太空人隊連續十四年沒有打進季後賽，表現跌到谷

曾經一片沼澤的地方，現在有一座遊樂園和世界首座全天幕體育館。

底。進場看他們比賽的人不到八十六萬，人數大幅滑落。那一年發生一件更令人吃驚的事。羅伊・霍芬海斯——號稱腦筋動得跟收銀機一樣快、賺到的錢跟李察・波頓（Richard Burton）對女人的了解一樣多的太空智囊「金手指」本人——總共累積了三千八百萬美元的債務。霍芬海斯法官失去太空巨蛋的經營權，拱手讓給債權人，接著又失去太空人隊。

接下來二十五年，仿效霍芬海斯法官的做法，裝設天幕和太空草皮的晴雨體育場，在北美大陸各地如雨後春筍般冒出，有西雅圖的國王巨蛋（Kingdome）、蒙特婁的奧林匹克體育場（Olympic Stadium）、明尼亞波利的都會巨蛋（Metrodome），和多倫多的天頂巨蛋（SkyDome）。這些結構對稱、功能多元的巨蛋，沒有一座有霍芬海斯法官因為好大喜功而畫蛇添足的多餘特色。霍芬海斯在一九八二年去世，他的豪華閣樓在六年後被拆掉。

太空人隊的主場不再只是扯後腿的無關設施，球隊開始稍微偶爾有點成績了。在德州不老球員諾蘭．萊恩（Nolan Ryan）這些明星球員的帶領下，他們甚至六度闖進季後賽。但是他們從來沒有在太空巨蛋舉辦過任何一場世界大賽。

「許多人拒絕改變，是因為害怕前進。」霍芬海斯曾經說：「你必須成長。拿棒球來說好了。你必須了解為什麼棒球隊的老闆大都拒絕改變。經營球隊的人不是每天都會接觸到球隊的日常運作過程。老闆主要是在其他商業領域很有成就，但他們對棒球所知不多，需要基層為他們提出建議。而基層哲學就要回歸到庭克(Tinker)、艾佛斯(Evers)和錢斯（Chance）這樣的黃金陣容上。」他們是小熊隊（Cubs）有名的鐵三角，在一九一二年使出最後一次雙殺守備。

霍芬海斯繼續說：「有兩件事情，你必須做到其中一件：招徠更多客人，或是提高票價。但假如你靠提高票價來增加收入，就會讓自己價格高昂而乏人問津。」

霍芬海斯最大的失算牽涉到招徠更多客人的最佳方式。重點不是比賽的舉行場地，而是比賽打得怎麼樣。不過，二〇〇〇年春天，太空人隊離開太空巨蛋球場後，還是移師到市中心一座時髦的新棒球場。那裡有伸縮式頂篷，球場命名權被一間企業買下。這間企業相信，他們與日俱增的財富很快就會水漲船高。太空人隊的新家叫作安隆球場（Enron Field）。

1 直覺．直覺．直覺

一九八〇年代晚期，當人們在太浩湖的其他間賭場喝得酩酊大醉、被人趕出去的時候，最後都會來到戴爾韋伯高山賭場（Del Webb's High Sierra），這裡沒有太醉這回事。有時候，人們會步履蹣跚地走過穿著西部拓荒時代治安官服飾、態度冷漠的保全人員，穿越用假風滾草裝飾的舞臺，朝二十一點賭桌走去，發牌的是一名身材高瘦、留著濃密黑髮的年輕人。

他們會說：「西格？」瞇起眼睛看他胸前別的名牌。「那是什麼鬼名字？」

西格．麥戴爾（Sig Mejdal）是加州大學戴維斯分校的大學生，在校修讀機械工程與航空工程學。每年夏天，他會到東邊一百九十三公里的地方，在衣領上別起一個超大的領結，在太浩湖最不入流的賭場裡發牌。他覺得，這個領結讓他看起來比較像把死貓掛在脖子上，而不是一名道奇城的桌邊服務員——要不然，往最好的方面去想，看起來像一名獵殺家庭寵物的道奇城桌邊服務員。但是不管怎樣，他熱愛這份工作。這比他在戴維斯分校的同學找來的實習工作還要有趣，而且賺的錢也比較多。他會在海灘上消磨一整天，整晚發牌，早上把他賺到的好幾百塊小費，丟進抽屜裡持續增加的錢堆當中，然後又回到海灘上。

他在高山賭場學到實驗室裡學不到的事。例如，怎麼讓賭桌上的人不再抽菸。每當有賭客把香菸放在他的菸灰缸邊緣，西格就會在要發給那個人的下一張牌上面悄悄動點手腳，讓牌就撞到香菸，把香菸打到桌毯上或地上，激起一陣火星。這名賭客會覺得難為情，相信這是一場意外，通常也就不再點起香菸了。

西格也學到一件將來會在專業生涯中比較常派上用場的事情。他學到，人們並非總是按照自身的長遠利益來下決定，即便他們擁有許多經驗、具備數學機率知識，應該足以引導他們決定，情況還是一樣。

二十一點是一種機率遊戲。不管閒家和莊家手上的牌是什麼組合，都有一個最佳的打法，讓閒家能夠提高獲勝機率——或者，在大部分的情況下，提高少輸一點的機率。有時候，最佳打法既簡單又顯而易見。抽到十點，就不要再叫牌了。話雖如此，即使賭客往往知道，從機率的角度來看應該要怎麼行動，但他們還是會選擇其他做法，因為直覺告訴他們要這麼做。

在高山賭場裡，就連腦筋清楚的賭客，遇到用十六點對莊家亮牌的七點時，通常都會拒絕叫牌，因為爆牌就糟糕了，更何況賭桌上還有高額賭金。可是從數學的角度來看，比較穩健的打法是再抽一張牌。不管怎麼樣這都是一手爛牌，但停牌會導致百分之七十四的輸牌機率——莊家手上很有可能至少拿了十七點——叫牌雖然有可能爆牌，卻會讓輸牌機率降到百分之六十七・五，從長遠的角度來看，會造成很大的差別。有時候，即使是其他莊家，在一年看十萬手牌的情況下，若要他們不假思索地為賭客提供建議，也會告訴他們要停止叫牌。

西格從這裡看出人類在判斷上的局限，他告訴自己：「只是感覺對，並不代表**就是**對的。」人類傾向於相信經驗、直覺、情緒加起來所形成的第六感。第六感當然有價值。但有時候，第六感是錯的。

如果西格不是在海邊度過閒暇時間，他會拿皺巴巴的小費，自己到賭桌上賭一把。他很少贏錢。賭場有賭場的優勢在。但他用正確的方式玩牌，輸得很慢，然後他在玩牌的過程中喝著賭場贈送的飲料，心想真是得不償失。

西格和其他發牌員都很驚訝，那些口袋被他們殺到見底的賭客，都一定會按照慣例把最後一點籌碼扔給他們，想要藉此讓自己擺脫衰運。這麼做是替賭場節省開銷，讓他們只要付發牌員最低薪資就好。每天拿好幾百塊，數目不小，很多發牌員都會拿暑假賺的錢去創業。但西格沒有這麼做。

他從戴維斯分校畢業，繼續在聖荷西州立大學拿了兩個碩士學位，分別是作業研究碩士和認知心理學碩士。他在美國洛克希德馬丁公司（Lockheed Martin）找到一份工作，負責協助將衛星發射到軌道上。後來，他加入美國太空總署的疲勞克服小組（Fatigue Countermeasures Group），在那裡從事研究。他的研究發現有一項是，睡午覺的效用有但書。雖然疲憊的受試者相信，午覺幫他們完全恢復表現能力，但以經驗為基礎的結果顯示，除非他們前一天晚上完整經歷整個睡眠週期，否則睡午覺無法達到效果。

西格進行這項研究，最初的動機來源不是太空人，而是另外一種類型的美國英雄：棒球員。他很好奇，來自東海岸地區的大聯盟選手，到不同時區比賽，會不會干擾他們的晝夜節律，使他們的表現受到影響。事實上，西格從事與數學密切相關的職業，源頭就是美國與數學最為密切相關的運動。

西格不像許多美國男孩，他對棒球的熱愛不是傳承自父母親。他的爸爸叫作斯溫（Svend），來自丹麥，媽媽叫作諾瑪（Norma），來自哥倫比亞。兩人分別在二十幾歲的時候來到美國，因為替美國陸軍工作而認識對方。他們一個是軍官，一個是護士。西格的哥哥小斯溫（Svend Jr.）在法國出生，那時他們的父母駐紮在法國。一九六五年，諾瑪在加州生下西格——完整名字其實是西古德（Sigurd）——老斯溫當時人在越南。

在西格的朋友想出一個好記的順口溜之前，始終沒有人念得出這家人的姓氏。這個朋友問：「小山谷是誰的？」（Whose dell?）西格大聲喊：「我的小山谷！」（My dell!）＊如果有些同年齡的孩子還是結結巴巴，念不出他的姓氏，西格依舊可以透過一款他的父母都不太懂的遊戲，跟小朋友玩在一塊兒。

西格的童年時期，有很多時間都是在撥弄「全明星棒球賽」（All-Star Baseball）的轉盤中度過，這是一款讓玩家模擬大聯盟比賽的桌上遊戲。每一年，生產這款遊戲的卡德科艾利斯公司（Cadaco-Ellis）都會推出新的一組可以嵌進底板的圓形卡牌，用來代表現役和退役球員。每張卡牌上面都分成十四個區塊，區塊大小取決於球員的統計數據，轉盤指針會停在其中一個區塊上。強打者的第一格（代表全壘打）和第十格（代表三振）面積很大，安打型選手的第七格（代表一壘安打）和第十一格（代表二壘安打）面積比較大，指針容易落在這兩個區塊。西格比較喜歡安打型選手。他很愛一八九四年巴爾的摩金鶯隊（Baltimore Orioles）的布洛瑟斯（Dan Brouthers）和基勒（Wee Willie Keeler）。

他開始訂閱美國棒球研究學會（Society for American Baseball Research）的通訊刊物。

＊譯注：「My dell」與西格一家人的丹麥姓氏「Mejdal」發音相近。

六年級的時候，西格讀到一篇論文，裡面寫了一條公式，可以根據球員的安打次數和類型，來預估該名球員總共可以拿下幾分和有幾分打點。分析者是用過去的實際得分數，來推斷每一名球員對得分的貢獻有多少。這叫迴歸分析。

西格用他的「雅達利 800」（Atari 800）電腦寫了一個初階程式，用來預測全明星棒球賽桌遊裡，布洛瑟斯和基勒這些球員表現如何，而且他把這些球員的統計數據記在一本又一本的筆記本上。他說：「看起來很神奇。這就是我喜歡數學的原因。」

他打了一季又一季的虛擬球賽，不只和住在對街的朋友比賽，還在回覆通訊刊物上的廣告後，跟全國各地的退休人員，用通信的方式，進行誠實的榮譽比賽。在他的幻想世界裡，他們家的客廳成了令人血脈賁張的冠軍賽場地，傳奇選手在他的調度下贏得比賽。他說：「只要你想，這些英雄事蹟不論何時，都能在你家客廳上演。你記下統計數據，為戲劇性事件感到興奮，彷彿這很重要。」

令父母更加不解的是，西格在四年級到九年級這段期間，還加入了六年的少棒聯盟。他的身材瘦弱到幾乎沒辦法把球打出內野。他的媽媽不小心坐錯看臺，每次裁判宣布他出局，媽媽都會跟著歡呼。而他出局，幾乎無一例外。

不管怎樣，西格都樂在其中。尤其在他開始讀棒球資料統計分析方法賽伯計量學教父比爾．詹姆斯（Bill James）每年自費出版的《棒球摘要》（*Baseball Abstract*）之後，更是樂此不疲。教練通常會讓西格守右外野，希望球不會從他那裡彈飛。如果西格沒有上場守備，他會針對每一名隊友，算出詹姆斯設計的先進統計數據——比起平均打擊率和全壘打總數，這些數據更能掌握球員的價值。一九八一年，參加聖荷西少棒聯盟絲帆魚隊（Papagallos）的每一名成員，不管他知不知道製造得分（Runs Created）是什麼，西格都替他算出來了。

即便如此，正值青春期的西格，只能想像自己未來從事一種行業。他說：「我的父母是移民。他們想讓兒子在這個國家功成名就。我從小學就被洗腦要當工程師，我自認從來沒有其他想法。」他的一點小反抗，就是不藉著實習的機會來充實履歷，而是在暑假跑到高山賭場打工。沒想到，這反倒變成他最幸運的一件事：洛克希德公司的招募經理愛玩二十一點。

西格說：「我在找工作，這樣很好。」事實上，成為火箭控制子系統的專家，負責防止會造成數億美元損失的錯誤，酷得沒話說。不過，對西格來說，這份工作跟他很疏遠，沒有什麼感情。火箭和衛星在幾千公里遠的地方，而成功意味著讓火箭和衛星在軌道上面運轉，它們也一直不辱使命。

對大部分的工程師來說，像那樣薪水優渥的工作，就令人心滿意足了。但西格不是這樣。問題在於，西格跟許多像他一樣有計量工程背景的人不同，他也是一個「關心人群」的人——一名人文主義者。他說：「那種對內向分析師的刻板印象？我想我沒有那麼符合。」

一九九〇年代初期，他發現，他週末經常待在梅西百貨的排隊人潮裡，等著再買一份禮物，運送到他一直受邀參加的婚禮會場。他開始記錄這些婚禮。二十五年後，他總共參加了九十六場婚禮。他能知道這個精準的數字，本身就是一件了不起的事——只有把什麼東西都量化的人才數得出來——但是這個數字也很驚人。我們當中有多少人，在人們以及人際關係上付出這麼多，讓九十六對新人無法想像，要在沒有我們出席的情況下，慶祝他們最快樂的一天？隨著年紀漸增，西格感到最遺憾的事情，就是婚禮邀請頻率慢慢降低了。

他在太空總署的任務——例如：研究睡眠週期——比他先前的工作有成就感。他在研究所修讀認知心理學，是因為他不只對枯燥的工程問題（例如怎麼讓火箭在軌道上運作）興致勃勃，也對數學和科學如何與人們產生交集、如何幫助人類了解和克服他們的天生局限，感到興味盎然。可是，太空總署也只是一份工作而已。他在洛克希德總是盡量排假，在太空總署的時候，他堅持簽短期工作合約，這樣他才能每年都有一、兩個月的時間去做另外一件他熱愛的事情：旅行。他說這是價值取向，他在過「高度濃縮的生活」。

他四處探險，在歐洲和南美洲各地認識朋友。二〇〇一年，他在《洛杉磯時報》發表一篇文章，標題為〈走上通往天堂的階梯〉（Climbing the Stairway to Heaven），以順敘法寫出剛加入探險隊的他，如何登上欽博拉索山（Mount Chimborazo）。西格調皮地說，因為地球是橢圓形的關係，所以這個位在厄瓜多的山峰實際上是地球上最高的地方，它跟地心之間的距離，比聖母峰還多出二千一百多公尺。他描述，從令人缺氧的山峰向遠處眺望是怎樣的景色：「我往南看，可以看見秘魯的山脈，往東可以看見太平洋的湛藍海水，往北可以看見科托帕希峰（Cotopaxi）。能將景色盡收眼底，令我震懾不已。對極度缺氧的腦袋來說，疲累和情緒是一種不穩定的組合。有些登山客在雪堆裡崩潰。有些人會哭。有些人則是互相擁抱。每種狀況都發生一點後，我才將注意力轉移到眼前的景色，世界之巔的景色。」

旅程結束後，他回到實驗室，繼續夢想著能夠找到一份工作，將他的數學專長，以及想要了解讓人類發揮最佳潛力的因素是什麼的熱情，互相結合在一起。這份工作，不會讓他覺得每年都是為了一個月的生活而工作十一個月。

登上科托帕希峰兩年後，他覺得，他找到這份工作了。

二〇〇三年，西格三十七歲，他讀了路易士（Michael Lewis）寫的《魔球》（*Moneyball*）。這本書描述，擁有跟他一樣能力的人，如何成為奧克蘭運動家隊（Oakland Athletics）的決策人員，運用資料的力量，從球員評估方式缺乏效率這一點來占據先機，重新塑造棒球的基礎。換句話說，他們的謀生方式，是利用數學讓西格一向最熱愛的事物變得更好。西格一直都是熱中球賽的球迷和美國棒球研究學會的會員，他現在明白，球賽中可能有一個領域適合像他這樣的人。他說：「我心裡想，那個工作比太空總署還棒。」

沒多久，西格就每週花兩天的時間寄送履歷和企畫書，希望能找到他最近才知道的夢幻工作，以前他甚至不知道這也是一份工作。他主打，運用他為業餘選秀設計的統計方法，球隊能立刻將選中好球員的機率提高一倍。他的套裝方案裡，有一部分是針對他聯繫的球隊所做的規畫。他會從球隊中挑出一名最佳球員，證明回溯測試（back testing）可以顯示球員的未來表現，進而展現球員的價值。有一部分則是一般規畫：將比賽等級和打擊、投球時的球場特質等種種變數加以控制，評估球員在大學時期的表現，接著再用這些數據來預測他們未來的職業賽事表現。比起在小球場對上投球投得很糟糕的投手，而轟出二十五支全壘打，在大學賽季雖然只轟十五支全壘打，但這些全壘打卻是在實力堅強的聯盟和大球場轟出來的，後者優秀多了。

西格前往紐奧良參加二〇〇三年的職棒冬季會議，希望能找到願意聽他說話的高層主管。他住在一個髒亂的地方，但是沒關係，因為他那三天大都在萬豪國際飯店的大廳裡走來走去。他從《棒球美國》（*Baseball America*）網站把高層主管的大頭照印下來，做成一張大頭照集錦，只要認出上面的人，他就會上前將資料遞到對方的手中。

雖然他知道，他的小冊子大都會淪落到萬豪飯店的垃圾桶裡，他還是繼續這麼做。他將企畫書寄給每個球隊，卻幾乎杳無音訊，連一句簡短的禮貌性回覆「我們不需要，謝謝」都很罕見。大部分的球隊，經營者都是在棒球界待了很久的人，這些球隊還沒有想到要請一個書呆子球迷來上班，尤其是，這個書呆子還客客氣氣地指出，他們一直用錯誤的方式經營球隊。

接著，二〇〇四年夏天，他收到一封紅雀隊的人寄來的電子郵件。這個人的名字，西格從來沒聽過，而且他的大頭照也不在他從《棒球美國》收集到的照片集錦上。他的名字叫作傑夫．魯諾（Jeff Luhnow）。

那年夏天西格要替太空總署到佛羅里達參加會議，他花了很多時間在飯店游泳池裡反覆思考。他安排了從聖路易轉機，再飛回加州的機票。他出了機場，搭火車前往布希體育場（Busch Stadium），沒多久他就和紅雀隊總經理喬克提（Walt Jocketty）、喬克提

從美國太空總署火箭科學家轉換跑道，成為棒球數據大師的西格。

的助理莫茲里亞克（John Mozeliak）以及魯諾，一起坐在一間辦公室裡。大部分都是魯諾在說話。

這場會議進行了很久。結束後，西格搭火車回到機場，說服票務人員他睡過頭，所以無法順利轉機。票務人員沒有加收錢，就讓他搭下一班飛機回去了。西格覺得這一趟在聖路易待三個小時感覺很棒，不只是因為這個原因。那場面試的過程中，魯諾的手裡一直拿著西格的小冊子和他準備的報告。

傑夫．魯諾是個外形整潔俐落的

人，留著一頭灰白的頭髮，從來沒有在像高山賭場這樣的地方玩過牌。但他也對賭博很了解。他曾經在稱霸業界已久的麥肯錫公司擔任五年的管理顧問。他相信，是一個專案讓他可以在棒球界找到工作。在這個專案裡，他要為全世界最大的賭場經營者提出建議。

魯諾說：「我學到很多經營賭場和機率的知識。世界上有很多事件，即使牽涉到運氣，你還是可以預測得到。對賭客來說，當你開始相信直覺，或你喝了好幾杯酒，認為自己已經看見好幾張十點的牌，那你基本上就是在把一些錢吐回去給賭場而已。機率就是機率。」

魯諾和西格一樣，他也拿了好幾個學位——在賓州大學拿了化學工程和經濟學，兩個學士學位，然後在西北大學拿了高階管理碩士學位。而且他也做了好幾份研究工作。在進麥肯錫之前，魯諾在生產戈爾特斯布料（Gore-tex）的戈爾公司（W. L. Gore）擔任工程人員，負責設計讓軍隊不受核子、生物或化學戰影響的服裝。後來，他協助一間叫作 PetStore.Com 的網路公司，和另外一間將訂製服賣給大眾的公司創業。

魯諾認為，身為高階主管，他的優勢在於替兩個不同的文化搭起橋梁。他的父母雖然都是美國人，但他一九六六年在墨西哥出生，十五歲以前都住在那裡。他有兩本護照，會說兩種語言。小時候，他經常在週末到墨西哥各個度假小鎮。他的父母會在那裡調查他們出版的旅遊手冊。他有兩個兄弟，一個叫大衛（David），長大以後當上《華爾街日報》拉丁美洲版的主編。有時候，他們一家人會到美國旅行，在美國看棒球比賽。魯諾有生以來第一次看大聯盟比賽是在離墨西哥最近的體育場——太空巨蛋球場。後來他到道奇球場（Dodger Stadium），跟一群瘋狂的觀眾，一起欣賞墨西哥王牌左投瓦倫祖拉（Fernando Valenzuela）投出有魔力的球路。

魯諾不是那種會把暑假浪費在太浩湖賭場的人，更別說把好幾個暑假浪費在那裡。就讀賓州大學的期間，他錄取了頗負盛名的管理與科技學程。這個學程有一半課程開在工程學院，一半課程開在華頓商學院，要五年才修得完，而且課程非常緊湊，學生只能選一門選修科目。魯諾選了一門跟其他課程都不一樣的科目：以卡繆等作家為主的存在主義哲學。他之所以選擇這門課，當然有他的邏輯在。他從經濟學課程和工程科學課程中學到世界的運作法則。什麼事都有正確答案。但想真正成功的話，也要放眼未知。魯諾想要認識這些思想家。在這些思想家的觀念裡，從來就沒有正確的答案——至少，沒有簡單的答案。而跟人類有關的事，通常都是這樣。

魯諾和西格一樣，一直對棒球懷抱著夢想。他在商學院念書的時候，經常坐在瑞利球場（Wrigley Field）的看臺上。他在修一門課的時候寫了一篇論文，討論怎麼讓小熊隊扭轉頹勢。當時，小熊隊已經九十年沒有拿下世界大賽獎盃，而且儘管九〇年代中期有索沙（Sammy Sosa）貢獻全壘打，但小熊隊還是打得很糟。他玩夢幻棒球。即使在那個沒有網路的年代，球員資訊很難取得，他都對每一名球員瞭若指掌，連有可能加入的選手都認識。而且他經常贏球。

棒球結合了好多他擅長的事物——融合文化、破解數字、解決問題，甚至包括說一口流利的西班牙語。但是大聯盟裡沒有給企業管理碩士的職缺，連當踏板的位置都沒有，只有售票和銷售部門有職缺。所以他選擇從商。他在麥肯錫和美國的頂尖執行長一起工作，幫助他們解決最迫切的問題。之後，他在矽谷出力打造一間科技公司，親自投身解決這些問題。

這間服裝公司叫原型方案（Archetype Solutions），讓J.Crew、大地盡頭（Lands' End）、湯米席爾菲格（Tommy Hilfiger）等等品牌的顧客，可以把自己丈量出來的尺寸，輸到這些品牌的網站上，設計出合身的服飾。魯諾從這裡學到西格在二十一點牌桌上發現的事情：顧客通常不會按照最終對自己有利的方式來行動。問題出在，顧客輸入的尺寸經常有錯——十之八九過小——結果顧客拿到的本來應該是合身牛仔褲，結果褲腰的地方卻緊得夾肉。所以魯諾的公司設計出一套運算方法，來修正顧客報的尺寸，抵銷顧客對自己身材的認知偏誤。

二〇〇三年八月，他收到一封電子郵件，寄件者是他從芝加哥大學招進麥肯錫的員工。那個人知道魯諾是商業和科技的專家，而且在夢幻棒球聯盟裡橫掃千軍。郵件裡寫著：「我的岳父想見你。」

這位岳父名叫小德威特（Bill DeWitt Jr.），是聖路易紅雀隊的大老闆。德威特是棒球人第二代——他父親是瑞基（Branch Rickey）的徒弟，在六十五年的職業生涯當中，分別帶過好幾支球隊。除此之外，德威特也是一名成功的投資人。他擁有辛辛那提紅人隊（Cincinnati Reds）、巴爾的摩金鶯隊、德州遊騎兵隊（Texas Rangers）的股份，並在一九九六年成為紅雀隊的老闆。七年後，二〇〇三年，魔球世代展開，德威特認為或許有一種方法，能夠將他生命中最有熱情的兩件事——棒球和商業——結合在一起，幫助組織在業餘選秀會上更有收穫，這是所有成功球隊的命脈。

如果世界上有哪一支球隊似乎不需要大改造，那就是紅雀隊。只有洋基隊在世界大賽封王的次數，比紅雀隊的九次還多。從一九六〇年開始，連續兩季勝少敗多的情形，紅雀隊只發生過一次，分別是一九九四和一九九五年賽季。而且一九〇二年以後出生的聖路易市人，在二十五歲之前，至少都經歷過一次冠軍大遊行。他們才剛連續第三次挺進季後賽，最近兩次季後賽都是由選秀史上挖到最大的寶藏，帶領他們闖進去的。他們在一九九九年第十三輪，以第四百零二順位，從堪薩斯市名不見經傳、從未出過大聯盟選手的楓林大學（Maple Woods）選進這名打者。他的名字叫普霍斯（Albert Pujols）。

短短四年，普霍斯就有注定進入名人堂的架式。如果說有人證明了所謂的紅雀路線仍然有用（一條由死忠棒球員、高層主管、球探以他們一貫的作風為球隊效力而走出的路線），尤其是在選秀方面的成就，那麼這個人就是普霍斯。

但德威特認為普霍斯代表反常現象。一九九六年開始，聖路易的球探部門只選進其他幾位明星球員，例如：一九九八年的外野手德魯（J.D. Drew）、二〇〇〇年的捕手莫里納（Yadier Molina）和二〇〇一年的投手哈倫（Dan Haren）。從那之後，紅雀選進三百二十三名球員，只有四十七名打進大聯盟，大部分球員貢獻都少之又少。德威特認為，七次選秀只選進四個明星球員，實在差強人意。

選秀的重要之處在於能夠幫球隊增添年輕、薪資又低的選手。雖然每一名召進球隊的選手一開始都會根據選入順位獲得一筆簽約金，但是那些通過小聯盟考驗，進入大聯盟的球員，頭六年都受控於球隊，領一份經過刻意壓低的薪水。六年後，他們才能成為自由球員，待價而沽。他們在大聯盟的頭三個球季，球團必須支付大聯盟規定的最低薪資：三十萬美元。有時候頂尖自由球員的年薪甚至是這個數字的五十倍，但他們不見得比優秀的年輕球員更有生產力。德威特知道，從選秀多挖掘一些明星球員非常重要，而奧克蘭運動家隊在總經理比恩（Billy Beane）的帶領下，提出一種可以幫助紅雀隊挖掘球員的模式。這個模式所採用的，是以數據為導向的思維。

二〇〇三年九月中，德威特和魯諾見面後沒多久，德威特就向管理部門發出一份以〈組織變動提案〉為標題的備忘錄。他這樣描述魯諾：「我認為，他代表一個獨一無二的機會，讓我們可以用低於行情的薪水，為紅雀隊請來頂尖的麥肯錫人才，從事極具挑戰性的重要工作。」德威特向來不會咄咄逼人。雖然他富可敵國，但他是來自美國中西部的人。只是，這個變動並非提議而已。他是球隊老闆，這就表示變動正在發生。傑夫·魯諾當上棒球發展部門的新任副總裁。

魯諾將他在聖路易的第一個球季當作參考比賽。他待在幕後分析球團的運作，找出可以透過數據來改善哪些問題。如果他可以用數據為顧客提供完全合身的牛仔褲，那他也可以用數據為德威特帶來更好的選秀結果。二〇〇四年的選秀，魯諾只有觀察而已，這次選秀結果糟糕透頂。最後，紅雀隊選中的四十七名球員，統統加起來只打了五十五場大聯盟球賽，擊出一支全壘打。第二年，二〇〇五年，德威特將魯諾升為球探長，表示他現在要負責選秀工作。魯諾開始進行一項艱巨的任務，希望能夠請來一位有能力搜尋、處理、分析龐大資訊的人。他知道，紅雀隊還沒有運用這些資訊，但這些資訊可以用在球員交易上。他看著放在辦公桌上的手冊和建議，思忖著要不要任用製作這些資料的人——這個曾經當過二十一點發牌員，後來成為火箭科學家的人。

二〇〇五年，魯諾當上紅雀隊球探長。

魯諾聘請西格之後，西格有幾個月的時間是採遠端工作的方式，為他有生以來第一次搬離加州做準備。他預計在二〇〇五年賽季開幕日當天向聖路易紅雀隊報到。這樣一來，他就有時間做一件長大以後就沒做過的事：到球場看球的時候，手上沒有拿著一罐啤酒。他認為，這樣才會大有斬獲。根據他的預測系統，美國第一名的大學球員是一名二壘手，有一個適合棒球員的響亮名字：傑德．羅瑞（Jed Lowrie）。雖然大部分的頂尖內野手都打游擊手的位置，但羅瑞的數據顯示，他可以幫球隊灌進分數。他在二年級和三年級的賽季，用全壘打、打點、上壘率加長打率，帶球隊打贏比賽，而且他是在美國競爭非常激烈的太平洋十校聯盟（Pac-10）裡辦到這一點。羅瑞就讀史丹佛大學。帕羅奧多剛好就在距離西格家二十分鐘車程的位置。

西格發現，史丹佛大學的球員沒有在球衣背面繡上姓氏，只有背號而已，所以球員熱身的時候，西格津津有味地猜著這些筋肉人當中，哪一個是他的戰利品。誰會是他想像中的保羅・班揚（Paul Bunyan）。*是二十五號，看起來大約一百九十六公分、一百零四公斤的選手嗎？結果這個人是小梅貝瑞（John Mayberry Jr.）。那一定是三十號了。他的身材更高大——應該有一百九十八公分、一百零七公斤吧？不，有人告訴他那是麥可・泰勒（Michael Taylor）。西格注意到一名身材嬌小的球員從一群人身後跑出來，他比隊上許多選手整整矮了一個頭，輕了至少二十公斤，身上寫四號。西格猜測，一定是球隊沒有獎學金了，才讓化學工程系學生到隊上充數。然後他去拿了一份球員名單。四號就是羅瑞。

西格覺得自己要吐出來了。他即將前往聖路易紅雀隊展開他夢寐以求的工作，而他卻要告訴球隊，**這就是**美國最棒的選手，**這就是**他們要選的人。他們會哄堂大笑，把他退回加州。他已經辭掉太空總署的工作了。他們可能會讓他回去吧。他可能還是需要來灌啤酒。

然後他恢復理智。**好吧，所以羅瑞個頭不高。他看起來不像大聯盟球員。他甚至看起來不像大學球員。但是他去年沒有比較高，前年也沒有，表現卻比這些人來得優秀。小梅貝瑞擔任一壘手，他的爸爸還是大聯盟球員，他們隔著二十七公尺打了三年的球，**＊＊**但羅瑞比他敲出更多安打。如果他的安打數能超越那個傢伙，一定有什麼看不見的因素，讓羅瑞成為一名優秀的球員，而結果就顯示在戰績數據上。**西格決心堅持相信他的數據。假如他不力挺羅瑞，那麼他一開始就不配得到這份工作。現在，還是慢點再喝啤酒好了。

三個月後，二〇〇五年的選秀會上，即使羅瑞沒有比魯諾本身高大，但在西格的說服下，魯諾也相信羅瑞是他們要找的人。西格告訴他的新老闆：「球探說這名二壘手不會在大聯盟比小梅貝瑞擊出更多全壘打，根本不可能。但是有可能，他會的。」

魯諾相信西格，但他也相信在麥肯錫學到的事情：逐步引進文化變革對組織是有好處的，尤其是像紅雀這樣的成功組織。這只是他期望在自己的監督下的許多場選秀之一。他的球探用質性方法評估業餘球員，紅雀隊挑選球員一直都是由這些球探所主導。

＊譯注：保羅・班揚是美國神話中力大無窮的巨人樵夫。

＊＊譯注：成棒壘包之間有九十呎（約等於二十七公尺）的距離。

二○○五年，羅瑞在史丹佛大學的最後一個球季。

比起史丹佛大學的侏儒，他們更喜歡的是另外一名擔任內野游擊手的大學球員——喬治亞理工學院的葛林（Tyler Greene）。葛林看起來比羅瑞強多了。雖然他的打擊成績沒有比較好，三振率也高出很多，但他有一百八十八公分、九十一公斤，而且跑得比較快。

通常要打贏一場勝仗，開頭總是會先輸掉幾場戰役。魯諾以總順位第三十位選中葛林。由三十一歲、當了第三年總經理的艾普斯坦（Theo Epstein）率領的分析先驅紅襪隊（Red Sox），則以總順位第四十五位搶下羅瑞。紅雀隊以一位之差，與羅瑞失之交臂。西格第二次因為羅瑞的事情而覺得想吐。他看得也沒錯。二〇一七年，羅瑞在大聯盟以內野手的身分打了第十年賽事。葛林則在二〇一三年銷聲匿跡。

雖然魯諾把葛林給了守舊人士，但他逐步將分析方法融入聖路易紅雀隊的策略，卻運作得不是很順利。他們可是紅雀隊。即便他們被艾普斯坦的紅襪隊打得落花流水，但他們最近一次闖進世界大賽，只不過是去年，也就是二〇〇四年的事情而已。他們之所以有這樣的佳績，主要都是普霍斯的功勞。普霍斯是守舊派在第十三輪挖掘到的選手。然而，球團會需要一個只打過夢幻聯盟的人幫忙選秀嗎？這個菜鳥——這個球團老闆的應聲蟲——想要修理根本沒壞的東西。

這些同事，就算還沒邀請西格參加婚禮，也都對西格很好，因為他們覺得西格手中沒有太多權力，而且，他是西格。很顯然，西格不會隱瞞什麼。他就像他的硬碟機那樣忙著運轉，而且總是會告訴你他在想什麼。魯諾比較安靜、比較常在計算數字，而且握有實權，包括一支打給德威特的專線。紅雀隊的決策成員當中，有些人拒絕跟魯諾說話。有些人則叫他哈利・波特。或許他們忽略了一點，就是哈利・波特的魔法似乎很有效果。

但是德威特用有禮貌的方式說得很明白，魯諾是他們的高層主管，要留也是魯諾留下來。如果你拒絕和他共事，那麼你就再也不是紅雀隊的員工。有些人接受了，有些人不接受。即使二〇〇六年紅雀隊奪下第十座世界大賽冠軍，球團還是在評估過溫文儒雅的莫茲里亞克之後，讓他在二〇〇七年取代喬克提的位置。不是所有交接過程都進行得很順利。有一天，德威特要開除一名員工，他派魯諾到外地出差，這樣一來，如果這名被裁撤的員工要找魯諾的話，魯諾就不會在場。

在麥肯錫工作的時候，甚至是，魯諾還是那個住在墨西哥市的美國小男孩的時候，除了他所相信的可以融合獨特文化的能力之外，魯諾還發展出另外一種能力：不在乎別人的批評。他需要這麼做，才能想辦法讓紅雀隊僵化的做事方法現代化，同時又能保有能讓這種選秀方式成功展開的特質。他在二〇〇五年底的時候，將整個棒球圈調查了一番，找出和紅雀隊最類似的球隊。休士頓太空人隊也打國家聯盟中區賽事，他們的市場大小和薪資都和紅雀隊差不多。這兩支球隊最近連續兩次在國家聯盟冠軍賽中碰頭，由太空人隊在第二次交手時拿下冠軍。這兩次交鋒，魯諾都坐在休士頓球場的客隊看臺上。他看見，當休士頓的球迷有冠軍球隊可以歡呼的時候，他們展現出來的熱情，就跟聖路易紅雀隊以熱誠出名的球迷一模一樣。

魯諾待在紅雀隊的期間，目標始終都是打敗太空人隊，然後也打敗其他球隊，而且他要用自己的方式來做。就算有些同事排擠他，用高高在上的態度將他比喻為小說裡的巫師，他也要這麼做。雖然德威特接下來幾年一直擴大他的權限，讓他負責監督紅雀隊的國際球探與球員發展事務，但魯諾知道，要達成目標，一切要從每年六月那幾天由他負責的緊張選秀會展開。

在接下來好幾年當中，魯諾雖然將新的選秀方法引進紅雀隊，但他從來沒有想要一筆抹殺原來的方法。他想發明一個方法，將西格的以戰績數據分析為主的先進方法，跟他的球探做出的評估結果結合在一起。不管這些球探給他取了什麼樣的名字，他們都是發掘普霍斯的人。在《魔球》裡，球探基本上被描述成反對派，一群強烈反對技術革新、阻礙進步的蠢蛋。西格說：「我想，這本書裡描述的都是二分法的奇蹟，要不是球探，要不就是房間角落的一群書呆子。但在紅雀隊，魯諾從一開始就定調，這是一個**『共同』**的問題。要同時考慮球探提供的資訊**和**戰績數據。」全面排除球探依據經驗和觀察所提供、可能具有預測效果的所有資訊，等於是跟著洗澡水，把可能有天分的寶寶一起倒掉了。球探可能有缺點——畢竟他們也是人——但他們還是有價值。基於這樣的原因，西格在二〇〇六年第一次修改公式，將球隊探子的報告融入他的戰績運算式子裡，整合量化和質化的評估結果。他將這個公式稱為「球探統計法」（STOUT），一半是球探（scouts），一半是統計（stats）。

二〇〇九年六月十一日，經過十天爭執、歡呼、抱怨的日子，大家從紅雀隊的選秀室走出來，回收桶裡面裝滿了水和健怡可樂（眾人的能量來源）的空瓶罐——有很多已經變成吐口含菸的容器——但他們對自己剛完成的任務沒有十足的把握。對這個人數在三十上下的共同決策團體來說，這場選秀跟先前的其他選秀沒有兩樣。

魯諾像往常一樣，這一個多星期都是站在布希體育場三樓的會議室前面，把一千兩百個待選業餘選手（十二年級生或至少讀完三年級的大學生）的名條磁鐵移來移去。魯諾說：「只要移動一個，在場一半的人會垂頭喪氣，另外一半會鼓掌。」

會議室的大小跟高中教室一樣。反應主要來自一群坐在像歷史先修課堂座位上的人（桌椅安排成弧形，統統面對魯諾的磁鐵板）。這些人是魯諾的球探，有十六名區域球探、六名跨區審核員。審核員負責附議或駁回區域球探提交的報告。這幾年來，他們了解到，在他們之中，跟那一千兩百個名字，以及他們對這些名字的意見（以井然有序但往往充滿熱情的方式表達出來），都密切相關的那個人，不但會影響球隊的未來，也會影響他們自己的工作發展。

在球探後方，遠遠敲著電腦鍵盤的人，是分析師。西格帶領一個三人小組，當中也有一名新進人員，名叫克里斯・柯瑞亞（Chris Correa）。柯瑞亞在學校學的是認知科學、心理學和教育，最近放棄在密西根大學攻讀博士學位，加入了紅雀隊。柯瑞亞在網路上發表的文章，顯示他具備紅雀隊目前還沒有的數據搜尋和分析能力，令魯諾和西格印象深刻。會議室最後面是紅雀隊決策高層的位子。德威特和莫茲里亞克會在處理其他球隊事務之餘，時不時進出會議室，觀察選秀的進行狀況。

在第一千五百二十一名球員被球隊選走之後，這群人會望著他們擁有簽約權的那五十名選手，產生每次都有的感覺：雖然疲憊，卻充滿活力、心情樂觀。莫茲里亞克說：「我們總是說跟聖誕節早上的感覺很像，你不知道會拆開什麼樣的禮物——而且要等一會兒才會知道。」魯諾用類似的比喻來形容。他說：「我的生日剛好就在六月八號，每年選秀會都在那一天的前後幾天。」他剛滿四十三歲。「我每次都感覺自己像是收到五十份禮物。」

幾年之後，魯諾會對二〇〇九年那次選秀有不同的想法。那次選秀顯示，他和德威特在五年前發起的文化戰爭，正如火如荼地進行著。但他也會將那次選秀視為最終總測試，為他在下一站推行的決策哲學鋪路。

如莫茲里亞克所言，每次選秀就像棒球隊的聖誕節，而球隊收到的聖誕禮物，絕大多數都是扎人的毛衣。球團選進來的選手，九成多都不會穿著釘鞋，上場把大聯盟球場的泥土翻鬆，連一局都上不了。二〇一三年，紅雀隊的敵隊球探部門委外深入研究選秀結果。這份研究往前追溯到一九九〇年，發現如果球隊選秀之後，有九名球員登上一場大聯盟賽事，就可以排在第九十五百分位數。以每天上場為標準的話（定義是持續累積登板一千五百場大聯盟賽事），第九十五百分位數是四名球員。以表現穩定優於平均選手為標準的話（也就是，在成為自由球員前，經選秀後與球團簽約、薪資受控的那六次賽季中，累積勝場貢獻指數達六以上的球員），第九十五百分位數是三名球員。魯諾加入紅雀隊之前，紅雀的名次離這幾項數據都很遙遠，尤其是最後一項數據。

截至二〇〇九年，魯諾只在西格的幫助下進行過四次選秀。雖然因為他們在大聯盟持續締造佳績，根據選秀制度（勝率愈低、順位愈高），紅雀隊的總順位總在第十三位以後，但是他們證明自己有能力逆勢突起。他們選中的球員已經有十名登上大聯盟，包括他們在二〇〇五年用比葛林前面兩個順位選中的外野手拉斯默斯（Colby Rasmus），以及先發投手賈西亞（Jaime García）和後援投手裴瑞茲（Chris Perez）。另外，至少還有五名球員在三A的門口等著，例如：一壘手克雷格（Allen Craig）、外野手傑伊（Jon Jay）、先發投手林恩（Lance Lynn）。

魯諾說：「每一梯選秀都是一個投資組合。你必須在大賭注裡攙進能快速成功的人。有些會成功，有些會失敗。」二〇〇九年，他的最高選秀順位是第十九位，他的目標跟以往沒有不同：盡量多選一些會成功的人，來確保紅雀隊能長久維持強健體質，並且證明他的選秀系統愈來愈有效果。

米勒（Shelby Miller）的名字出現在大聯盟電視網（MLB Network）的時候，他正在德克薩斯州布朗伍德的家裡，身邊圍繞著他的親朋好友。他發現，現在他是聖路易紅雀隊的一員了。

卡本特（Matt Carpenter）收到阿姨傳來的道賀簡訊時，一個人坐在沃斯堡那棟他和德州基督教大學棒球隊隊友合租的三房公寓裡，不斷更新電腦上的選秀結果頁面。他又更新了一次，然後看見他即將前往的球隊。

羅森索（Trevor Rosenthal）正在密蘇里州利斯薩米特的減價超市停車場，和造景工班一起，滿身大汗地將護土層撒在那年夏天他打工時負責的區塊上。手機響起來。他大聲告訴一起撒護土層的工人：「我入選紅雀隊了！」他們回他：「太好了！你漏撒了一塊。」

在賓夕法尼亞州菲利普斯堡，亞當斯（Matt Adams）接到電話的時候，他和家人早就把電腦關掉了。他以為這通電話好幾個小時前就該打來了。他大大鬆了一口氣。

這四個人透過不同的方式發現自己花落誰家，反映出在紅雀隊會議室那頭，魯諾採取各具差別的選秀方式，在這些人的身上有了結果。

在棒球界人人都知道，十八歲的布朗伍德高四生米勒是十大好手之一。自從當上球探長，魯諾就盡量不在第一輪挑選高中投手，因為資料顯示，他們有受傷和表現不佳的風險。先前，他用最高順位選進紅雀隊的四名球員當中，有三名是打者，包括拉斯默斯、二〇〇七年的游擊手柯茲瑪（Pete Kozma）和二〇〇八年的一壘手華勒斯（Brett Wallace），另外就是二〇〇六年的大學投手歐塔維諾（Adam Ottavino）。

米勒不一樣。魯諾說：「在我擔任球探長這幾年看過的選手當中，從來沒有人像米勒這樣讓我選得很安心。體格、球路威力（stuff），他的各種心理素質和運動能力，所有我看中的特質，在他身上，都比我預想的還要好。」米勒沒有在前十順位被球隊挑走，直接入選紅雀隊，是因為他的年輕經紀人放話，米勒要拿跟波賽洛（Rick Porcello）一樣的簽約待遇。也就是，紐澤西高中投手波賽洛在兩年前和老虎隊（Tigers）簽下的創紀錄四年合約，以及七百二十八萬五千美元的簽約金。沒有人能確定，這是不是要讓米勒進他屬意球隊的協商策略。這支球隊是米勒家鄉東南方五小時車程、順位比聖路易紅雀隊低兩位的太空人隊。

選中米勒的紅雀隊球探認為，米勒的經紀人在吹牛，還說服其他在場的人相信這點。名字宣布出來的時候，米勒很震驚，但一個月後他接受了兩百八十七萬五千美元的簽約金。四年後，當他看到自己從小支持的球隊節節敗退，他改變想法了。他承認：「老實說，我不是很想去這支球隊。我很高興沒有加入休士頓太空人隊。」

每個在紅雀隊選秀室裡的人，包括球探和統計專家，都同意選入米勒。在選秀第二天，要進行第四輪選秀的時候，這樣意見一致的情形就很少見，因為在數據或素質上沒有明顯缺陷的選手，已經都被挑走了。尤其是已經進行到第十三輪，紅雀隊打算選卡本特的時候，還能意見一致就更加難得。卡本特是德州基督教大學的五年級生，過去一年他過得很辛苦，體重在短時間內增加到一百零九公斤，又經歷了韌帶重建手術。無獨有偶，他離過完二十三歲生日已經很久，即將邁向二十四歲了。在選秀會上年紀最大的一群選手裡，他的年齡已經大到讓有經驗的球探不會對他有多大興趣。但是，西格的團隊受到吸引。他們的公式顯示，以高年級生的標準來看，卡本特的數據（打擊率三成三三、全壘打十一支、整體攻擊指數一．一三四）——讓他成為值得選入的球員，而且只要一千美元的簽約金他就會接受，不用擔心他把回學校讀書當作退路。魯諾從磁鐵板上摘下他的名字。

羅森索在第二十一輪的時候還沒被球隊選走，他沒有太多賽事紀錄供西格做出明確的分析。先前擔任游擊手的他，撒護土層的經驗比上場投球的經驗還多。他在堪薩斯州考利郡社區大學投球的那個賽季，在投手丘上投了四又三分之二局。三十二歲的魯伯（Aaron Looper）正好在考利郡社區大學的看臺上看了其中一又三分之一局。魯伯懂投球，六年前他曾經替西雅圖水手隊（Seattle Mariners）投過七局的球，而且他的堂哥布萊登（Braden Looper）在大聯盟當了十幾年的投手，其中四年效力於紅雀隊。魯伯現在是聖路易紅雀隊的區域球探，他很中意羅森索的手臂。

二〇〇九年那時候，為了盡量減少雜音，大概有三分之二球隊沒有讓區域球探進到選秀室裡。魯諾則是邀區域球探參加。他堅持遵循某些規則，好在每次可以長達十三小時的選秀過程中維持秩序：禁止飲食與接聽電話。他讓三十個人待在一間辦公室裡，這群人年紀在三十歲到六十歲之間，先前大都當過運動員。他要維持一個過得去的環境。但他鼓勵這些最了解選手的人開誠布公地辯論，直到他們選出球員為止。魯諾總是告訴他的球探：「人類天生就會說出對方想聽到的話，那不是我們想聽到的。」選秀開始的前一天，魯伯起身，針對羅森索的才華說了一番慷慨激昂的話，然後在羅森索的磁鐵上面加了一顆金色的星星，表示他相信羅森索的能力。魯諾給每位球探五顆金色星星，說這些星星代表直覺。魯伯將他的貼紙給了羅森索之後，坐到另外一名叫艾利亞斯（Mike Elias）的球探旁邊。

他對艾利亞斯說悄悄話，「我只看了他媽的一局，」他搖搖頭：「就那樣。」魯諾說：「那就是直覺貼紙的真諦。你對某個人或許沒有充分的資訊，但你覺得他會表現得比你在球探報告上看到的還要好。魯伯當投手的時候，上過大聯盟？我很相信他評估手臂的能力。」因為魯伯的直覺，紅雀隊的第二十一輪選手產生了。

亞當斯的問題不在經驗。他在大學時期締造了打擊率四成七三的空前紀錄。但的確也有一些批評他的聲音，所以他以為自己會在第十或第十二輪被球隊相中，卻一路落到第二十三輪。其中一項批評是他就讀賓夕法尼亞州的滑石大學，這間學校參加乙組賽事，而且從來沒有出過大聯盟選手。第二項批評，用好聽的話來說，是他身形圓潤。就是這個原因，當他將護胸繫在肥大的身軀上，蹲到本壘板後方，打他平常在大學打的位置時，沒有人相信他可以成為優秀的職業選手，讓他無法通過多數球探的目視測驗。一名球探表示：「對身材那樣的乙組球員有所期待，認為他可以在大聯盟當一壘手，並擊出亮眼的安打數，是相當大膽的舉動。」

隨著選秀繼續進行，賓州區域球探霍普金斯（Brian Hopkins）一直在魯諾的耳邊說話。霍普金斯說，別擔心他的身材。想一想選秀前他在布希體育場參加試訓時擊出的燈光秀，還有他的數據。克里斯．柯瑞亞對分析部門的早期貢獻，是他能找出乙組和丙組球員的統計數據。沒有任何一個地方在集中收集這些數據。他精通程式語言Python，用它從千百間小學校的網站搜刮選手的表現數據。這些學校的選手，棒球生涯幾乎都在學校就止步了。這項工作既困難又耗費人力，似乎不會收到什麼成果。

但在第二十三輪呢？西格和柯瑞亞盯著筆記型電腦上面的資料，點了點頭。

比起第三輪選中的球員（二〇〇九年總順位第九十八位），紅雀隊選秀室裡的小團體，在進行第二十三輪的選擇時，共識達成得順利多了。第三輪選中的球員在家鄉加利福尼亞州科洛納的奧奇比薩（Oggi's Pizza）等待消息。一群人在那裡等著為他的選秀結果和二十一歲生日慶祝。結果，他成為魯諾從以前到現在，在內部引發最多爭議的一次選秀。

西格想要選來自羅耀拉瑪麗蒙特大學的典型強打者桑科（Angelo Songco）。球探在他們的座位區，強力主張選來自另外一間加州大學——加州大學河濱分校——的後援投手凱利（Joe Kelly）。桑科的大學數據在西格的電腦螢幕上很搶眼。自從大一開始，桑科的打擊成績就很穩定，到他剛打完的那年大三球季，他的擊球、耐心和力量綜合指數棒得不得了。桑科的打擊率是強健的三成六，上壘次數接近打數的一半，在五十九場比賽中敲出十五支全壘打、十七支二壘安打、三支三壘安打。魯諾表示：「有場上成績紀錄，試訓表現很好，力量素質（raw power）不錯，很有可能站上大聯盟。」

相較之下，凱利在河濱分校的表現差強人意。三年級的時候他盡力表現，卻丟了球隊終結者的身分，投手自責分率為五・六五，而且他的基本數據沒有比較好。平均而言，他的每局三振人數不到一人，但每局卻被敲出不只一支安打。除此之外，他的生理數據（這是西格的說法）比桑科差。他們都勉強接近一百八十二公分，體重大約七十七公斤，是可以在第三輪選入球隊的打者體格，但以投手來說太小隻了。二〇〇九年大聯盟打者當中，近四分之一的人不到一百八十二公分，但投手當中只有百分之八身形這麼嬌小。

西格認為，**這樣很不尋常。他不是高大魁梧的投手。教練取消了他的終結者資格。他可以說根本沒有一場表現優異的比賽。球探這麼喜歡他，讓我很吃驚。**

凱利有一點對他有利：球路威力，其中包括達一百五十三公里以上的快速球。不管他的身材如何，他的手臂是通常會在第一輪被球隊選走的投手所具備的特質，而且球探看中這一點。魯諾也是。凱利大三時投出二十八又三分之二局的不錯表現，魯諾在看臺區看了其中一局。他說：「雖然被轟全壘打，但我看見令我不能忘懷的球路威力。」

二〇〇九年要挑第九十八順位的選手時，三十雙眼睛看著魯諾舉起手，伸向磁鐵板。他的手指可能在桑科的名字上晃了一下，但是拿起了印有凱利名字的磁鐵條。魯諾轉過來的時候，視線越過前頭興高采烈的球探，望向會議室後方。他和西格四目相對。他看過他的數據專家表現出失望的樣子，例如四年前他跳過羅瑞選擇葛林的時候，但他可能從來沒有像現在這麼沮喪過。那次之後，西格就設計了一套系統，將球探的評估結果融入數據資料。用「球探統計法」來分析，還是比較偏向選擇桑科。但魯諾還是挑了凱利。魯諾這麼做的時候，自己也有一部分覺得沮喪。

重點從來就不在挑選本身。假如魯諾不相信凱利是正確的選擇，他就不會把手伸向他的磁鐵，而不是桑科的磁鐵。重點在於過程。魯諾說：「我沒有一個可以向西格提出辯護，將這個選擇合理化的方式。」

最後，他只好在自己的心裡丟硬幣，衡量他和球探對凱利的球路威力所抱持的直覺，以及西格對凱利的賽場紀錄分析。他知道必須要有一個比較系統化的方法來統整所有資訊，這樣在場的每一個人，包括他自己在內，才能在無法獲得全數人同意的時候，在最低限度上了解每個決策背後的理由。他說：「我不想當一直選擇桑科的人，也不想當只會選擇凱利的人。那次之後，西格和我認真地說：『我們要怎麼彌補這個鴻溝？』」

換句話說，他渴望找出一個系統，讓他更能消弭球探和分析師之間的歧見。這樣的歧見通常都會存在，只是沒有一次像桑科和凱利這次這麼明顯。這個系統靠的不是慣例、習慣，或他的個人直覺。這些是連他都不明白的基礎要素。球探顯然有其價值，但如果他能辦到，他想避免再發生一次，在關鍵時刻站在會議室前，一邊是球探在拉扯，而完全相反的一方則有分析師在拉扯。他必須在這樣的場合解決爭執不下的情形，因為雙方都對彼此不信任。

西格同意。你不可能同時接受又排斥一名球員，但在那樣的時候，發生抵觸的不同評估方法所代表的，不是系統有缺陷，而是一種特徵——可能會選出其他人錯過的明星球員。他說：「如果你說地球是圓的，我說地球是方的，我們完全不可能達成共識。」這不是卡繆的《薛西弗斯的神話》。總有一個對的答案。訣竅在於，盡可能把答案找出來，而且組織裡的每一名成員都要接受這個過程才行。或許，假如魯諾和西格一直只掌管球隊的其中一個環節——球探部門——而不是掌管整個球隊的話，就永遠不可能實現這點。

魯諾心裡真正想做的是再次經營剛成立的組織，不過要是棒球組織。就像他在矽谷做的那樣，他想擁有憑空打造前所未見事物的機會。

紅雀隊的對手在二〇一三年，針對先前二十三屆大聯盟選秀會進行研究，他們不是只有算出最佳推估成績而已，還將具體結果依序排出。選秀梯次的第九十九百分位數中，包括蒙特婁博覽會隊（Montreal Expos）在二〇〇〇年的選秀結果。那次選秀，博覽會隊出了外野手塞茲摩（Grady Sizemore）和貝伊（Jason Bay），以及先發投手李伊（Cliff Lee）。第九十九百分位數還有二〇〇九年坦帕灣魔鬼魚隊（Tampa Bay Devil Rays）的選秀結果，包括三壘手隆戈利亞（Evan Longoria）、先發投手柯布（Alex Cobb）、外野手詹寧斯（Desmond Jennings）。聖路易紅雀隊的二〇〇九年選秀結果也在其中。

雖然敵隊以嚴格的數據分析來進行研究，並將選手成為自由球員之前的剩餘賽季獨家預測納入分析，但大家都能一眼看出，紅雀隊在二〇〇九年選進來的球員，在二〇一三年的時候有了非常了不起的成績。那一季，米勒投出十五勝九敗的成績，投手自責分率三．〇六，拿下年度新人王票選的第三名，得票只輸給兩名超級優秀的球員——馬林魚隊（Marlins）的先發投手費南德茲（José Fernández）和道奇隊（Dodgers）的外野手普伊格（Yasiel Puig）。卡本特在得分、安打數和二壘安打等表現上勝過許多大聯盟選手，在國聯的最有價值球員票選中奪下第四名。羅森索穩健地投出時速一百六十四公里的快速球，用這顆球平均每九局三振十三名打者。九月時，羅森索成為紅雀隊的終結者。此時減到只有一百一十八公斤的亞當斯，才一百零八場比賽就轟出十七支全壘打。二〇〇九年選秀會上唯一一名在第二十三輪才被球隊選中的球員，還會繼續打很久的大聯盟的比賽，他現在已經在許多個晚上，擔綱紅雀隊的第四棒。

那凱利呢？桑科在道奇隊從二Ａ開始打起，打擊率是兩成一四。而凱利此時已經在十月的冠軍系列賽中先發，出戰與紅襪隊的第三戰了。那一場，紅雀隊的二十五人名單當中，有兩成來自他們在同一場選秀挑進來的球員。兩年後，魯諾選中的克雷格、賈西亞、傑伊、林恩，都成為聖路易紅雀隊第十一次奪冠的主要貢獻者。二〇一三年初，替《棒球美國》撰文的葛拉希（Conor Glassey）指出，那一年季賽開幕日，各隊先發名單上，有二十一名是魯諾選進來的球員。這個人數勝過大聯盟的任何一名球探長。那些球探長監督過的選秀會，比魯諾的七場要多上許多。顯然，他和西格努力將數據的力量用在引導選秀是有用的。雖然，那時他們已經不在聖路易紅雀隊了。而且那時，他們已經開始想出更好的辦法，來判斷什麼時候球探的直覺錯了（就像他們看錯葛林），什麼時候球探的直覺是對的（就像他們看對凱利）。

2 數據宅之窩

吉姆・克蘭（Jim Crane）跟霍芬海斯法官一樣，支持完全向錢看齊的做法。他在一九七六年從中央密蘇里州立大學拿到工業安全學士學位。那個時候，在雜貨店擔任店員的母親給了他一個信封。後來他告訴《紙上城市雜誌》（*PaperCity Magazine*），裡面放了一張卡片和一張兩百二十美元八十五美分的帳單。他是靠棒球獎學金念大學的——大二的時候，他在世界大學乙組聯賽開幕戰三振十八名打者——但支票上列了媽媽過去四年花在他身上的金錢，他要用百分之四的利息償還。

一九八二年，克蘭搭乘搬家公司U-Haul的車抵達休士頓。一九八四年，他三十歲，用跟姊姊借來的一萬美元開了第一間公司，叫作老鷹美國貨運公司（Eagle USA Airfreight）。他最早的幾批客戶不必知道，其實老鷹美國貨運公司只有兩名員工（一名是接待人員，另外一名就是克蘭本人），只要他們的貨物可以用實惠的價格，準時運到就行了。二〇〇六年，有一萬人替克蘭工作，而且《財星》雜誌將他的公司——現在叫作ＥＧＬ，是老鷹全球物流公司（Eagle Global Logistics）的縮寫——列為美國第五百九十九大公司，年收益高於三十億美元。

接下來五年，克蘭失去ＥＧＬ的控制權，但將觸角延伸到克蘭資本集團（Crane Capital Group）、克蘭貨運公司（Crane Freight & Cartage）、克蘭世界物流公司（Crane Worldwide Logistics）和冠軍能源公司（Champion Energy）。克蘭的高爾夫差點只有〇．八，《高爾夫文摘》（*Golf Digest*）封他為美國最會打高爾夫球的執行長。他常常和歐巴馬一起打高爾夫球，還買下自己的高爾夫球場，也就是位於棕櫚市的佛羅里達人高爾夫俱樂部（Floridian National）。可是，身為一個待在辦公室時手中幾乎總是玩著一顆棒球的人，他最渴望擁有的資產依舊不在他的掌控之中。二〇〇八年，他試著買下太空人隊，沒有成功；二〇〇九年，試著買下小熊隊，沒有成功；二〇一〇年，試著買下遊騎兵隊，也失敗了。然後，二〇一〇年十一月的時候，在一九九二年買下太空人隊的億萬富翁麥克連（Drayton McLane），宣布太空人隊再度出售。

像紅雀隊這樣跟太空人隊競爭的球隊都很清楚，太空人隊在麥克連的帶領下締造了好幾年的佳績，尤其是二〇〇一年安隆公司爆發驚人醜聞之後，太空人隊的新棒球場重新改名為美粒果棒球場（Minute Maid Park），這支球隊更是表現不俗。二〇〇五年左右，貝格威爾（Jeff Bagwell）、柏克曼（Lance Berkman）、畢吉歐（Craig Biggio）組成棒棒強打的殺人蜂打線，有他們領軍，再加上以奧斯華（Roy Oswalt）為首的投手教練團，以及克萊門斯（Roger Clemens）、派提特（Andy Pettitte）等幾名在德州長大的前洋基隊球員，太空人隊在這段期間特別壯大。但二〇〇五年，太空人隊在世界大賽被白襪隊（White Sox）大敗，所以休士頓的球團直到那時，都還未在任何一場秋季經典賽中奪勝。＊

後來，紅雀隊在選秀中網羅許多如火箭般蓄勢待發的球員，讓他們幾乎年年打進季後賽，但太空人隊卻一路跌跌撞撞墜回地球。

二〇一〇年，太空人隊第三年打出勝場差十場以上、勝率不到五成的季賽成績，而且隔年，第四年的戰績也同樣慘澹。二〇一一年，被拍賣那一年，休士頓太空人隊吞下五十六勝一百零六敗的慘烈戰績，連霍芬海斯手中最糟糕的陣容，都會瞧不起他們。太空人隊沒有主力球員。柏克曼和奧斯華被交易出去。派提特又回到洋基隊。貝格威爾、畢吉歐、克萊門斯早就退休了。太空人隊基本上已經是一支慘到不行的球隊。他們付錢給一群贏不了比賽的球員（二〇一一年開幕日當天付了近七千一百萬美元），而且連年

＊譯注：秋季經典賽即世界大賽。因世界大賽在每年十月舉行，所以有此一稱。

虧損數千萬美元。他們的小聯盟球隊無法快速培養補充球員。二〇一〇年賽季開始前，《棒球美國》將休士頓太空人隊的農場列為聯盟最糟糕的農場。

那個時候，太空人隊有可能被兩種買主買下。第一種是把他們當玩具的有錢人，為了讓球隊贏球而砸好幾億買下自由球員也覺得不痛不癢的人。這樣一來，資產負債表會變得很可怕。換句話說，這樣的人想要的是，比擁有另外一艘遊艇還酷炫、能夠讓朋友羨慕的東西。第二種人是要讓太空人隊搖身一變，讓這門生意能夠持續獲利的有錢人。

克蘭不是第一種有錢人。他在二〇一一年五月的記者會上宣布，他跟好幾名小股東同意用六億八千萬美元買下這支球隊，同時表示：「我現在就可以告訴你，我的合作夥伴可不會想要簽出一張又一張的支票。」

太空人隊的轉手在十一月二十二日正式生效。隔天，克蘭把現任總經理韋德（Ed Wade）開除。舊的經營方式導致連續六年表現愈來愈差，他不想接手球隊後還用從前的方式經營。如果有一種專屬太空人隊的經營方式，那麼這種方式絕對沒有在別的地方出現過。

克蘭想要一個可以給他競爭優勢的人，這種競爭優勢要不同以往。他考慮的其中一個人選在國家聯盟中區的競爭球隊當決策人員。業界認為魯諾絕對不可能到太空人隊擔任總經理，主要原因在於，從球探長跳槽當另外一隊的高階主管，是一件稀罕的大事。

不過克蘭仍然向紅雀隊提出面試魯諾的要求。他很快就發現，魯諾不是一般的球探長。

面試時魯諾交出一份二十三頁的企畫書，當中有好幾點吸引克蘭。其中之一是，魯諾在收到面試通知後，就準時為隔天早上十點的會議做出這份報告。其實魯諾的這份企畫書已經做了好幾年，甚至在他念商學院的時候就開始了，為的就是有朝一日會出現這樣的機會。對克蘭來說，更有說服力的一點在於，魯諾說太空人隊長期砸大錢卻留不住選手，這種情況應該要有個了斷。

魯諾向克蘭描繪心中的願景。他們的太空人隊不會像其他重組改造的隊伍做表面決策，為了門面把錢浪費在自由球員上，或死守昂貴的人氣球星。他們反而有可能立刻把這些球員拿去交換有未來價值的資產。他畫出一棵決策樹，根部是一支勝場五十六場的隊伍，樹梢是一支年年問鼎冠軍的球隊。

中央密蘇里州立大學投手克蘭，三十五年後，他買下太空人隊。

他只有一個目標，就是盡快攻頂，但要把錢花在刀口上，直到他們的冠軍隊伍賺到錢為止，都不會砸錢下去。意思是，他的每一個決策，不管有多艱難，都會以實際長期幫助球隊為依歸。每一次，都是用十六點對七點的狀況。就算很糟，也要堅持下去。

魯諾說：「看看其他球團是怎麼做的。他們在為未來做準備的時候，想辦法維持一支勝率在五成的隊伍。在某些市場裡這麼做可能有其必要。如果你不這麼做，會衍生出其他後果。但是這樣要花十年的時間。從二〇〇六年到二〇一一年，我們的球迷人數已經在下滑了。我們不是從零開始。要怎麼盡快扭轉頹勢，一直保有競爭力呢？」

魯諾繼續說：「如果球隊已經有很好的農場制度，已經有年輕選手在大聯盟嶄露頭角，這樣的策略還會適合嗎？不會。但這是適合我們的策略。到最後，二〇一七年了，你不會還對二〇一二年我們是輸九十八場還是一百零七場耿耿於懷。你在意的是我們離二〇一七年總冠軍有多近。」

魯諾端出來的牛肉，最吸引克蘭的那個部分，重點放在他們怎麼拿下冠軍。承諾決策時一定會將長期目標放在心上，是一回事，想辦法實踐這些決策，是另外一回事。

克蘭靠物流運輸業致富，數據是這門生意的關鍵。克蘭告訴《彭博商業週刊》，「如果你有比較有用的資訊，能比對手更快取得資訊，你就能讓他們疲於奔命。」太空人隊會在魯諾的帶領下以數據為決策依歸，連比恩在《魔球》裡的做法都將望塵莫及。

二〇一二年棒球年度冬季會議在達拉斯舉行。十二月七日還在會議進行期間，克蘭在那天晚上聘請魯諾。魯諾從希爾頓安納托爾飯店六樓的套房走出來，穿過走廊，前往太空人隊住的套房。然後他撥了通電話給西格。

二〇〇九那年選秀會後沒多久，魯諾就開始針對一項決策，檢討背後機制。看來這個決策似乎比他把凱利選進球隊的影響還要大。對大聯盟其他二十九名球探長當中的二十二名來說影響也很大。他們都拒絕選入一名高中外野手，讓他以總順位第二十五位加入天使隊──響尾蛇隊（Diamondbacks）略過他兩次。但一年半之後，這名選手已經有成為當代最佳球員的架式了。

當時，魯諾和他的團隊還是選了一梯實力非常強勁的球員，可以減輕錯失外野手楚勞特（Mike Trout）的衝擊，但卻無法抵銷這個衝擊。魯諾說：「遺憾總是會有。幸虧我們相中米勒。傷害才能大幅降低。」不過，魯諾花很多時間反省自己為什麼沒有選楚勞特。在他的磁鐵板上，楚勞特的名字就排在米勒下方，而且最後就只剩楚勞特和米勒二選一。這個選擇可能太情緒化了。到了第十九順位米勒還沒被球隊挑走，所有人都很興奮。會出現這樣的結果，或許是因為偏見，特別是，大家對來自楚勞特那個州的選手有偏見。就連西格的運算公式裡可能都存在這樣的偏見。這些公式是用過去的成功範例，來預測將來的成就。相較於比較溫暖的州（例如米勒出身的德州）的高中打者，紐澤西州出身的高中打者參加的賽事少了很多（一季可能只有十六場賽事而已，其中三場還因雪停賽），他們很難克服這種早期發展障礙，在日後有所表現。自一九六五年選秀會開辦以來，紐澤西州有十名球員在第一輪入選，其中只有出身薩米特小鎮的威爾森（Willie Wilson）成為像樣的明星球員。

但就算這樣，紐澤西沒有出過很多成功的高中打者，並不代表一個都不會有。同樣地，素有花園州之稱的紐澤西出了一個楚勞特，並不代表將來這裡出去的外野手，就會跟楚勞特一樣。等魯諾終於手握大權的時候，他想要從決策過程中除去的，就是這類偏見。

一個星期後，魯諾接掌太空人隊，做出第一筆交易。他把新球隊的年輕終結者梅蘭森（Mark Melancon）送到紅襪隊，用來交換投手韋蘭（Kyle Weiland），以及一名身材瘦小的二十七歲內野手。這名內野手的名字叫作傑德・羅瑞。

西格知道，不管魯諾到哪裡，他都會跟去。在西格唯一熱愛的工作上，魯諾是他遇過最好的老闆。魯諾邀他離開聖路易紅雀隊，轉而加入休士頓太空人隊的時候，西格只有把幾箱衣物寄到南方的時間而已。他有一個在戴維斯分校的西塔克西兄弟會（Theta Xi）認識的老朋友剛好住在休士頓，而且車庫樓上有一間房間可以免費讓他住。西格心想他先把衣服放在那裡幾天，結果他一住就沒離開過。那是一間不錯的車庫。

如果有朋友問起，為什麼車庫的燈總是亮著，兄弟會朋友的孩子會告訴他們：「是西格住那。他在想辦法贏世界大賽。」

在太空人隊，西格和魯諾面臨的任務，比他們待在紅雀隊的時候要做的事更困難。他們要負責想出替將死的球隊進行心臟電擊的方法。

到了二〇一二年，棒球界已經跟西格剛到魯諾底下做事的時候不一樣了。以前，除了奧克蘭州之外，這個圈子沒有幾個跟他一樣的人。現在，《魔球》告訴大家的事情，球隊決策人士大都已經學會了，不再是一種競爭優勢。大家知道上壘率比打擊率重要，也知道投手的價值不能從勝場來看。原因在於，拿勝場跟三振來比較好了，勝場需要大力仰仗隊友的貢獻。

這些都是衡量球員表現的公式，即使數量比十年前要多出很多，但這些公式都相當一目了然。大聯盟從二〇〇六年開始，在球場引進一種叫作 PITCHf/x 的球路分析系統，將三台固定式攝影機安裝在三個點上。除了可以偵測某一球的球速之外，還能偵測這顆球的放球點、水平變化、橫向變化、進壘點。而且，PITCHf/x 還可以用來推測這顆球的每分鐘轉速。

從傳統的角度來看，二十六歲的投手麥克修（Collin McHugh）是全聯盟表現最差的其中一名選手。麥克修始終沒有受到球隊特別重視。二〇〇八年，他在第十八輪，從喬治亞州一間規模很小的貝里學院選進職業棒球隊。雖然他四年就升上大聯盟，卻沒有嘗到成功的滋味。二〇一二和二〇一三年，他出賽十五場，跟大都會隊和落磯隊交手，自責分率八．九四。

但太空人隊還是從釋出名單中把他選進來，因為西格和他的分析師團隊——包括前半導體工程師和替《棒球指南》（*Baseball Prospectus*）網站撰文的 PITCHf/x 專家法斯特（Mike Fast）——注意到麥克修至少有一項突出的能力：一顆每分鐘轉速超過兩千次的曲球，讓他可以與赫南德茲（Félix Hernández）、維恩萊特（Adam Wainwright）等大聯盟的偉大變化球藝術家並駕齊驅。如果他多投一點曲球，戰績說不定會跟他們一樣好。

魯諾提出運用戰績數據的策略，只是贏得克蘭青睞的其中一點。從某方面來看，這是比較容易辦到的部分。除此之外，魯諾還承諾，會把另外一種資訊，重新整合進他的決策過程：人類，尤其是球探。

魯諾著手打造的決策團隊，成員要以像他一樣的現代思考者為主。這些人可以為球賽注入新的觀點。艾利亞斯成為負責球探事務的新任總經理特助。艾利亞斯畢業於耶魯大學，現年二十九歲，曾經在紅雀隊的球探部工作五年。魯伯曾經向艾利亞斯透露過，他對羅森索的直覺基礎有限。最後，魯諾會多請一名新的副總經理。他是那段期間正在克里夫蘭印地安人隊工作，從哈佛畢業的年輕人史坦斯（David Stearns）。除此之外，魯諾還找來新的專業球探協調員高思坦（Kevin Goldstein）。高思坦一直是《棒球指南》資訊網上很受敬重的作家，但他從來沒在職業棒球界工作過。

魯諾還設立一個棒球圈從來沒有聽過的職位。因為沒人聽過，所以這個職位受盡眾人訕笑。這個職位叫「決策科學長」，由西格擔任。

魯諾將這個職位取名為決策科學長，和分析長這樣的職位對應，其中一個原因在於，他要讓球團成員知道，他和西格看中的，是成員要做出讓太空人隊重返爭冠行列的決策。雖然西格經常和紅雀隊的球探持相反意見，但他不會因為球探的缺陷而小看他們，就像他不會看輕在高山賭場做出糟糕決策的人一樣——就決策這點來說，他不會小看任何一個人。

西格鑽研過以色列心理學家康納曼（Daniel Kahneman）和特沃斯基（Amos Tversky）的研究。一九七〇年代中期，大約在比爾．詹姆斯開始公開撰文的同一個時期，康納曼和特沃斯基發明了認知偏誤的概念，主張認知偏誤會讓人們做出不理性的選擇，在面對非常複雜、屬性多元的決策時尤其如此，評估棒球選手和籌辦婚禮都是例子。因為人類大腦無法從認知上全面評估問題，所以人類會仰賴啟發式知識，在判斷時走心理捷徑，只看整個問題當中的片面資訊——例如某個在情緒上令人滿足、尤其最近才發生的事件記憶，這叫「可獲得性」（availability）。同事特沃斯基去世六年後，康納曼在二〇〇二年獲頒諾貝爾經濟學獎。他說：「我們當然會一起領這個獎。我很高興，但心裡蒙上一絲遺憾。」

基本上，康納曼和特沃斯基開拓出一個新的領域：現代行為經濟學。西格將這門學問用在棒球上。雖然西格不喜歡用直覺這個詞，因為腸道＊跟實際負責下判斷的器官差得很遠，但他說：「我一點都不想貶低球探的直覺。那是他們的專業在對他們說話，重要得不得了。但球探觀察到各式各樣、永遠不會指向相同方向的訊號，他必須解讀這些訊號。而且這些訊號大部分使用不同的語言，要怎麼解讀？你可以在腦中解讀。可以運用某些定律。或者，你可以開始發明輔助決策的工具，這個工具的效果，可能會比你在腦中解讀訊號要來得好一點。」

球探收集各式各樣的球員資訊。有些是硬資訊，跟上壘率或 PITCHf/x 數據類似，例如快速球可以投到多快、多快跑上一壘。很多則是軟資訊，依據的是球探自己的判斷，例如努力的決心有多強、能發展出多少重擊力道、受傷的機率多大。多數時候，如果分析得當，兩種資訊都能派上用場和發揮預測效果。

西格帶領的分析師團隊在接下來幾年成長到四名成員，有一間自己的辦公室。他們將辦公室命名為數據宅之窩（Nerd Cave），用一張變造過的照片裝飾這裡。照片上，有好幾名科學家，正在替揮棒揮到一半的重砲手葛雷諾（Vladimir Guerrero）進行檢查。這張海報大概是個玩笑吧。在數據宅之窩，他們以西格在紅雀隊發展出來的評估系統為基礎，將太空人隊從各個方面、各個球員身上收集到的所有資訊，歸納成一種語言，甚至是一個特定的數字。

參考資料不但有球員的統計數據，還有球員資訊——這些資訊大部分是球探蒐集來的，也經過球探的評估，關乎球員的健康狀況、家庭背景、投球技巧或揮棒軌跡、個性。然後系統會用所有丟進去的資訊，跟至少可以追溯到一九九七年的資料庫比對，做迴歸分析（大學球員統計數據在一九九七年才開始數位化）。

---

* 譯注：原文用「gut feeling」來描述球探的直覺，其中「gut」一字是腸道的意思。台大醫師吳佳鴻指出：腸道相當於人的第二大腦，腸道神經系統影響人類飲食與能量代謝、壓力調適、內分泌、心理情緒、行為表現、大腦感知等。

概念基本上是用有系統的方式，去偵測球探的能力，知道他們的判斷當中，哪些具有真正的預測價值、哪些是認知偏誤的產物。然後，把所有特質拿去跟表現或評估結果相當的球員比較，與戰績數據一起適當評估這些資訊。球探長久以來都是用一套從二十分到八十分的標準，來評估球員的各種特質。如果有一名球探，先前在工作倫理上給九十名球員打七十分，而目前可能選進來的球員從他手中拿到七十分，那麼先前的九十九名球員後來表現如何，這名候選球員會表現如何呢？如果有一名球探報告，某個年輕投手在投球時軀幹旋轉快了一點，所以在投球技巧上得分不高，那麼這名球探從前給出相同評價的投手，現在的受傷機率多高？西格說：「如果人可以感覺得出來，就能量化。如果可以量化，就能了解。」

最後結果會用預測數據的方式呈現，大致上，轉換成球員在場上的預估得分，並與他可能會要求的薪資相互對照。可能選進球隊的選手，會得到一個類似這樣的量表分數，當中結合球團的電腦和工作人員提供的所有資訊，並且產生出一條公式，針對特定球員，得出像玩二十一點時的簡單決定：叫牌或停牌。西格說：「這不是先進的火箭科學，至少就前火箭科學家來看並非如此。」

這個方法在概念上跟西格十一歲做的事情沒有太大區別。那時他根據讀到的公式，來寫出自己的電腦方程式，預測全明星棒球賽遊戲的球員表現。現在，必須由他來設計一個適當的運算方法。這就表示他要決定，這許許多多的潛在變數，哪些不重要、哪些重要，然後弄清楚重要程度，而變數包括球探探根據直覺得到的資訊。比起測速槍的讀數或長打率，這些資訊非常不一致，但卻同樣有價值。或許，這些資訊還更有價值，因為其他每一支球隊都知道要怎麼判讀測速槍。

在一九九〇年當上太空人隊球探、蓄著濃密白鬍鬚的德州人布拉頓（Ralph Bratton）說：「他們不是要我們成為賽伯計量學專家。他們要我們跟往常一樣做事。」巧妙之處在於，魯諾的決策人員會用不同的方法來處理那些資訊，並大力仰仗判讀結果來下決策——即便結果像拿到十六點還要叫牌那樣感覺不對勁，也要遵守。

克蘭當老闆、由魯諾和西格管理太空人隊的頭兩年，狀況實在讓人覺得很不對勁。

太空人隊不像餐廳，在收到差勁評價、收入衰退的時候，可以關上門、翻修、請新廚師、重新設計菜單，然後重新開張。他們必須一直開門做生意，生意很差。太空人隊快速萎縮的球迷，為他們曾經喜愛、卻令人失望連連的球隊，在 T 恤上印了新綽號。這支球隊現在叫作「太空墊底隊」（Lastros）或「太空慘隊」（Disastros）。到場觀看球賽的人數下滑到一百六十萬人。殺人蜂打線（Killer B）還只是不到十年前的事，現在卻連那時的一半都不到，而且慘到少於大聯盟球隊的平均觀賽人數。

魯諾遵守他對克蘭的承諾，釋出球隊裡薪資高、表現不佳的老選手，用這個方法來節省開銷，把錢花在他們可以實際期待的未來目標上。光是二〇一二年七月，他為了換來有前景的球員所交易出去的球員，就有頂尖強打者李伊（Carlos Lee）、最可靠的先發投手羅德里格茲（Wandy Rodriguez），以及終結者麥爾斯（Brett Myers）——那一年，他們大約賺走四千萬美元。

剩下的比賽，太空人隊二十一勝四十三敗。之後，每下愈況。

計畫不要把資源投進注定會輸的球隊，跟在受計畫影響的狀況下存活，完全是兩碼子事。大聯盟向克蘭提議，他們想讓兩個聯盟維持在各十五隊的平衡狀態。假如二〇一三年球季開始時，太空人隊願意從國家聯盟中區轉到美國聯盟西區，就讓他少花六千五百萬美元的價格收購太空人隊。克蘭不是那種會拒絕六千五百萬的人，但這就表示，太空人必須面臨更激烈的競爭，而他們的開幕日薪資大概只有兩千六百萬美元。這個數目是其他球隊薪資的一半左右，而且只有洋基隊薪資的十分之一出頭。太空人隊付這麼少的薪水，能找來什麼樣的球員呢？一般來說，請不到超過三A水準的球員。這可不是致勝方程式。

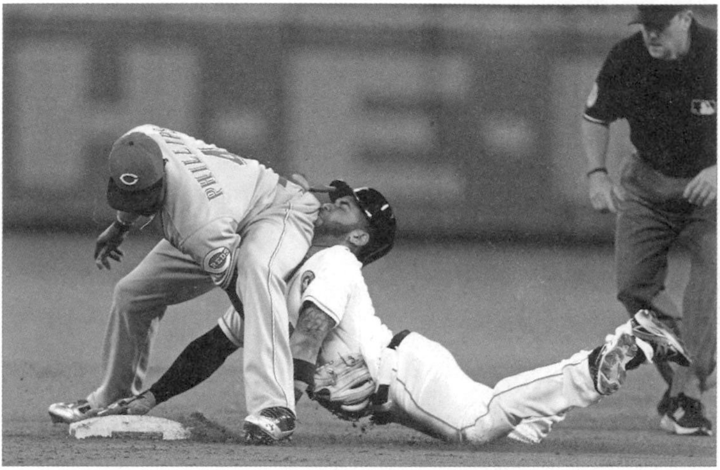

二〇一三年九月十七日，有名的超糗「屁屁滑壘」。

那年球季，在關心大聯盟的人心裡，對「屁屁滑壘」（Butt Slide）實在印象深刻。九月十七日，太空人隊出戰紅人隊，第一局下半，太空人隊已經以四比零落後，第一棒維拉（Jonathan Villar）想要把一壘安打跑成二壘安打。正當維拉跑到二壘的時候，紅人隊的菲利普斯（Brandon Phillips）已經接到從中左外野傳過來的球。菲利普斯連轉過身去都不屑，只是蹲下來把手套從兩腿中間往後伸，觸殺維拉。維拉用俯衝的方式滑壘，他的臉正好撞在菲利普斯的屁股上。那天晚上，太空人隊吞下第三次單季一百場連敗，但大家想聊的只有這個滑壘。從各個角度拍攝的影片被人張貼在部落格上。你幾乎可以聽到「樂一通」卡通（Looney Tunes）裡常用的「啪」一聲音效。

這是太空人隊墜落深淵的開始。他們的新方法似乎引來前所未見的慘敗。兩天後的晚上，他們輸掉對印地安人隊的延長賽。十局上半，他們的開路先鋒敲出一支二壘安打，但代跑球員卻在二壘被投手牽制出局。九天後，捕手想要假裝投球牽制二壘，卻手滑把球用力丟到本壘板上，讓對手跑回致勝分，因此輸掉比賽。太空人隊在九月二十九日打那年球季的最後一場比賽。他們已經十四連敗了，但還有打進季後賽的希望。他們甚至跟洋基纏鬥到第十四局。然後紐約洋基隊在第十四局上半奪下四分，太空人隊又輸了。這是他們那年球季第一百一十一次吞敗，只拿了五十一場勝場，打出大聯盟十年以來最爛的戰績。魯諾的副總經理史坦斯說：「這個球季不會結束。」

即使這個球季結束了，魯諾也不會讓它結束。沒多久，魯諾就把他開的奧迪汽車車牌改成「GM111」。這麼做是因為他下定決心要坦然以對。除了球團，他也不斷向他的新故鄉詳細說明自己的計畫。他說：「人家告訴你是這樣，結果所有行動統統指向其他地方，是最令人沮喪的一件事。我們自認從一開始就是最透明的棒球決策團隊。我們有沒有最後導致洩漏公司機密的風險？有可能。但是我們覺得讓球迷感受到他們參與其中會有好處，而且很重要。」

魯諾總是在比賽中詭異地靜靜站著。有一部分原因是他不想讓攝影機拍到他對某個選手或某一球表現出情緒反應。但他會開心地慶祝贏球。魯諾說：「我最愛在贏球的時候走進球隊休息室，聽著音樂，向教練打招呼。」那些晚上在休士頓太空人隊很少見。「你永遠不會鐵石心腸到對每次輸球都沒有感覺。球迷很難理解我們和他們一樣難受。我每一年都在這裡，在每一場球賽中，觀看每一局比賽。我相信這是對的方向。雖然看球隊輸很難過，但會開花結果的。他們會為了這座城市和看這支球隊比賽的人拿下冠軍。」當時，太空人隊已經比笑柄還慘。他們付超低的薪資，讓球員工會惱怒。他們受崔貝克嘲笑。他們的球賽電視轉播，大家都知道，有時根本沒人在看。他們是一群跳梁小丑，霍芬海斯可不會在太空巨蛋拿出這樣的表演。

到二〇一四年上半年的時候，太空人隊的做法，在別的方面也逐漸失去魅力。《休士頓紀事報》五月二十三日登出一篇文章，隨隊記者德利克（Evan Drellich）下了〈大改造令太空人隊「邊緣化」〉（Radical Methods Paint Astros as "Outcast"）這樣的標題，詳細敘述太空人隊的方針。前一年七月被交易到金鶯隊的先發投手諾里斯（Bud Norris）

說：「他們現在絕對是大聯盟的邊緣球隊。而且大家還要看他們比賽簡直是折磨。你去跟經紀人聊，跟其他球員聊，跟聯盟的人聊，會聽到一些意見，可不一定都是好話。」

這些批評可以分成兩種。一種跟太空人隊採取新的出賽策略有關，例如完全守備布陣。數據宅之窩元老霍拉漢（Ryan Hallahan）打造了一個專屬於太空人隊的資料庫，由艾利亞斯的妻子亞歷珊卓（Alexandra）取名為「地面控制」（Ground Control）。這個系統裡除了有每個選手的未來表現預估數值，也有用每一名打者對上各類型投手投出的各類球種，所擊出的每一顆球來製作的打擊圖，以及針對各種情況提出的最佳可能防守陣形。有時候會因為這樣，做出因應防守需要的布陣，例如讓太空人隊的游擊手站一壘，對付很會拉打的左打者。這麼做不符合棒球的常規。

問題在於：棒球員每年做相同的事情做一百六十二遍，他們喜歡常規。二十四歲的先發投手柯沙特（Jarred Cosart）向德利克發牢騷：「就像許多年紀比較大的選手告訴我們的，決策人員不會不調度，所以就算我覺得有困難，我也無能為力。」

那樣的抱怨讓西格想到他曾經鑽研過的另外一位作家：孔恩（Thomas Kuhn）。孔恩在《科學革命的結構》（*The Structure of Scientific Revolutions*）一書中寫下，科學進步不是逐漸發生，而是「一連串平和的間歇事件當中，穿插著智識上的暴力革命」。西格注意到，在二〇一四年，超過一半的大聯盟球隊像太空人隊在前一年所做的那樣調動陣形，當時他們還沒有在大聯盟帶動運用這種戰術的風潮。根據統計報告服務公司 Inside Edge 所提供的資料，二〇一三年的時候，因為其他隊伍沒有在調動陣形的時候狂輪球，所以沒有人討論他們，可是光芒隊（Rays）、金鶯隊、海盜隊（Pirates）、釀酒人隊（Brewers），都比太空人隊更常調動陣形。西格說：「根據定義，創新會令改變發生。改變發生的時候，大家會感覺不對勁。假如感覺對了，那這個改變早就發生了。」

另外一個批評是太空人隊採行以分析為主的方針，將球員降為可以取代的數字，去人格化。那樣的批評讓魯諾覺得困擾，對西格來說更是如此。「我們明白，這些是人，不是工具。至於給人一個數字，這個嘛，你應該有領薪水吧？你覺得老闆給你一個數字，讓你去人格化了嗎？棒球員，他們會在嚴苛的條件下被釋出。就某些方面來看，真是一個可怕的產業。體制上的限制讓我們不得不叫某些全世界最有才華的人離開。」西格心想，假如懷有夢想的球員在受到打擊的時候，知道這樣的結果背後有確實、公正的證據，而不是某個人的一時興起，難道不會比較好嗎？

大家真正強烈反對的，可以說，是「棒球企業化」這件事——反對一群目前為止都被視為外人的人（或許他們一直都會是外人），將運輸和物流的策略，以及管理顧問那一套，帶到棒球場上。就某些方面來說，這跟當初魯諾在紅雀隊決策部門遭受的反彈沒有兩樣，只是這次他是三十個得償所願在大聯盟球隊工作的其中一人，反彈聲浪來自整個棒球界。

但大家強烈反對的還有輸球。他們實在輸得太多、太多了。

雖然魯諾和西格相信自己的計畫，而且逐漸讓身邊的決策人員也認同這個計畫，但是他們努力不讓大家認為，他們比別人更知道要怎麼經營球隊。他們只知道，他們依據取得和處理的資訊，相信這麼做是代表最有利的長期做法，希望可以讓情況更好，而不是變差。西格說：「我們跟完美差得很遠，從任何方面來看都是如此。」即使他們相信某個做法是最佳決策，也經常行不通。有時候，擅長拉打的左打者會把球打到另外一邊。有時候，太空人隊釋出或不想選的人，變成了明星球員。西格說：「有時候，你拿到十六點還叫牌，但如果你不叫牌，可能就贏了。」

西格經常在心裡看見阿姨貼在牆上的海報。上面寫著：如果你想讓上帝笑，就把你的計畫告訴他。這句話出自伍迪．艾倫。他也會想到一句古老的丹麥諺語，畢竟他有一半丹麥血統。這句話多年來經常被誤認為是貝拉（Yogi Berra）、波耳（Niels Bohr）或馬克．吐溫說過的話：「預測是很困難的事，尤其是預測未來。」即使是一連串經過多方考量的正確決定，都有可能沒有好結果。

運氣——西格想的最多的就是這個概念。他的父母來美國尋找美國夢，雖然他的媽媽坐錯看臺，為他出局歡呼。但他已經在這個美式休閒活動裡快樂地工作了將近五年，因為他很幸運，活在這個世代，此時棒球開始重視有像他這種世界觀和聰明才智的人。如果他早生十年，他很有可能會在沒有窗戶的實驗室裡過日子，而不是每天晚上看著他的兒時幻想——用食指轉桌遊上的轉盤——化作現實。

二〇一四年初，霍芬海斯的太空巨蛋門可羅雀、乏人問津，唯一來這裡光顧的人只有確保球場不會坍塌的維修工人，還有不讓都市探險者闖進來的保全人員。現代經理人提議，將這個曾經是世界八大奇景的地方改建成飯店、製片廠、室內樂園、立體停車場、會議中心。他們都失敗了。太空世界的末班雲霄飛車在九年前就跑完最後一趟。此時，以太空世界的設施蓋起來的棒球隊，往後命運如何、能不能拿下首座世界大賽冠軍，統統掌握在一群新的開創者手裡。

西格說：「要是我們沒有成功呢？我很愛我在棒球圈的工作。如果這樣，我會非常失望。但是我們能夠掌控的只有過程，我有信心，我們正在創造理想的流程和制定好的決策。」

「至於其他，」西格說：「只能交給希望。」

3 優雅的野獸

二〇〇〇年中，波多黎各聖伊薩貝爾的居民給卡洛斯（Carlos）取了兩個綽號。一個是「全年無休」，另外一個是「希特勒」。

第一個綽號是形容，卡洛斯為了養家拚命工作。他的家人跟波多黎各島南岸兩萬三千名居民一樣，需錢孔亟。他每天早上四點半開始在建築工地輪第一班。然後，他替聖伊薩貝爾公園娛樂部門做維修工作，要在正午的太陽底下工作六個小時，讓他的前臂永遠處在曬傷狀態。結束之後，又要去做建築工作。

第二個比較有貶義的綽號，源自他在晚上的活動。從兒子七歲開始，每天晚上八點半到十點半，卡洛斯都會帶他到當地的球場進行棒球訓練。卡洛斯的兒子名字也叫卡洛斯，不過家裡的人都叫他哈維爾（Javier）。他們每個星期訓練六天，有時候連星期天也不放過。鄰居看到哈維爾接好幾百顆滾地球、揮好幾百次棒的時候，隔著車窗斥責卡洛斯。他們大喊：「那樣對小孩來說太過頭了！」

但哈維爾跟他爸爸一樣，想到球場去想得不得了。他五歲就開始打棒球，在奶奶家的水泥牆前不斷丟球，即使球意外打到樹根反彈，讓他雙眼瘀青，他也不曾中斷。老師在學校問他：「你去打架了嗎？」好多個晚上，卡洛斯躺在床上，輪了三班工作之後，覺得快要昏死過去，但哈維爾把他搖醒，要父親帶他到球場打球。

哈維爾的爸爸確實也在後面推了一把。棒球讓他們看見一絲曙光，那樣的生活不管是卡洛斯還是他認識的人，從來都不敢想像。將近百分之五十的聖伊薩貝爾家庭生活在貧窮線之下。卡洛斯也是。卡洛斯十三歲就開始工作了。三年後，他十六歲，娶了十四歲的女朋友珊迪貝爾（Sandybel）。他們的未來就是那樣了，所以儘管家人反對，他們覺得沒有必要晚一點再結婚。卡洛斯要去當建築工人，他會養珊迪貝爾。

一九九四年九月，珊迪貝爾生下哈維爾，他是三個孩子當中的長子。當時她十六歲，先生十八歲。卡洛斯沒得選，但他希望，哈維爾至少能有三個選擇。他可以當建築工人，但為人父的卡洛斯經常在上工的時候帶著年幼的兒子，讓他看看，像這樣的勞力活，大概，只能賺個五十美元。炎炎夏日裡，父子倆還會一起為一間簡樸的屋子擴建。這間屋子是他們的舊家淹水之後，政府讓他們搬進去住的新家。兩個人一起疊著一塊又一塊疊不完的磚頭。

第二個選擇：哈維爾絕對要比爸爸更認真念書，甚至去念大學。

後來，哈維爾在塊頭、力量和協調性上，都贏過其他男孩——也比他們更有動力——於是，第三個選擇變得清晰可見。

許多年後，哈維爾說：「我的父母教我他們犯了哪些錯。到頭來，這種生活是很適合他們，但不適合大部分的人。他們跟我聊生活的東西，感覺就像我已經長大成人了。我爸爸從來不會把我當成一個小孩子。他想要我像他一樣：年紀輕輕，就有男人的樣子，可以為家人到外面工作。」哈維爾的工作，幸好，不是當建築工人。

面積一百七十七公里乘以六十四公里的波多黎各，是培育出許多大聯盟選手的搖籃。克萊門特（Roberto Clemente）、塞佩達（Orlando Cepeda）、阿洛馬（Roberto Alomar）、羅德里格茲（Pudge Rodríguez）等名人堂選手，以及岡薩雷茲（Juan González）、馬丁尼茲（Edgar Martínez）等棒球明星，都是出身波多黎各島。就在二〇〇五年，大聯盟選手名單上有四十六名波多黎各人。

但到了二〇一二年，名單上只有十八人，而且只有貝爾川（Carlos Beltrán）和莫里納稱得上真正的棒球明星。針對這種人數變少的情況，有好幾種說法。一種是波多黎各小孩的選擇愈來愈多：籃球、足球、甚至排球，都愈來愈受歡迎，而且身為美國公民，或許他們在找傳統工作時也比以前容易。以鄰近的多明尼加共和國來說，許多男孩子就只有棒球可以選擇（二〇一二年，多明尼加出身的大聯盟選手有一百二十八人）。

另外一個代罪羔羊是「選秀制度」，原因出在嚴格的年齡限制和薪資結構上。波多黎各人在一九九〇年開始有資格參加大聯盟選秀。礙於嚴格的選秀制度，球團不可以用高額簽約金簽下年僅十六歲的球員，當地的獨立球探也不能為了削減薪資去挖掘年輕球員。但是，比起美國本土選秀球員，波多黎各的選秀球員一般來說比較缺乏高水準的比賽經驗，也比較沒有談判籌碼。

卡洛斯相信，他的兒子哈維爾擁有可以克服那些不利趨勢的才華，而且他也盡自己所能幫助兒子。這麼做不是一件容易的事。

卡洛斯的計畫一開始就出現問題。卡洛斯自己對棒球幾乎一竅不通。一九八〇年代中期，里約彼德拉斯出生的西耶拉（Ruben Sierra）在德州遊騎兵隊竄出頭，年紀輕輕就成為超級明星，當時卡洛斯還小，他雖然參加過三次棒球訓練，但他不知道要怎麼接滾地球。他小時候捕過魚，所以就試著用從河床把螃蟹拽上來的方法接滾地球：手心向下。教練把球打給他，只是為了取笑他嘗試接球的怪異方法，所以他就不去了。

他兒子剛開始打少棒聯盟的時候（在波多黎各，叫作「幫寶適聯盟」〔Pampers League〕），卡洛斯仔細聽教練的指示，然後在晚上的一對一訓練，跟哈維爾一起重複練習。他還從電視上研究大聯盟選手的技巧，尤其是，當代最偉大的游擊手基特和A羅（Alex Rodriguez, A-Rod）兩人的技巧。從哈維爾八歲開始，卡洛斯就讓他一遍又一遍練習基特的招牌三游間跳傳，練了千百遍。

在波多黎各幫寶適聯盟打球的小哈維爾。

哈維爾還想在別的方面趕上這些選手。他的父母都不會說英文。八歲的時候，他要求父母讓他去上說雙語的浸信會學校。基特和A羅在接受賽後訪問的時候總是非常沉著。但許多拉丁裔球員，不管他們在談的表現，多麼有英雄氣概，看起來都既生硬又慌亂，尤其是，當他們必須透過翻譯接受採訪的時候。哈維爾說：「爸爸，我不想像那些人一樣。我想為自己開口說話。」浸信會學校的學費是一個月兩百五十美元，但卡洛斯和珊迪貝爾去找牧師，請牧師為他們破例。加上獎學金，學費降到一百五十美元。為了負擔這筆學費，珊迪貝爾在瓶裝水工廠找了一份工作，幫卡洛斯做三班工作的薪水貼一點錢。除此之外，她還開始做起小生意，在哈維爾打球的幫寶適聯盟替隊友拍照，把照片賣給球員的父母。

有一次，卡洛斯看完哈維爾的比賽，要載家人回家。累壞了的他，在方向盤前面睡著，把車衝到馬路外面。只有卡洛斯自己受了傷。哈維爾說：「他休息了幾天，然後又回去工作。」

二〇〇八年，哈維爾上高中，身材高瘦、力氣很大的他，已經是波多黎各島數一數二的年輕球員了。他爭取到一筆為數可觀的獎學金，讓他就讀二〇〇一年在古拉波（Gurabo）成立的波多黎各棒球學院高中（Puerto Rico Baseball Academy and High School）。他的工作時間開始跟爸爸不相上下，早上五點就起床了。清晨六點，他在麥當勞的停車場，等著從聖伊薩貝爾搭一個小時的車到學校。早上八點上課上到中午十二點，下午一點到四點，他要練習棒球，然後回家念書。晚上，他跟爸爸再到棒球場練球，沒有一次例外。

人們還是會從車窗探出頭來看他。現在，他們不是對卡洛斯高聲斥責。哈維爾將一顆又一顆球擊出去，內野傳球時速快到一百五十六公里，他們是在為他歡呼。專業球探也看在眼裡。每一年，來看他打球的球探愈來愈多。不過，還是有一些對哈維爾抱持懷疑的人，就連棒球學院裡都有這種聲音。哈維爾的同學邀他參加派對。他從來不去參加。

他們告訴他：「你瘋了。你不會在選秀上排那麼前面的。」

哈維爾回答：「我要成為選秀狀元。你去參加派對的時候，我正在努力。」

他後來表示：「他們以為他們在學校的訓練已經夠了，但那樣不夠。」

他的家人犧牲這麼多（沒有睡眠和社交活動只是開端），好讓哈維爾有最大的機會，能夠過上不一樣的生活。可是，當他升上高三的時候，職業棒球隊還是很有可能看不上小卡洛斯・哈維爾・柯瑞亞（Carlos Javier Correa Jr.）。

從艾利亞斯的背景，看不出他有成為大聯盟球探的可能性。球探的生活並不好過。每一年，球探要獨自一人花八、九個月的時間，觀察千百場沒有幾個人感興趣的球賽，一年大概領個五萬美元的薪水。球探願意忍受那樣的生活方式，是因為他熱愛棒球，也是因為他渴望發掘可能成為巨星的球員——最重要的是，他無法想像做別的事。球探工作還令人沮喪。一名球探相中的球員，幾乎最後總是會被另外二十九支球隊選走。艾利亞斯跟他在耶魯的多數同學一樣，總是有其他工作可以選擇。二十幾歲的時候，這些同學通常都會想用高額出差費，跟朋友到大城市消磨夜晚時光，而不是孤獨地待在偏遠的汽車旅館裡。

艾利亞斯在位於華盛頓特區的維吉尼亞州亞歷山卓郊區長大。亞歷山卓的家庭收入中位數在九萬美元上下，將近聖伊薩貝爾的六倍。艾利亞斯小時候家境雖不富裕，但也不錯：他爸爸是負責保護雷根總統和柯林頓總統的特勤人員，媽媽是法院的書記官。艾利亞斯到耶魯大學是為了念書，但也是因為，二〇〇二年的大一球季，不只對律師和銀行家來說是嚴峻的一年，對職業投手來說，也是一場嚴酷的考驗。

耶魯大學的棒球教練斯圖博（John Stuper）還是紅雀隊新人的時候，在一九八二年世界大賽第六戰，投出一場完全比賽。艾利亞斯到紐黑文之前，斯圖博的王牌是名叫史泰茲（Jon Steitz）的大三生。他有一顆時速一百五十一公里的快速球，還有一顆下沉球。隊友稱這顆時速一百三十七公里的滑球為「點頭球」，因為每次他投出這顆球，球探就會彼此對看、點頭。史泰茲的雙親——喬安（Joan）和湯姆（Tom）——是在耶魯大學教分子生物學和生物化學教了很久的教授。湯姆研究核糖體的結構和功能，在二〇〇九年因為這項研究而獲頒諾貝爾化學獎。學校裡有流言，說史泰茲夫婦在其中一間實驗室裡打造他們的獨生子。史泰茲在第三輪被密爾瓦基釀酒人隊選走，提早一年離開大學。

艾利亞斯在大一的時候，加入由史泰茲的同學麥卡錫（Matt McCarthy）和布雷斯洛（Craig Breslow）領軍的先發投手輪值陣容。雖然他們兩個不像史泰茲那麼搶手，但也很有可能成為職業球員。艾利亞斯總是看到有人坐在看臺上，拿著測速槍和筆記本，匆匆寫下他們對其隊友的觀察。這些人是球探。晚上的時候，麥卡錫和布雷斯洛會往下走到地底的耶魯大學跨校園圖書館（Cross Campus Library），仔細搜尋網路上的球探留言板，想要評估他們在選秀會被選中的可能性是提高還是下降。艾利亞斯會跟他們一起去。我是麥卡錫和布雷斯洛的同學，我認識這個經常跟在他們後面，個性安靜、觀察力敏銳的大一新生。棒球隊的隊友因此給他取了個綽號，叫作「徒弟」。

好笑的是，艾利亞斯沒多久就沾染上球探的習氣，開始說球探的行話。他買了一副球探都會戴的雷朋飛行員眼鏡。他看到學生搬著大提琴穿過中庭，會說：「那小子有打職棒的體格。」耶魯再度敗給達特茅斯的軟投手後＊（儘管耶魯大學有堅強的投球陣容，那一年卻經常發生這樣的事，最後戰績十二勝二十七敗），艾利亞斯在從新罕布夏州的長途回程巴士上，用談論一名大家都認識的球探，來緩和緊繃的氣氛。「你覺得那種垃圾會讓辛哈（Anup Sinha）眼睛為之一亮嗎？」他說的是達特茅斯球員那顆號稱速球，結果只有時速一百三十二公里的球。

二〇〇六年，艾利亞斯在耶魯投球。

這是大一新生想討高年級生歡心的方式，但就像多數在大學生之間流傳已久的笑話，這個笑話是建立在事實的基礎上。艾利亞斯真的深受球探吸引：這些人不打棒球很久之後，不管程度強弱，他們都有一種說話和處理見聞的方式，有讓夢想實現或打碎夢想的力量，還有在棒球界謀生的能力。尤其是，那年六月，安那罕天使隊（Anaheim Angels，洛杉磯天使隊的前身）在第二十一輪相中麥卡錫，釀酒人隊在五輪後相中布雷斯洛，這樣的想法就更強烈了。麥卡錫和布雷斯洛都是左投，跟艾利亞斯一樣，而且學長麥卡錫只比這位大一隊友投得好一點點：麥卡錫的投手自責分率是四．〇四，艾利亞斯的投手自責分率是四．一八。艾利亞斯比麥卡錫和布雷斯洛高好幾公分。一百九十公分的他，擁有職業球員的體格，而且還有三年累積選秀本錢。但那時他

＊譯注：soft-tosser，快速球速度沒有真的很快的投手。

的肩膀開始受傷了。

艾利亞斯試著在肩盂唇撕裂的情況下投球。他在出賽前吞四顆泰諾止痛藥，而且他開始經常用又長又粗的針來施打可體松，但就連這些都沒有用。大二的時候，他的投手自責分率激增一・五分。他知道，他必須接受手術治療。在別的學校，他可以用隨隊練習的方式待在球隊裡，保留最後兩年打棒球校隊的資格，最後一年可以用研究生的身分參賽。但是常春藤盟校不許隨隊練習的做法。艾利亞斯等肩傷痊癒的時候必須退出球隊。他決定用這段休息時間奠定基礎，但這次不是玩笑，而是認真為將來的職業做準備。

斯圖博動用他的老交情，讓艾利亞斯進費城費城人隊（Philadelphia Phillies）實習。費城人隊搬到新蓋好的市民銀行球場（Citizens Bank Park）之前，他在舊老兵球場（Veterans Stadium）賣票，也清理球場內部鬧鼠患的儲藏室。他說：「我遇見了一些野生動物。」但沒有在做那些工作的時候，他在行政套房遊蕩，也因此得到其他東西：他從中看見決策人員的運作方式，履歷上面也多了一項亮眼的經歷。

下半年，他在聖地牙哥跟著前大聯盟後援投手豪斯（Tom House）實習。豪斯同時也是一位運動心理學博士，他創立了全國投球協會（National Pitching Association），訓練投手用最理想的技巧投球。艾利亞斯在豪斯的幫助下復健，但他也幫豪斯評估和指導踴躍前來參加計畫的投手。其中包括大聯盟球員強森（Randy Johnson）和普萊爾（Mark Prior）。

豪斯用迴歸分析找出健康和成功的大聯盟投手，在技巧上有哪些共通特色。比方說，他們的前側手臂和投球手臂會在擺動時互相反映彼此的動作。艾利亞斯說：「這是我第一次看見有人用觀察到的數據資料，作為棒球哲學的基礎，而不是根據隨便的假設，去希望這些假設會成功。」大聯盟高層主管也找上豪斯。艾利亞斯跟其中一位名叫肯卓維茲（Dan Kantrovitz）的主管交情特別好。他們有類似的背景，都希望營造類似的未來。肯卓維茲在布朗大學當了四年的游擊手，後來加入聖路易紅雀隊的棒球營運部門。

雖然艾利亞斯回到紐黑文的時候投球技巧臻至完美，但他已經受傷的肩膀，永遠無法復原到可以有效投球的狀態。棒球界的諸位辛哈，根本不會注意到只在大一球季表現最好的常春藤盟校投手。好吧，以職業球員的身分繼續打棒球始終是遙不可及的夢。到了二〇〇六年，艾利亞斯大四球季的時候，史泰茲錄取耶魯大學法學院，沒多久就成了麥肯錫公司的顧問。麥卡錫在讀哈佛大學醫學院。三個人當中，只有選秀順位最後面的布雷斯洛竟然升上了大聯盟。他在大聯盟打了兩個球季，而且之後還會再投十個球季，和紅襪隊一起贏得兩枚世界大賽冠軍戒指。艾利亞斯知道，他必須從不同的路進入職業棒球的世界。

艾利亞斯畢業的時候，《魔球》已經出版三年了，管理部門的廢稿堆中，攙雜了許多常春藤畢業生的應徵信。這些人渴望成為比艾利亞斯早十一年從耶魯畢業的艾普斯坦。他們大部分都是善於找出哪些地方不具統計效率的數據專家。艾利亞斯主修美國研究。他的畢業論文寫的是韌帶重建手術的歷史。

如果說在硬底子的量化技巧上，他比不上這些人，艾利亞斯自認有幾點優勢，或許能夠讓他脫穎而出：他有實戰經驗，而且多虧他在豪斯那裡待了一個春天，他知道怎麼用有系統的方法評估棒球員，就這個方面來說，除了他以外，幾乎沒有其他二十三歲的人知道該怎麼做。

二〇〇六年秋天，肯卓維茲在紅雀隊的老闆開始尋找跟以前類型不一樣的球探。新的球探要知道怎麼客觀評估球員，而且要年輕、心胸開闊、懂得使用電腦，願意根據西格的分析系統，去發掘沒沒無聞的潛力新星。魯諾捨棄另外八百名應徵者，聘用當時二十三歲的艾利亞斯當他的區域球探。艾利亞斯成為紅雀隊球探的時候，球探陣容中有一個是他認得的人：辛哈。

當耶魯的同學們努力從研究所畢業，或為投資公司操作大筆金錢的時候，艾利亞斯接下來五年都在路途中度過，主要是中大西洋地區。就一名球探來說，他起步的時候就占了優勢，而且幾乎跟發現下一個普霍斯一樣成功：他是萬豪飯店的終身白金會員。魯諾信任他有比同年齡人早熟的洞察分析能力，把他愈派愈遠。二〇一〇年初，球探長魯諾派艾利亞斯到波多黎各出差。那是他第一次見到這名十五歲的游擊手。即使是在比他年長許多的球員當中出賽，他也立刻脫穎而出。這名游擊手就是小卡洛斯・柯瑞亞。

柯瑞亞在二〇一二年參加選秀的時候，職棒球隊已經三年沒有在第一輪選入波多黎各的選手了。雖然林多（Francisco Lindor）和拜亞茲（Javier Báez）這兩位來自波多黎各的內野手，在二〇一一年接連在總順位第九和第十位選進球隊，但他們在參加選秀之前就已經搬到佛羅里達州了。柯瑞亞升上高三前，得到同樣的建議，希望藉此提高他的曝光度和選秀本錢。他拒絕了。他說：「我想從波多黎各踏出第一步。我想讓大家看見從這裡也辦得到。」

二〇一一年，魯諾將艾利亞斯派駐在西棕櫚灘，並讓他擔任紅雀隊的波多黎各跨區審核員。在當時，這份工作沒有什麼前景。但年輕的艾利亞斯，不管是在認知還是經驗上，都對波多黎各的球員沒有偏見。而且他一直在記錄柯瑞亞的發展。那年十月，他燃起興趣。柯瑞亞到佛羅里達州朱比特鎮，在紅雀隊和馬林魚的共同春訓基地打球。這是一種海選會，現場有十二場比賽同時進行，球探會開著高爾夫球車在各個場地之間穿梭。

艾利亞斯是其中一名球探，剛好看見柯瑞亞敲出一支反向外野平飛安打。從來沒有人把這種平飛球敲飛三公尺以上的高度，但那顆球飛到右外野，打中界桿，形成全壘打。艾利亞斯告訴自己，**我不記得看過別人在棒球場上有這種表現。不只是十七歲的人而已，而是所有人。**他把車子熄火，看看柯瑞亞接下來會有什麼表現。

幾個月後，魯諾穿過希爾頓飯店的走廊，加入太空人隊。他聘請的第一個人是西格，第二個人則是艾利亞斯。他請艾利亞斯當他的新特助。那年冬天，艾利亞斯的耳中一直迴盪著那顆球打中界桿的聲音。他一有空就去看柯瑞亞打球，而且經常和太空人隊的波多黎各球探索拉（Joey Sola）一起到場觀看。為了找出波多黎各的明日之星，索拉車上的里程表每年都累積到四萬公里，大部分的時候都空手而返。每次艾利亞斯或索拉看到柯瑞亞，柯瑞亞似乎都有驚人的表現：一支大號全壘打、一記三游間雷射肩傳球。索拉報告：「我從來沒見過這樣的波多黎各球員。」艾利亞斯也沒見過像他這樣的球員——沒有在華府郊區看過，沒有在耶魯看過，也沒有在中大西洋地區看過。對艾利亞斯來說，他就像金鷹隊正在竄起的明日之星游擊手馬查多（Manny Machado）。他心想，

像馬查多這樣的選手，在十七歲的時候一定就是這個樣子。他說：「這成了球探口中的直覺。我從來沒有這麼強烈的直覺。」

二〇一二年五月，選秀會前一個月，艾利亞斯提出他對柯瑞亞的報告。這份報告有四百五十個字，長度是標準報告的兩倍，讓艾利亞斯覺得很不好意思。球探的評估報告應該要精簡、可以消化。再說了，這些報告之後要編進西格的資料庫裡。但他有很多話要說。就擊球能力而言，從二十到八十分的量表，他給柯瑞亞五十五分，意思是預估他會在大聯盟打出兩成七二到兩成八七的平均打擊率。他給柯瑞亞七十分的力量分數，預測他會敲出三十五到四十支全壘打。他給柯瑞亞的投球手臂滿分八十分。而且，才十七歲的柯瑞亞，完全就是打職棒的體格。

艾利亞斯寫：「這頭優雅的野獸，有高大、瘦長的身材。體格跟A羅和小瑞普肯（Cal Ripken Jr.）相仿。」在艾利亞斯看來，關鍵問題在於，柯瑞亞會不會壯得很快，對游擊手來說太過笨重——像卡布雷拉（Miguel Cabrera）和A羅一樣——只好改守三壘。但這樣一來，他的打擊能力就不能展現剩餘價值。很多強打者守三壘守得很好，但很少強打者同時擁有打全壘打的體育天賦，又在要求較高的游擊位置守得不錯。艾利亞斯認為柯瑞亞在短時間內可以維持這個狀態。最後他寫：「可能成為這次選秀的頂尖球員，是有利人選。」

艾利亞斯的報告讓魯諾相信，他最好去做這名年輕球探還沒有做的一件事：登門拜訪柯瑞亞和他的家人。艾利亞斯只在遠遠的地方，評估了柯瑞亞的個人特質，就像他曾經從中庭的另一端，評論過耶魯交響樂團的大提琴手一樣。艾利亞斯說：「舉手投足、態度、與隊友相處，他都自有一套。我記得，我讀過一篇文章，描述勇士隊（Braves）怎麼發掘瓊斯（Chipper Jones），講的就是同一件事。他的出現。對我來說，這小子就像那樣。」但他從來沒有真的跟柯瑞亞說過話。

魯諾還帶了另外一名特助，是前朝遺老——六十二歲的卡貝爾（Enos Cabell）。卡貝爾跟西格沒有任何一點共通之處。他在大聯盟打了十五年球，而且雖然他接受開始主導一切的先進分析方法，但他不見得鑽研過這些方法。事實上，當初底特律老虎隊教頭安德森（Sparky Anderson）幾乎每天都堅持讓卡貝爾打一壘，之後，詹姆斯曾經在早期的《棒球摘要》中，以卡貝爾作為撰文對象。一九八三年球季，卡貝爾在一百二十一場比賽中擊出五支全壘打，十二次嘗試盜壘，成功四次。那一年，詹姆斯寫道：「安德森在卡貝爾身上太注重態度的東西，甚至沒有看見那個傢伙球打得不好。安德森，這個球員不會守一壘、不會守三壘、不會打擊、不會跑壘、不會傳球。所以，誰管他態度好不好？」

在隔年出版的《棒球摘要》中，詹姆斯對卡貝爾的語氣軟化了，有一部分是因為，他收到卡貝爾的經紀人萊克（Tom Reich）回覆給他的意見。詹姆斯寫道：「每個人都告訴我卡貝爾是好到不行的人，你知道，他的確是。他有他的能力，他不是已經在打大聯盟了嗎？萊克堅持，如果老虎隊不續簽卡貝爾，會害他們下一年輸掉十場比賽，因為這樣一來，就沒有卡貝爾為某些球員帶來安定。我不否認這一點。我只是沒有管道了解這件事。我是局外人。而且我發現，我愈接近局內人，就愈難否定他們那種失真的看法和錯誤的判斷。所以，我四處說一些略帶尖酸的話，製造幾個敵人。這樣能幫我保持誠實。」

將近二十年後，卡貝爾有時候還是會念錯賽伯計量學的英文發音，但魯諾很快就相信卡貝爾對年輕球員的重要特質有一種直覺。這種特質連詹姆斯都承認自己無法有效評估，就是球員的「個性」。以球探的行話來說，就是球員的「心理素質」。魯諾和卡貝爾先讓柯瑞亞私下做一些測試，確認這名游擊手有艾利亞斯觀察到的體格特質，然後坐在位於佛羅里達州奇士美的太空人隊春訓場地，跟柯瑞亞和他的父母見面。他們自然而然地注意到，柯瑞亞在回答他們提出的每一個問題時，幾乎不曾閃躲他們的視線，這在十七歲少年身上很罕見。

卡貝爾告訴魯諾：「這個孩子是領袖。」魯諾用他從小學會的西班牙文交談，聽老卡洛斯和珊迪貝爾說「全年無休」和「希特勒」的故事、他們的夜間練習，還有柯瑞亞堅持不跟同學參加派對的事。魯諾說：「他在這麼小的年紀展現出成功的跡象，讓人明顯看出，這是真的，他不是做做樣子而已。」老實說，個性積極主動、能說雙語的卡洛斯・柯瑞亞，奮不顧身努力來到成功機率微乎其微的職業棒球界大門口，讓魯諾覺得這是另外一個基特或Ａ羅。

要是魯諾還在替紅雀隊選秀，假如順位排在紅雀前面的球隊已有其他打算，這次會面便足以讓他把柯瑞亞放在選秀名單的前面，柯瑞亞會是很有吸引力的人選。不過他現在不是替紅雀隊選秀。幸好太空人隊在二〇一一年慘敗，魯諾以大聯盟球隊總經理身分出手挑選的第一名球員，會成為第一輪第一順位球員，也就是選秀狀元。魯諾說：「在紅雀隊，我們用第十八或第二十八順位挑選球員，會遇到很多不一樣的狀況，讓你什麼事都掌握不了。選秀狀元就可以掌握了：如果你看中某個人，他就是你的。」魯諾還說：「你要做的就只有說出他的名字。」

有幾年，誰會成為狀元，明眼人都看得出來，手握狀元籤的球隊在選人之前，不大需要仔細調查。一再表現差勁的華盛頓國民隊（Washington Nationals），在二〇〇九和二〇一〇年拿下狀元籤的時候，就是這種情形。二〇〇九年，美國最厲害的業餘球員是聖地牙哥州立大學的王牌球員史特拉斯堡（Stephen Strasburg）。國民隊選了史特拉斯堡。二〇一〇年，最厲害的業餘球員是正在念初級學院的強打者哈波（Bryce Harper）。前一年，哈波十六歲的時候，就已經登上《運動畫刊》封面，被譽為「棒球界的天之驕子」。國民隊選了哈波。兩年後，在史特拉斯堡和哈波的帶領下，國民隊一連展開六個勝多敗少的輕鬆球季。

二〇一二年沒有明顯的狀元人選。那年五月，一名高層決策人員告訴《棒球美國》：「在我印象中，這是最多變化、最難以預料、最弱的一次選秀。很多經驗老到的人告訴我，這是有史以來狀況最差的一次。」

以紅雀隊的順位來說或許如此，他們是拿第二十三順位。但是，對最前面的魯諾、西格、艾利亞斯來說，他們面臨到在聖路易紅雀隊從來沒有遇過的問題：太多好手可以選了。這些球員的能力，都有西格的分析、太空人隊的球探和第三方資料（例如《棒球美國》）可以背書，一定很快就能成為大聯盟球星。其中三人——艾培爾（Mark Appel）、高斯曼（Kevin Gausman）和朱尼諾（Mike Zunino）——是大學球員。經過八年的改良，西格的預測系統已經比它吐出傑德·羅瑞這個名字的時候還要準確了。

艾培爾和高斯曼都是身材高大健壯的投手，在史丹佛大學和路易斯安那州立大學這兩所一級學校效力的時候，都投出每局三振不只一名打者的好成績。朱尼諾來自佛羅里達大學，幾乎可以說是毫無缺點。他打的是棒球比賽中體力和心理上最累人的位置：捕手。他是一名重砲手，而且保送次數不亞於揮棒落空的次數。這些能力讓他成為罕見的三冠王，同時奪下最佳業餘球員金釘鞋獎（Golden Spikes Award）、最佳大學球員迪克豪瑟獎（Dick Howser Trophy），以及最佳大學捕手班奇獎（Johnny Bench Award）。除了朱尼諾，同時拿下這三個獎項的球員，就只有二〇〇八年的波西（Buster Posey）。拿到獎項四年後，波西成為舊金山巨人隊（San Francisco Giants）的中堅分子，勇奪國家聯盟最有價值球員獎。

第四個人選更有意思。他是繼楚勞特之後，最接近楚勞特的人。他的名字叫作巴克斯頓（Byron Buxton）。出身喬治亞州郊區的高中生巴克斯頓，身高一百八十八公分、體重八十二公斤，打中外野手的位置，幾乎五項全能：跑壘、守備、傳球、長打、擊球，樣樣都行。巴克斯頓是那種球探稱之為怪物（這個字向來是種稱讚）的潛力球員。他被譽為繼波・傑克森（Bo Jackson）之後傳球最快的業餘球員。他的棒球傳球速度快到時速一百五十九公里，美式足球可以傳到八十二碼遠。雖然身為高中生的他有比較多的時間發展成熟，但也因為這一點，比較難確定他的未來狀況。西格說：「這套系統可以用在高中生身上，只是比較沒有那麼確定。你用來判讀的資訊，預測能力比較低。」比起紐澤西州的高中生，喬治亞州的高中生比賽較多，競爭較激烈，資訊還算是比較多的。

太空人隊的公關喜歡幫球隊預計要選的前幾名球員，事先準備好生平資料，在他們選入球隊的時候立刻發布。隨著二〇一二年六月四日的選秀會即將到來，他們已經寫了好幾份球員生平資料，艾培爾、巴克斯頓、高斯曼、朱尼諾等人都包含在內。這些都是《棒球美國》模擬選秀排在前面的名字，也是太空人隊決策人員討論最激烈的名字。六個月前魯諾來到太空人隊，這些決策人員有很多是在他來之前就已經在太空人隊工作的人。隨著時間一分一秒逼近，魯諾、艾利亞斯、西格擠在總經理辦公室裡，那些待在外面的人認為，他們要從大家爭得面紅耳赤的兩名人選當中選出一人——如果他們要選大學生，就會選艾培爾；如果他們要選風險比較大的高中生，就會選巴克斯頓。魯諾說：「沒有人對我們在討論的人有一丁點線索。」多年來在全美各地的萬豪飯店酒吧流連，讓球探都互相認識。只要傳出一則內容不妥的簡訊，就會毀了一切。

到了要選人的時候，魯諾現身了。這是他第一次和太空人隊一起出現。他把一塊人名磁鐵挪到選秀板的前面。這個球員的名字最近才剛開始在第三方模擬選秀中，出現在接近十名的順位而已，還沒有出現在第一順位過。眾人大吃一驚。公關人員連忙從無到有趕出一份生平資料。太空人隊的許多現任決策人員知道，他們待在休士頓的日子不多了。

選秀會那天早上，魯諾和他最信任的員工在巴克斯頓和柯瑞亞之間猶豫不決。就連他們在美國中部時間晚上六點登入系統的時候都還搖擺不定。幾個月前當上太空人隊球探長的艾利亞斯說：「他們最後都會成為傑出的球員。你選小瑞普肯，不選小葛瑞菲（Ken Griffey Jr.），兩人其實不相上下。」

魯諾說：「你永遠不知道自己還會不會有手握狀元籤的機會，你會想選潛在效益最高的球員。對我們來說，就是柯瑞亞。巴克斯頓就在那，跟柯瑞亞很接近。他才華洋溢、年輕、令人期待。但是我們真的認為，游擊手這個位置讓柯瑞亞站了上風。」

雖然西格不得不承認，柯瑞亞的戰績數據大都來自於出戰與他實力懸殊的波多黎各高中生，比較沒有那麼可靠，但這只是表示，太空人隊蒐集到關於柯瑞亞的軟資訊，在他的戰績公式裡訊號增強了——這些資訊來自於對他偵察和與他會面的過程。艾利亞斯這些優秀的球探，以及卡貝爾這樣經驗豐富的棒球員，寫出大力讚揚球員的報告，不管球員來自哪裡，都具有預測上的價值——尤其是柯瑞亞這麼年輕，還要三個月才滿十八歲。

每一個月都很重要。對一名高中三年級生，和比他大十個月的球員進行一模一樣的評估——就像巴克斯頓和柯瑞亞的對比——就兩人的未來成就而言，前者的成功機率會高得令人驚訝。假如太空人隊覺得太冒險而沒有選柯瑞亞，那他們就是用十六點來對抗莊家的七點。假如他們這麼做，他們又有什麼厲害的地方？西格說：「用有大學統計數據的球員來建立模型是一回事。決策人員實際運用這個模型又是另一回事。我的意思不是要用模型來打破僵局，也不是要在選秀後段對分析師略施小惠。我的意思是，從選第一名球員，就真的用上這個模型。傑夫就是在做這件事。」

艾利亞斯說：「我覺得我們沒有什麼特殊見解或特殊知識，也沒有比別人聰明。我認為，我們使用的資訊和技巧，棒球圈或多或少都已經有了。我們採用的資訊，有一半以上的隊伍也在使用。」巴克斯頓、朱尼諾、高斯曼在太空人隊選完之後接連三個順位入選其他球隊，而且艾培爾也在第八順位被球隊挑走——會拖到這麼後面是因為球隊知道他的簽約條件很高。艾利亞斯還說：「我們的優勢在於，我們有紀律、相信我們的資訊，即便資訊感覺錯得離譜，也會堅持到底。」

太空人隊選擇柯瑞亞還有另外一個原因：就簽約金來說，他們要付給柯瑞亞多少錢。這一直都是太空人隊的考量，只不過，從二〇一二年開始，這一點變得至關重要。大聯盟和球員工會才剛達成新的勞資協議，嚴格規定選秀簽約金上限。前十輪選秀的每一個順位都有建議簽約金。按照這些金額計算，每支球隊能付給選秀球員的總金額都有

二〇一二年太空人隊剛以狀元籤選中柯瑞亞，相片中是他的弟弟和父母。

一個限度。假如你可以跟順位較前的球員達成協議，支付金額較低的簽約金，那麼你就可以付給後面的球員多一點錢。

總經理們喜歡說拒絕「第一桶金」的誘惑很難，尤其是像柯瑞亞這樣的球員——一名住在煤渣磚蓋的房屋的高中生，而且業界認為，如果他不接受，不太可能在第七順位之前入選，而排在第七順位的球隊是聖地牙哥教士隊（San Diego Padres）。教士隊在五月初的時候，派專業球探部副總經理——先前曾經在大聯盟當過捕手的辛區（A.J. Hinch）——到波多黎各看柯瑞亞打球看了一整個星期。辛區對他看到的覺得很滿意。他說：「結果，我們卻沒有機會選他。」二〇一二年狀元籤的建議簽約金是七百二十萬美元。如果太空人隊可以讓柯瑞亞接受低於這個金額很多的簽約金——對像他這樣的選手來說機率很高——他們之後就可以選進表明要拿高於建議金額的人。

他們最想拿下的是兩名投手。其中一個人是來自洛杉磯的右投高中球員吉歐里托（Lucas Giolito）。在他扭傷手肘的尺骨附屬韌帶之前，他是熱門的狀元人選。但是如果他對簽約金不滿意的話，他還是可以去念加州大學洛杉磯分校。另外一個人是十六歲就可以投出一百五十六公里速球的坦帕高中生小麥卡勒斯（Lance McCullers Jr.）。麥卡勒斯來自比較富裕的家庭——他的爸爸曾在大聯盟投過七年的球。他對外界表示，他很樂意去念佛羅里達州的大學。

太空人隊向柯瑞亞提出四百八十萬的簽約金額，比狀元籤的建議金額少了兩百四十萬。柯瑞亞的媽媽珊迪貝爾告訴他，他得念大學。他的學術水準測驗考試（SAT）拿了一千兩百分，可以用全額獎學金念邁阿密大學。老卡洛斯聽到太太的意見時，要了一張輪椅。他提醒兒子：「你知道我要做多少建築工作才能賺到四百八十萬嗎？我的工作、你的工作、你兒子的工作，還有你兒子的兒子的工作，加起來都沒有那麼多。」

柯瑞亞接受了太空人隊的價碼，所以太空人隊還有簽下麥卡勒斯的餘裕。在國民隊以總順位第十六位相中吉歐里托之後，他們以第四十一順位選了麥卡勒斯。太空人隊和麥卡勒斯簽約的金額是兩百五十萬美元，幾乎比建議金額高出一倍。魯諾認為，他在休士頓的第一次選秀結束時，可能挑走了這次選秀會的最佳守備以及最佳投手，成果甚至可能超越他在二〇〇九年替紅雀隊選秀的結果。

柯瑞亞從來沒有對自己的決定後悔過。由艾普斯坦執掌兵符的小熊隊告訴他，他們打算以總順位第六位選他，比教士隊的順位前面一位。但沒有人向他承諾更前面的順位了。他說：「那個順位價值三百二十萬。太空人隊開出四百八十萬？多出一百六十萬，而且有機會締造波多黎各選手拿下狀元籤的歷史？我孑然一身，沒有什麼好損失。」

簽約後沒幾天，就是柯瑞亞從波多黎各棒球學院畢業的日子，但他還要好一陣子才會拿到這筆錢。他不只當選這間學校的最有價值球員，也是畢業生致詞代表。這紙合約不只為他賺進第一桶金，而是為他賺進了將近前五桶金，但他只有一雙鞋子，而且是穿借來的西裝參加選秀會。柯瑞亞一家人有個經營印刷事業的朋友，是聖伊薩貝爾的少數有錢居民。他帶柯瑞亞去購物，替柯瑞亞買了生平第一件屬於自己的西裝，讓他在拿到畢業證書的時候穿。波多黎各的快遞服飾店（Express）鏡子映照出柯瑞亞的樣子，他身上穿著黑色絲質貼身西裝，搭配柔軟的深藍色襯裡，他無法將視線從自己身上挪開。他告訴自己，**我是專業人員，我完成我一直追求的夢想了**。

柯瑞亞看著更衣室的鏡子，讓自己盡情想像未來幾年的樣子。在他的藍圖中，就算還是有很多人說他會很快就壯得無法打游擊位置，但他會嚴格遵守季後賽飲食規定，保持在九十九公斤以下的體重——最多一百公斤——就像拳擊手始終維持標準體重。在他的藍圖中，他替所有向他要簽名的人親筆簽上相同的簽名。他要簽得又快又清楚。以前他完成教練交代的課題，在等其他隊友的時候，總是在學校的筆記本上練習簽名。在他的藍圖中，他和爸爸都永遠不必再到工地做事，很快就可以買任何他們想買的東西。他們可以買下所有想買但一直負擔不起的衣服和鞋子。他說：「從現在起，我會看起來很體面。」

他的家人知道，誰都不能保證，他們能擁有這樣的未來。誰都不能保證，不顧鄰居謾罵依然苦練的夜晚，能夠熬出頭來。誰都不能保證，哈維爾會遺傳到珊迪貝爾一家人的身高和運動員體格，卻沒有遺傳到爸爸的矮壯身材。誰都不能保證，哈維爾嚴守紀律的童年時光，只會培養出堅毅的性格，卻沒有毀了他的品行。珊迪貝爾說：「我們覺得，哈維爾一直有個守護著他的天使。」太空人隊也守護著他，但他不是唯一一名太空人隊關注的球員。

4 成長心態

二〇一二年，西格．麥戴爾移居休士頓的時候，他不只換了新工作、搬到新家（如果你覺得兄弟會老朋友的車庫稱得上是家的話），還參加了第八十九場婚禮——他自己的婚禮。每一場參加過的結婚典禮，他都很喜歡，但他也分析過，是哪些原因讓某幾場婚禮真的非常特別，哪些原因讓某幾場婚禮沒有那麼特別。跟DJ相比，很難找到一個能讓每個人都滿意的樂團。伴娘禮服不能跟桌巾太像。如果你把盆栽放在籃框裡，賓客還是知道他們身在高中體育館裡。西格的未婚妻阿拉蒂（Arati）先前是一名記者，後來到一間公司擔任社群媒體經理。他們兩個是在一場會議上認識的。西格要辦自己的婚禮時，他和未婚妻偷偷跑到斯德哥爾摩海岸邊的一塊岩石上。瑞典政府提供的婚禮牧師，把他們的名字念成阿特和西古里德，但西格還是給了這場婚禮非常高的評價。婚禮結束後，西格有一半的時間待在休士頓，另外一半時間在北卡羅萊納州工作。阿拉蒂和她在前一段婚姻生下的十二歲兒子羅斯（Ross），一起住在北卡羅萊納州。

羅斯跟新繼父小時候非常像。他很聰明，在學校各科表現優異。他熱愛運動：喜歡網球，也喜歡棒球。尤其是西格進入他的生命之後，他對棒球的興趣更加濃厚。他身形瘦小，很少把球打出內野，而且他打少棒聯盟的時候幾乎都待在右外野。

西格的父母幾乎分辨不出好球和壞球的差別在哪，但羅斯的父母不同，他們對棒球很了解。西格在羅里遠距工作的那二十六個星期，會去看羅斯比賽。他每次都坐對看臺，但大部分的時間他都因為眼前的景象，而皺著一張臉。問題不在小朋友的表現，問題出在教練的指示。

自從有了少棒聯盟這種東西，聯盟裡的教練都教小朋友同樣一套打擊哲學：握短棒然後揮擊。羅斯也這樣擊球。西格說：「他們跟少棒聯盟的所有教練一樣，鼓勵孩子不要站著不動被三振。孩子們為了配合教練，能撈到的球都會揮擊。這是很糟糕的習慣。如果你不是貝比．魯斯（Babe Ruth），這樣做根本沒意義。」

羅斯有很多優點，但他不是貝比．魯斯。他很清楚，但是隨著國中生涯接近尾聲，羅斯為自己設定了一個很有野心的目標：他要在讀高中的時候加入棒球校隊。這件事西格幫得上忙。

西格找來他在紅雀隊認識的球探朋友布拉德（Matt Blood）。布拉德跟他們一樣住在羅里。西格請他幫忙，輪流陪羅斯進行投打練習，並把大聯盟選手的選球能力（不是少棒選手的選球能力）灌輸給羅斯。重點不是放掉壞球、去打好球。重點是要辨識**哪些**好球值得出棒。好球帶邊緣的球不該追打。貝比自己都經常對通過本壘板邊緣的外角低球沒轍。但在腰部高度，尤其是內角三分之一位置的好球呢？西格和布拉德告訴羅斯，那些是有利的球。就算不是特別有力量的打者，都能讓這顆球從游擊手的頭上飛出去。

羅斯在少棒聯盟打球的時候，按照他從西格和布拉德學到的方式揮棒，偶爾會犯站著不動被三振的原罪。他回到板凳區的時候，教練會大聲斥責他。羅斯會和西格四目交接，露出微笑。這個表情是在說，**我們知道的他不懂**。升上高中第一年入春時，羅斯參加選拔賽，然後焦急地瀏覽棒球校隊二軍的名單。他找到自己的名字了。

那些額外的投打練習，最後導致一個不幸的結果：西格的旋轉肌撕裂了。雖然他必須因此接受手術，還要忍受令人痛苦的物理治療，但他覺得羅斯會用新的方式擊球，這樣就足夠了。西格引以為傲地說：「他有很棒的成長心態。」

成長心態：這四個字，令許多跟棒球有關的決定天差地別，其中的利害關係，比羅斯的決定影響更大。決策高層或許可以在往上爬的過程中拉你一把。但讓你登頂的，卻是一種無形的特質——它是難以捉摸、卻能發掘的堅毅性格和適應能力。

魯諾來到太空人隊的時候，這支球隊已經惡化得不像話了。隊上還有三百名簽約球員。其中大部分從來沒有在太空人隊打過任何一局比賽。他們在奧克拉荷馬市打三A聯盟，在聖體市打二A聯盟，在蘭卡斯特市打高階一A聯盟，在萊辛頓市打一A聯盟，在三城打短期一A聯盟，在格林維爾和奇士美打新人聯盟，還有多明尼加夏季聯盟。

魯諾會得到這份工作，有一部分是因為他答應克蘭，他不會簽無法撐到太空人隊東山再起的昂貴球員，他會拿這些球員去換將來會對球隊有貢獻的年輕球員。事實上，魯諾接手的時候，拿高薪的資深球員只占球隊的一小部分。二〇一二年球季即將展開，有六名球員會領到一百萬以上的薪水，只有兩名——重砲手李伊和終結者麥爾斯——薪水超過八百萬。那其他球員呢？

魯諾相信，他計畫推動的流程會將扎實的數據和人類經驗融合在一起，將這兩種資源發揮得淋漓盡致，能幫他做出對的決策，甚至招進對的球員，讓球隊透過選秀、球員交易和自由球員制度煥然一新，而且他們的分析輔助戰略和訓練方法能為球員提供成功的工具。在某種程度上，這些決策出自決策人員。但它們屬於球員自己：訓練多努力、吃些什麼，還有，用這些工具來決定哪些球投過來要打哪些要放棄，意願有多強。

成長心態就是在這一點上展現出重要性。數據宅之窩可以為球員提供太空人隊裡最基本的資料，讓他們知道怎麼改善選球技巧或調整配球，幫助球員更上層樓。但那只是入門而已。願不願意根據這些資訊來提升自己，取決於球員。這麼做是表示，球員必須改變長久以來的打球方法，尤其是，要去改變讓他們足以走到今天這一步——職業棒球的做法。

魯諾和西格在紅雀隊遭受的挫折，其中一項是他們的球探部門遭到孤立。他們有許多紅雀隊可以實行的好方法，但帶領其他部門的是別的高階主管，其中有些人拒絕和魯諾交談，更別說是聽他說話了。現在魯諾在太空人隊主導一切，對關鍵人物掌握生殺大權，這些關鍵人物能將決策人員的新哲學傳給球員，教球員怎麼實踐新的哲學。這些關鍵人物就是——教練。魯諾徹底檢視太空人隊的教練團，將了解計畫和全心投入計畫的人安插進去。即使計畫經常違反教練團認定的正統做法，魯諾也照做不誤。

儘管太空人隊正在走下坡，魯諾知道，這支球隊雖然已經有三百名球員了，還是要有一些能夠為他實現未來願景的年輕球員。這些年輕球員，要有打球的資質，也要有進步的動力。他打算用一顆破壞球把太空人隊給砸了，但這間屋子裡，一定有一些值得挽救的「閃亮銅管」。魯諾說：「任何一名總經理接手後，都會有優秀的球員在這個體系裡。問題在於，你要把賭注放在哪些人身上。」

西格在引導這些賭注的過程中出了一份力。他可以對太空人隊自家球員，進行總是用在選秀球員身上的那套迴歸分析方法。差別只在，現在他們對未來的成就或失敗，預測準度更高了。二A聯盟投手一年大約要投一百四十場比賽，比起只投幾場的高中投手，他們可以拿到更有用的數據組。西格還可以在他們的分析方法中加入人類的觀察，連教練的直覺都能納入（教練對球員的認識，比球探對高中球員的認識要多得多了；這些高中球員，就算球探見過，也可能只看過幾次而已）。教練每天都跟目標球員一起練球，而且會在每次比賽結束後，把報告交給太空人隊。魯諾拉進計畫的教練愈多，他們能提供給西格的資訊就愈有用。西格的模型不斷更新。在球員逐漸成長（或沒有成長）的過程中，他們的發展預測也愈來愈準確。此時，數據宅之窩的計算公式不是指出該不該選入某個球員，而是顯示球員是否足以升上層次比較高的聯盟，或是應該要裁掉。

克蘭也對這個流程有所貢獻。很多老闆都希望明天就能有一支冠軍隊伍，但克蘭不一樣，他了解魯諾的全面檢視要進行好幾年，這樣他才不會對年紀還很輕的球員做出草率的判斷——例如，用他們去換立刻就能幫助球隊的大聯盟選手——讓這些年輕球員成為他的心腹大患。身為老闆，克蘭的耐心也讓太空人隊從一個貴人那裡得到好處。這個貴人，就連最有克制力的賭徒都需要，那就是——運氣。

太空人隊上有一個球員，魯諾一直想留在身邊。他們到休士頓之前的春天，魯諾和艾利亞斯都還在替紅雀隊工作，那時他們開拔到康乃狄克大學，偵察一名身高一百九十公分、體重九十一公斤的大三生。他的名字叫作喬治・史普林格（George Springer）。艾利亞斯說：「擁有那種身體素質的人？誰能投出那樣的球，跑成那樣，擁有那樣的身體？他們通常在高中就被簽走了。」

像那樣的人，紅雀隊也幾乎沒有機會簽到。二〇一一年成為魯諾最後一次在紅雀隊選進第一輪球員。那時，他用第二十二順位選進另外一名身材矮小的大學中線內野手——夏威夷大學馬諾阿分校的黃克頓（Kolten Wong）。即使不意外，魯諾也覺得很失望，因為太空人隊早他十一個順位，在一個小時前把史普林格的名字拿走了。

史普林格一直都有成為大聯盟球星的基因和背景。他的祖父喬治・切斯頓・史普林格（George Chelston Springer）在一九五〇年，十七歲的時候，從巴拿馬移民到美國，在康乃狄克州的師範學校投球。他的爸爸小喬治（George Jr.）打過少棒聯盟世界大賽，然後在康乃狄克大學打美式足球校隊，之後成為一名律師（小喬治喜歡開玩笑說：「我

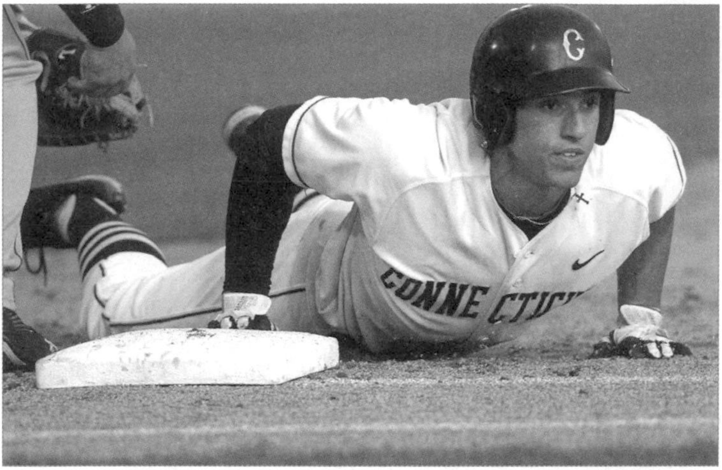

史普林格在二○一一年替康乃狄克大學撲向一壘。

十二歲就走到人生顛峰。慘的是，我十八歲才明白這件事」）。他的媽媽，波多黎各出生的蘿拉（Laura），是康乃狄克大學的體操選手，後來成為一名體操教練。喬治三世和他的兩個姊妹在地墊上長大。他說：「空翻、轉身，我每一樣都會。」

二○一二年史普林格第一次打完整個小聯盟賽季，將那樣的體育能力展露無遺，在一百二十八場比賽中打出三成零二的打擊率，轟出二十四支全壘打，三十二次盜壘成功。雖然史普林格在《棒球美國》雜誌二○一三年評比中排名第三十七，但他也展現出一項特質，令魯諾和西格真的很懷疑，史普林格能不能在球隊的未來中扮演重要角色：他打起球來完全不受控制。

那樣的傾向有時候會出現在外野，史普林格經常漏接，也經常跳到牆上把球撈回來。但他站上打擊區，更是不受控制，不管什麼球他都撈。他說：「我沒有計畫。我一直都是想打超大號全壘打，而不是只打一支中間方向的一壘安打。」

他是如此天賦異稟，在亞凡古農場中學打球（他在高二的時候轉學到亞凡古農場中學）和在大東區賽事中對戰投手，都用這種方法打得無往不利。一整個球季，史普林格始終幹勁十足地用那種方式打球。十五歲的時候，他的身材甚至比西格的繼子還要矮小：一百五十七公分、四十五公斤。他說：「我不是最強壯的，我不是最快的，我一直努力拿出更厲害的表現。」高中生涯來到尾聲的時候，他長高三十公分，體重增加一倍，但他仍然保有矮小球員的心態。他說：「我就是相信，每一天，我站出去，就要拿出百分之百的表現。我想，那讓我嘗試做出我在體能或心理上辦不到的事情。我就是這樣精力充沛的人。加上享受和競爭，這就是**行動快速**的祕訣。」

史普林格的祕訣，讓他在小聯盟第一年轟出很多全壘打，但更常產生的是，在西格的公式裡總是列為重大負面指標的項目：三振。二〇一二年，史普林格踏上本壘板五百八十一次，其中有一百五十六次，因為不是有效打擊而從本壘下場，導致每三．七個打席就被三振一次，頻率之高令人咋舌。那一年，固定上場的大聯盟打者，只有九個人三振率比他高，而且讓他們揮棒落空的是世界一流的投手。史普林格是在蘭卡斯特市和聖體市打出這樣的三振率，他面對的投手大都不會有更進一步的發展。

要找到像史普林格這樣，在等級這麼低的聯盟打球，卻這麼常被三振，之後還要在大聯盟成為球星的球員，實在不容易。當時大聯盟最常吞下三振的強打者是白襪隊的巨獸鄧恩（Adam Dunn）。棒球史上三振數最多的十三個球季，其中有四次是他的紀錄。根本無法想像，會有一名貨真價實的大聯盟球員，揮棒落空次數更多。但鄧恩在一A打球的時候，揮棒落空或站著不動被三振的平均次數，只有五．五個打席三振一次而已——這個數據比史普林格要**好上**五成。

如果史普林格的三振率，有任何一點讓人樂觀以對的原因，就是這些三振的本質。史普林格其實很會選球，每兩場比賽，就有一次四壞球保送上壘。對年輕選手來說，這樣的保送上壘次數很多。他通常不會出棒打壞球。他出棒都打好球，只是揮得太大力，經常揮空而已。

但除了好基因、體育能力、腦袋之外，史普林格還有其他優點。雖然他不必像許多隊友那樣克服經濟拮据的問題，但他還是擁有堅強的成長心態。原因出在，他每次到餐廳點餐或在課堂上被老師點到的時候，總是會發生的一件事：口吃。史普林格很小就有口吃，他在亞凡古農場中學念二年級的時候，情況開始有所改善。他每天早上起床都對自己要面對的社交互動感到害怕，但他很期待上場練習和比賽，讓球場上的表現替他說話。他說：「棒球場是唯一一個讓我感覺像在做自己的地方。」

史普林格小時候，只要不在球場上，就經常覺得自己迷失了。他說：「我就是覺得自己沒辦法克服。這就是我。這就是我之後的樣子。」接受許多年語言治療後，史普林格終於明白，這不是真的。他用了很多策略。他控制自己的呼吸。他用雙手來說話。他順暢地替換同義詞，他知道，這些同義詞不會因為讓他困擾的字詞而跌跌撞撞。

最後，他對公開說話只有感覺到一點點焦慮而已，甚至就連提問的人都不會察覺一絲他有口吃的跡象，除非他們存心去找。他甚至成為口吃兒童協會的全國發言人。所以，當小聯盟教練收到球團高層的指示，要他出棒小力一點、把球傳給轉接手，還有最重要的一點，就是放慢速度？那跟他每次點餐時要克服的挑戰不太一樣。他知道該怎麼適應。

二〇一四年四月，史普林格在太空人隊亮相。五月中，他已經轟出四支全壘打。他也在右外野失誤六次，而且出賽三十二場，至少每二十五個打席就有一次遭到三振。他在十天內，有兩個晚上被三振四次。鄧恩的紀錄是整個球季只有一場被三振四次。在太空人隊第二年執掌兵符的波特（Bo Porter）有幾場比賽讓他下場候補。波特解釋：「他已經不是在打球，看起來就像脫韁野馬。他站在打擊區，想要把球打到博蒙特去。我想，這多半是因為升上大聯盟的興奮感，還有他周遭的喧鬧聲。」

太空人隊設計一套新系統，來引導史普林格邁向在大聯盟生存所需要的改變。史普林格也找上他們。回到球場的那一晚，比較冷靜的史普林格轟出兩支全壘打，摃進五分打點。之後，雖然他還是經常被三振——像菜鳥一樣，每三個打席被三振一次——但他扭轉了太空人隊在他打一A時對他做的預測。他的三振次數逐年減少，史普林格在大聯盟揮棒落空的次數，甚至低於鄧恩在一A的揮棒落空次數。而且鄧恩只有一項才能，史普林格是五項全能。

「我慢慢弄清楚我想成為什麼樣的打者，還有我是什麼樣的打者，而不是站上打擊區盲目地揮棒，」他說話的時候一點口吃都沒有：「在各個方面放慢下來，幫助我像以前一樣行動快速。」

在此同時，魯諾忙著清理和整頓太空人隊的球員名單。二〇一一年十二月到二〇一三年九月之間，他進行了二十五次球員交易，將二十八名球員送走，大都是大聯盟球員。然後他換來四十一名球員，幾乎都是有潛力的新人。沒有球員保證安全，一定可以為他帶來更好的戰績，就連傑德．羅瑞也不例外。二〇一三年二月，距離魯諾第一次替太空人隊網羅球員，換進羅瑞已經十四個月了。這次，他用羅瑞和一名後援投手，跟運動家隊一起交換投手皮卡克（Brad Peacock）、強打者卡特（Chris Carter）、捕手史塔西（Max Stassi）。

關於魯諾和太空人隊的運作方式，羅瑞這樣告訴《休士頓紀事報》的隨隊記者德利克：「這單純是統計分析。我想你無法同時採用這個方法，又希望建立起良好的個人關係。我說的不是這個人好不好，當你完全只用數據，而不用其他方式去評估某個人的時候，似乎很難達到那樣的平衡。但有些東西是無形的，我覺得運用數據是在抹殺那些無形事物的重要性。」魯諾覺得羅瑞錯了（西格也這樣覺得），只是，這些話從他口中說出來，很傷人。

魯諾冷酷無情地對球員開鍘——他把從球團接手的多數球員都送走了——這樣的名聲傳到了太空人隊的小球迷耳裡。有一天，他收到一封手寫的信：

親愛的傑夫．魯諾先生：

你好，我的名字叫威爾，我住在德州。

請你不要把史普林格交易出去。

原因有

一、他是我最喜歡的球員

二、我剪了跟他一樣的髮型

三、他是球隊領袖

魯諾把信放到推特上，寫道：「聽起來很有邏輯，可不是嗎？」

達拉斯・凱戈（Dallas Keuchel）在奧克拉荷馬州長大的時候，身材從來沒有特別比人矮小，但他也從來沒有特別比人高壯。他熱愛投球，但他從來沒有投得特別快。他能做到的事情，是從他八歲起，就總是能夠每一次都把球精準地投到要投的地方。他的爸爸丹尼斯（Dennis）告訴《奧克拉荷馬人報》：「你馬上就知道，這孩子可以在你的兩眼間打出一個點來。」

丹尼斯是植物園藝商人，工作的時候都在戶外，但他熱愛的活動是棒球，尤其是投球。每天，他照顧完別人的樹木和植物後，都會回家關心另外一樣東西：達拉斯的左手臂。他們不是只在後院丟丟球而已。他們會進行瞄準練習。丹尼斯會把手套直接放到心臟前面，然後說：「投這裡。」達拉斯就把球投過去。丹尼斯把手套放在雙膝下方、草地上面十來公分的地方。「投這裡。」達拉斯就投過去。丹尼斯把手套放在頭頂上。「投這裡。」達拉斯就投過去。達拉斯投的每一顆球，即使看起來像是鬧著玩和放鬆手臂，都是有目標的，有他想要投到的地方。

達拉斯也很愛玩棒球電動。只要他寫完功課，就可以打棒球電玩當消遣。丹尼斯跟很多喜歡棒球的爸爸不一樣，他覺得電動遊戲很有用，可以讓兒子學到很好的投球策略。達拉斯的第一台電動遊戲機是雅達利，多年下來，他陸陸續續玩過任天堂、世嘉DC（Sega Dreamcast）、PS和PS2遊戲機。他喜歡當史摩茲（John Smoltz），因為不管對上哪個迷你模擬球員，史摩茲都可以投出時速一百五十八公里的速球，然後用難對付的指叉球解決打者。但達拉斯從跟他比較像的投手身上學到更多東西。他們無法投出快速球，但達拉斯還是可以下達精準的指令，讓他們投出跟史摩茲一樣的成果。這些投手有：麥達克斯（Greg Maddux）、摩耶（Jamie Moyer）和柏利（Mark Buehrle），尤其是葛拉文（Tom Glavine）。

在實際比賽中，達拉斯一直沒有那樣的顯眼能力，在球探眼裡更是如此，就連他上了土爾沙市的凱利主教高中（Bishop Kelley High）之後，表現也不突出。他的快速球只能投到時速一百三十七公里，有時候時速一百四十公里。他在奧克拉荷馬州的對手說：「以高中投手來說，他的球路威力不錯，但我記得我對戰過很多比他更有威力的人。」他只受邀參加過一次全明星賽，從來沒有入選過奧克拉荷馬州棒球隊。大聯盟球隊要進行二〇〇六年選秀的時候，他的名字不在球隊相中的一千五百零二個名字裡面。最慘的是，雖然他為凱利主教高中在州冠軍賽擔任三場球賽的先發投手，還拿下兩場勝投，敵隊卻根本沒把他看在眼裡，懶得弄清楚怎麼念他的姓氏。他們的播音員會透過擴音系統念出「卡丘」、「基克」、「凱可」。

這個情形總是令他鬥志高昂。他會先喃喃自語「是**凱－戈**」，然後十之八九會展現威力，投出對手下次一定會記得揮棒的球，把他們完封。

凱戈在阿肯色大學投了三年的球。大一的時候，他的投手自責分率是五．八八，主要都是出場後援。大三球季的時候，他成為阿肯色大學剃刀鯨棒球隊（Razorbacks）的第一號先發投手，以及球隊的週五夜投手。即便如此，大聯盟球隊還是沒興趣培養不能投出時速一百四十五公里的投手。球探只會在要看別人的時候紛紛來到他的比賽現場。他每一局三振掉的球員不到六人，而且他平均每一局會讓打者打出一支安打。並不突出——但如果你再看仔細一點，這些安打大部分是軟弱的輕觸球或小飛球。雖然他在競爭激烈的東南聯盟投球，面對使用有彈性的金屬球棒的打者，一百一十四支安打之中只有四支是全壘打。儘管在其他方面數據並不突出，但他就是靠著這樣，把投手自責分率降到三・九二。二〇〇九年六月，大聯盟球隊選走其他兩百二十名業餘球員，還有以史特拉斯堡為首的一百零九名投手。之後，休士頓太空人隊才在第七輪相中這名球路刁鑽的阿肯色州投手。

在小聯盟期間，凱戈升上比較高段的聯盟，儘管面對能力愈來愈強的對手，他的成績還是跟在大學投球的時候一樣。每局會被打出一支以上安打，三振率在每九名打者三振六人上下，他沒有讓打者敲出太多全壘打，投手自責分率大約四分。他始終搆不上百大最有潛力球員的邊，《棒球指南》給他的評分始終沒變過：二〇一〇年是C級，二〇一一年是C級，二〇一二年是C級。替棒球界的聖經撰文的作者群寫道：「他可以當第五號先發投手或長中繼投手。」

二〇一二年，凱戈二十四歲，太空人隊換了新老闆和一群新的決策人員。他們不是選凱戈進來的人，也對他沒有特別的情感。從這些人的分析結果來看，二流的軟投派投手不會讓他們感興趣。魯諾想要把他交易出去，對這件事並沒有想太多。但是其他總經理，沒有人想要凱戈。魯諾從他們在電話上念名字的方式，知道那些總經理沒有花任何時間來蒐集這名投手的資訊。他們說：「庫丘？」然後很快就開始問起其他球員。

所以太空人隊留下凱戈，而且他們還是要打大聯盟比賽，也很需要有人可以在這些比賽場次中投球。他們在六月的時候讓凱戈去打大聯盟。凱戈的前三場先發比賽表現好得出乎意料。他每一場都只讓對手拿下一分，而且第二場比賽對上克里夫蘭印地安人隊，他甚至投出完投勝。然後整個聯盟都認識他了。

由於凱戈的快速球只有一百四十三公里，除此之外，他也只會投變速球，所以他不太可能把球員三振掉。你就什麼都不做，儘管把球破壞掉，然後等他給你一顆你能敲得遠遠的球就行了。那年球季結束時，凱戈的戰績是三勝八敗，投手自責分率五・二七，而且保送是幾乎多到令人不可置信的三十九人次，比他揮棒落空的次數三十八次還多。太空人隊不能怪其他球隊拒絕交換凱戈。他們也不會換進這樣的投手。凱戈自己也不會換進自己。他說：「我覺得自己不屬於這裡。」

冬天的時候，凱戈回到奧克拉荷馬州的家，和丹尼斯一起練了一種武器。他相信這個武器可以讓他不再那樣覺得。他下定決心，如果他要在大聯盟生存，要覺得自己屬於大聯盟，他就要願意改變才行。尤其是，他需要快速下沉球和變速球以外的第三顆球，一顆能夠幫他讓打者失衡、避免他們揮出長打的球。他說：「有三顆球的話，打者心裡就會產生疑惑。」他選擇的是滑球。他在高中的時候經常投滑球，但在大學和小聯盟打球的時候，他的速球和變速球已經過得去，所以他就不投這顆球了。

二〇一三年二月，太空人隊的球員來參加春訓的時候，都對一件事心知肚明：他們接下來會打得很糟。凱戈說：「隧道盡頭看不到光。」他們前一年輸了一百零七場比賽，現在決策人員把少數幾名資深球員（例如李伊和麥爾斯）交易出去了，是這些球員讓他們沒有輸掉更多比賽。放眼望去，更衣室裡很多球員都不超過二十六歲，很多球員都覺得這裡是個馬戲團。凱戈看到的跟他們不一樣，他看見了機會。他說：「這是一場大概五十人的公開選拔賽。」

春訓期間某一天，魯諾和史坦斯在奇士美的球場二樓一間多功能會議室裡，召集投手、捕手和內野手開會。他們說明球隊現在要根據分析方法，來決定現場作戰策略。數據宅之窩的法斯特示範球隊怎麼蒐集和分析敵隊打者的長年數據。這些數據顯示出，打者對上各個球種表現如何，以及他們喜歡打哪些位置的球。這麼做有幾個含義，其中之一是球隊新上任的總教練波特會根據打者是誰來調度內野守備，尤其針對喜歡拉打的左打者，例如歐提茲（David Ortiz）和鄧恩。即使在傳統上，游擊手不該去守二壘，但如果打者經常把球打到那邊，游擊手還是會被調去守二壘。魯諾和史坦斯承諾，從長遠的觀點來看，這麼做可以讓投手減少失分。

凱戈厭惡這個點子。他說：「我是個老頑固。」他的隊友大部分也都對這個點子感到厭惡。在那場半小時的會議當中，有些人——例如二十七歲的投手哈瑞爾（Lucas

Harrell）——甚至向魯諾和史坦斯表明他們的厭惡，但是他們沒有影響力。他們都不是史摩茲，也不是葛拉文。凱戈跟隊友說：「發牢騷前，我們先嘗試一下吧。」

他們剛開始嘗試的時候，引來了球員的抱怨。凱戈自己也在抱怨。他說：「第一次，球打向正常的游擊手守備位置，那裡卻沒有人，你整場比賽只會記得這件事情。你腦中只會一直想起那顆彈了十幾次的滾地球。」

但是當他回顧自己出場的賽事時，他漸漸明白，像他這樣會被打出幾支全壘打但滾地球很多的投手，整體來說，這樣的調度對他特別有利。如果用這樣的戰術，可以每一場都讓一顆滾地球從安打變成出局，那就不得了了。他說：「這樣的調度常常是幫我一把。」他變得愛上這種調度。

他也愛上魯諾和史坦斯在多功能會議室簡報時的另外一個環節。魯諾和史坦斯會介紹數據宅之窩新發明的分析工具，幫助投手解決打者，或是反過來幫助打者面對投手。這些工具有影片為證，可以讓他們知道，打者會在第幾顆球的時候，對付各個位置的各類球種。換句話說，就連最厲害的打者都能加以預測。這是因果分析。波特和他的教練會結合資訊，用這些資訊來規畫和管理球賽。就某種程度來說，是投手在決定他們運用這些工具的意願有多高。數據宅之窩總是可以為他們提供更多工具，就看他們想不想用。

凱戈登上開幕日的先發名單。在許多方面，二〇一三年都比他或任何太空人隊的球員在春訓期間能夠想像到的還要慘烈，尤其是，最後他們以連輸十五場結束球季，其中包括，在球季最後一天打到延長賽，卻輸給洋基隊這個令人喪氣的結果，以及糟糕透頂的「屁屁滑壘」。凱戈說：「那時，我真的只想回家。我從來沒有像那樣，覺得回奧克拉荷馬州，然後就這樣躲起來，真是鬆一口氣。這已經超過丟臉的程度了。」

其中還是有一絲曙光。雖然凱戈的投手自責分率沒有比新人那一年進步，但是他有百分之二十的時間都是投他的滑球。除此之外，加上球隊提供給他的打者應對分析資訊，讓他的基本數據有所提升。他每九個打席可以三振掉七名以上的打者，比前一季提升百分之八十。他覺得自己現在是走上坡的投手，會更上層樓。

二〇〇四年，在隔年球季粉墨登場的凱戈，跟太空人隊和競爭球隊先前看見的人不一樣了。其中一個原因是，這個先前下巴光溜溜的投手，接受了兩名他在土爾沙市的朋友的打賭：一整年都不能刮鬍子。他在春訓結束的時候開始接受這項挑戰。沒多久，他的鬍子就長到鎖骨的長度，他得像他爸爸照料灌木一樣整理這些鬍子。留鬍子沒有讓他女人緣變好。他說：「她們要嘛喜歡鬍子，要嘛討厭鬍子，我跟她們見面十秒鐘就會注意到這件事。」他那時一直單身。但他發現，鬍子給了他新的身分。

更重要的原因在於，那年冬天，他決定完全採納數據宅之窩提供給他的分析工具。

數據宅之窩的人他幾乎都不認識。他可能跟西格或法斯特用點頭的方式打過招呼。但是，他很感謝他們所做的事。他明白，他們的數據不只可以讓他判斷打者通常會把球打到哪裡，也可以預測面對會投二縫線快速下沉球、變速球、滑球的左投，那名打者會有怎樣的表現。凱戈就是會這些球種的左投。

他每天都花好幾個小時，鑽研影片和球探報告，他甚至能比教練團更精準地調度內野守備布陣。如果他打算對左打者塞內角球，他有能力投進去，讓他可以精準預測球會投到哪裡，所以他能完全掌握打者最有可能把球打到哪邊。投球之前，他可以直接指揮二壘手往他的左邊多移動六十公分。

凱戈也學到，像他這樣的投手用反向式配球可以收到最好的效果。像史摩茲這樣的速球型投手，可以先餵打者快速球，然後讓打者去揮變化球。但是大部分的大聯盟打者都可以打到低於一百四十五公里的快速球。對於像凱戈這樣的投手來說，關鍵經常是開始時要先投慢速球，最後再餵一顆位置精準的快速球。兩相比較之下，打者會錯把這顆球看成比實際速度來得更快更威猛。

二〇一四年五月十三日，凱戈準備面對上一個球季一直讓他慘敗的球隊：德州遊騎兵隊。在二〇一三年凱戈先發的四場比賽中，遊騎兵隊選球能力很好的強打者們，以貝爾崔（Adrián Beltré）為首，不是耗光凱戈的投球數提前把他送下場，就是拿他來當打擊練習，或是兩者同時進行。在二十五又三分之一局中，遊騎兵隊以二十五支安打、七次保送，從他手中拿下十五分，將他打得體無完膚。而且他一次都沒有贏過他們。

五月那個星期二晚上，遊騎兵隊面對的不只是留了新鬍子的凱戈，而是一個全新的他。遊騎兵隊的打者還是打得到凱戈的球，但這些打者只有一次打出扎實的球——貝爾崔在第一局敲出右邊方向的二壘安打。接下來，他們的六支安打有軟弱的平飛球、滾地球、觸擊短打，統統都是一壘安打。在大部分的情況下，他們把球擊出去，就直接送進太空人隊內野手的手套。雖然比賽的前八局，凱戈沒有投出任何一顆時速一百四十五公里以上的球，但他引誘遊騎兵隊敲出三支滾地雙殺打。

九局上半，兩人出局。當時凱戈有八比零的領先優勢，而且有機會再捉一次雙殺打來結束比賽。一壘壘包上有一名跑者，輪到遊騎兵隊新網羅的第四棒左打者菲爾德（Prince Fielder）打擊。三十歲的菲爾德，身高一百八十公分，體重一百二十五公斤，體型就像一枚大砲，而且擁有大砲般的毀滅能力。前八個球季，他在密爾瓦基釀酒人隊和底特律老虎隊效力的時候，平均每年轟出三十五支全壘打。他也打出了自己的偏好軌跡。多虧數據宅之窩，凱戈很了解他。

菲爾德跟許多重砲手一樣，很會打紅中或內角球，他可以把這些球扛出右外野的圍牆。前一個球季，他在底特律，二十五支全壘打中有二十三支是打進壘點在本壘板內角三分之二位置的球。但他也不懂得放掉從其他位置進壘的球。二〇一三年，他打了二百七十五支外角球，只有兩支轟出全壘打。外角低球是他的罩門：打擊率只有一成七二，一支全壘打都沒有。

菲爾德擅長打內角三分之二的球，這件事在棒球界當然不是祕密。他在二〇一三年敲出的全壘打，大都是失投球——投手本來要投到別的位置的球。但是凱戈有想投哪就投哪的能力，幾乎不曾失投過。他甚至故意投出偏離好球帶的球，讓主審判壞球，來達到他想要的結果。二〇一四年，他只投出百分之四十出頭的好球數，在大聯盟投手中排名第七低。這是精心安排的結果。好球率這麼低，通常表示投手控球能力不足，但以凱戈的情況來說，這是控球能力太傑出的結果。他有足夠的信心，刻意把球投到好球帶外面，讓菲爾德這樣的打者出棒追打，而且他知道，之後他可以在需要的時候投出好球。

他先餵了菲爾德一顆在外角偏低位置的一百二十七公里滑球。菲爾德看了一顆球。接下來是一顆一百三十八公里的快速下沉球，同樣投在外角偏低的位置。菲爾德還是沒有揮棒。他等著跟投手正面對決。凱戈投出第三顆球。這顆一百四十三公里的球依然落在好球帶外面，但這次是在外角偏高的位置。這個位置菲爾德也打不好，二〇一三年的時候，他在這個位置的打擊率只有兩成五。菲爾德依舊沒有出棒。

球數來到三壞球，凱戈知道，下一顆球必須投進好球帶。雖然他假設，菲爾德可能不會打這顆球，他會想獲得保送，在不可能的情況下重整旗鼓，但是凱戈想要盡可能降低風險。他的一百四十三公里速球是顆好球，但投在本壘板外角三分之一位置。菲爾德等了一球。

此時，即使投出一好三壞，球數依然對打者有利，凱戈認為，他已經讓菲爾德進入他想要的狀態了。他在當晚的第一百零八顆球，再次投出落在好球帶的一百四十三公里速球。這是他連續第五次避開紅中和內角位置的球。這顆球落在本壘板外角三分之一偏低的位置。菲爾德的反應跟凱戈預料的一模一樣。他把這顆球打成朝三壘手多明格斯（Matt Dominguez）過去的軟弱滾地球。此時，早就已經移往二壘壘包外側的多明格斯把球撈起，踩二壘跑，然後把球傳向一壘，保住凱戈的生涯首場完封勝。

此時太空人隊已經輸了二十七場球，這只是他們的第十三勝而已。但是這場比賽顯示他們進步了。德利克在《休士頓紀事報》寫下：「即使到了這支球隊有爭冠實力的那一天（應該會在南極冰山完全融化之前發生），在這樣的比賽中獲勝，還是很難得。」

對凱戈來說，比獲勝還要更棒的是他那天晚上體驗到的新感受。他的三顆球、他的控球能力、他努力了解每一名打者的擊球傾向，一次奏效了。面對場上三十一名打者，他很清楚要投哪些球，而且他知道把球丟出去很有可能會產生什麼樣的結果。然後，幾乎屢試不爽，就是那樣的結果。他告訴自己，**每一次出賽，我都想有這樣的感覺**。

大聯盟播音員還是念錯他的名字。他們說「**今晚休士頓太空人隊的先發投手是達拉斯・庫寇**」的時候，他會在牛棚一面搖頭，一面投出最後一顆熱身球。雖然魯諾不反對把凱戈交易出去，但他現在根據凱戈的進步，把他的價碼提高了。魯諾說：「我認為他會是有用的後段輪值投手。」意思是，他是可靠的第四號或第五號先發投手。

迴歸分析有一個問題，就是無法辨識異常值，例如：表現始終比可計量的部分都還要好的獨特投手。其他球隊也不會爭著要速球只有一百四十三公里的投手。球員交易大限那一天，魯諾把三名球員交易出去。主角是柯沙特，他被交易到馬林魚隊，換好幾名小聯盟球員——三壘手莫蘭（Colin Moran）、外野手馬里斯尼克（Jake Marisnick）、投手馬提斯（Francis Martes）——以及第一輪補償選秀權。凱戈說：「本來是我要被交易出去。」他聽說，他沒去成邁阿密只有一個原因，就是馬林魚隊比較想要柯沙特。柯沙特也是前朝留下來的球員。但柯沙特比他小兩歲半，而且速球可以投到一百五十九公里。

凱戈沒有很在意這件事。生意就是生意，對他來說重要的是他終於破解棒球的密碼了。他覺得自己彷彿可以看見描述對手行動的數字「〇」和「一」。他曾經試著用這些

凱戈又投出一場威風八面的比賽，結束後面露微笑。

代碼，來讓葛拉文的數位虛擬人物混淆。但這次是在現實生活中。二〇一四年球季結束時，他不多不少投了兩百局。這是第一線先發投手的標準局數，而且他的投手自責分率二・九三，在美國聯盟中排名第七。在下一個球季，他就永遠從交易名單上移除了。除此之外，凱戈生平第一次，不再經常被粗心大意的播音員念錯名字。他們都知道怎麼念美國聯盟賽揚獎得主的名字。

如果說傑夫・魯諾花了好幾年，才明白凱戈不只是一名控球能力很好的後段輪值投手，他卻一下子就能看出，荷西・奧圖維（José Altuve）可以突破身高限制。小時候，奧圖維的委內瑞拉隊友叫他侏儒，職業球隊則是將他視為沒有前景的球員。二〇〇六年九月，他去參加太空人隊在他家鄉馬拉凱市附近舉辦的選拔會。馬拉凱市是加勒比海岸附近的工業城鎮，人口接近一百萬，曾經出過許多優秀的委內瑞拉球員。阿布瑞尤（Bobby Abreu）和卡布雷拉都來自那裡。奧圖維已經至少參加過六支球隊的選拔會，有幾支是大聯盟裡水準極高的球隊，例如巨人隊和洋基隊。每支球隊都用同樣的理由把他打發回家：一百六十五公分、六十四公斤的十六歲少年無法成為大聯盟選手。太空人隊也在選拔會第一天就拒絕他了。

對一名委內瑞拉的青少年來說，沒有預備學校或學院可以讓他一面念，一面等永遠不會發生的身材突然抽高。奧圖維的爸爸卡洛斯（Carlos）是化學公司的工程助理，他堅持要奧圖維隔天就回家。太空人隊的特別助理派德瑞克（Al Pedrique）當時正在馬拉凱市。奧圖維的腳程令他驚艷：他是場上跑得最快的球員。他的六十碼衝刺，第一次跑六・三一秒，第二次跑六・二九秒。波・傑克森替棒球設下的標準是他在奧本大學跑出的六・一八秒。奧圖維站上打擊區的時候，能打到的球他都打。那一年，洋基隊用一百六十萬美元，簽下另外一名十六歲的委內瑞拉少年——身高一百九十公分的捕手孟提羅（Jesús Montero）。派德瑞克告訴奧圖維，他的預算沒有很多，可以給奧圖維一萬五千美

二〇一〇年，一百六十五公分的奧圖維在小聯盟打最後一個完整賽季。

元的簽約金。奧圖維想都不想就答應了。

五年後，球員名單上大方地寫奧圖維身高一百六十八公分。實際上，他連一公分都沒長。但是他這五年在小聯盟打出三成二七的打擊率，太空人隊在二〇一一年夏天把他升上大聯盟。一個月前，太空人隊在選秀會上相中年紀比奧圖維大八個月的史普林格。雖然比賽強度增加了，奧圖維證明他依然是那個出色的球員：可以盜壘、將二壘守得固若金湯、朝他投過來的球幾乎都打得到。二〇一一年新人球季，有百分之五十五的球他都大力揮擊，這麼積極的打擊率，在大聯盟只有六名球員超過他。這些人當中，有一些是強打者，例如：葛雷諾、漢彌爾頓（Josh Hamilton）、瓊斯（Adam Jones）和索利安諾（Alfonso Soriano）。但是，奧圖維的擊中率高達百分之八十八，即使是那些球來就打的球員，都沒有這麼高的擊球率。就連表現最突出的葛雷諾，擊中率都不到揮棒攻擊球數的八成二。

要一名運動員去解釋他為什麼有其他人所沒有的天賦，始終是一件困難的事。就奧圖維來說，他的天賦在於手眼協調能力。奧圖維也解釋不來。他說：「我顯然沒有在想辦法**避免**三振，球來了就打。」在他的想像中，他可能會一直是這樣的球員，用力打球、很少揮棒落空、用雙腿將許多一壘安打跑成二壘安打。二〇一一年底，魯諾來到太空人隊的時候，奧圖維就是這樣的球員。魯諾和西格知道，這類球員是有價值的。魯諾說：「他的球棒控制做得非常好。他能把球打到界外破壞掉，讓自己一直待在打擊區。他的平行揮擊非常流暢，能夠製造出強勁的平飛球。而且坦白說，他的好球帶很小。」

二〇一三年七月，奧圖維在大聯盟的球季打到一半，預料球季後半也會打得很平穩——平均打擊率高於兩成八、三十支二壘安打、三十次盜壘、不到兩位數的全壘打數——在這樣的情況下，魯諾和他簽了長期延長合約。從大聯盟的標準來看，薪資不高，接下來四個球季總共只有一千兩百五十萬美元，之後，二〇一八年和二〇一九年，太空人可以選擇要不要執行另外一千兩百五十萬美元的合約。但這樣已經比一萬五千美元多很多了。

最少最少，魯諾說：「我們知道，我們至少在二軍有可以每天上場的二壘手。」表示，這支球隊還希望有朝一日能夠放手一搏。像奧圖維這樣的球員，不管他的身高如何，對任何球隊來說都有三百萬的身價，即使是正在重整的球隊也不例外。魯諾說：

「你不會奢望一名一百六十八公分的球員去打大聯盟。＊但只要那名一百六十八公分的球員證明，他在各種等級的比賽都能發揮，打敗百分之九十九的人，就沒有理由再去用身高來檢視他。」太空人隊的公式顯示，奧圖維還有可能繼續讓人跌破眼鏡。

你能打到每一顆球，不代表你就該去打每一顆球，除非你是葛雷諾。魯諾加入之後，太空人隊的教練開始把新的觀念教給他們身材矮小的二壘手。就像西格後來教他繼子的那樣：既然你很少被三振，為什麼不只打那些你可以打得又高又遠的球呢？打那些你有可能真的造成破壞的球？

大部分球員都不是一百九十公分、一百零七公斤的葛雷諾，奧圖維跟這些球員一樣，對他來說，這就表示不是要打所有通過好球帶的球，而是要打內角三分之二位置的球，尤其是在腰帶高度的球。你可以把好球帶分成九宮格，在對角線上，有內角高球、紅中球和外角低球。這個分法幫助凱戈弄清楚怎麼對付菲爾德。奧圖維在新人球季打的好球，比較多落在外角中線（百分之七十二），比較少落在內角中線（百分之六十九）。但他把內角中線球敲出長打的比率，比外角中線球敲出長打的比率高出一倍。如果他緊咬內角中線球，會產生什麼樣的結果呢？

二〇一二年，奧圖維變成比以前會選球得多的打者。他把揮棒率降了百分之十一以上。先前還是大聯盟裡最愛亂揮大棒的球員，現在他突然展現出高於平均水準的選球能力。結果並沒有改變多少。他的平均打擊率只有些微改善，從二成七六提升到二成九。但是他有新的打擊哲學，而且堅持這樣的觀念。兩年後，二〇一四年，他的體型變了。以漢堡和冰淇淋為主的美式飲食，讓奧圖維像吹氣球一樣重到八十一公斤，但他戒掉垃圾食物，在參加二〇一四年春訓時減到七十三公斤，身材精實健壯。他的一壘安打變成了二壘安打（這種球有四十七球），還締造全聯盟最佳平均打擊率：三成四一。

隔年，他二十五歲，二壘安打發展成全壘打。他在二〇一五年轟出十五支全壘打，是他過往全壘打數的兩倍，而且三振頻率比新人球季還低。曾經拿一萬五千美元簽約金的球員、太空人隊支付年薪三百萬的球員，現在為球隊帶來至少十倍的報酬。雖然從太空人隊鼓勵奧圖維增進選球能力的角度來看，太空人隊或許對這樣的進步是有貢獻的，但是魯諾知道他們不能把功勞攬在自己身上。魯諾說：「奧圖維的動力來自他本身。」奧圖維的身材無法變得更高壯。儘管如此，他比任何球員都要更積極地，吸收球團為了讓他成長而提供給他的東西。

＊譯注：魯諾應該是按照球員名單上的資料，說奧圖維有一百六十八公分，其實他只有一百六十五公分。

高二那年春天，西格的繼子羅斯再次急著瀏覽高中棒球隊名單。然後他又看了一次。他的名字沒有在任何一張名單上：校隊裡沒有，二軍也沒有。儘管他有大聯盟球員的選球能力，但是他還是被剔除了。

雖然當初他的棒球生涯出乎意料地延續下去，但現在結束了。這樣當然令人失望，但在西格的幫助下，羅斯明白，專注在過程當中而非結果的人、擁有成長心態的人，不會因為一次挫折就偏離自己的道路。羅斯一直都很喜歡打網球。西格出現之前，他喜歡網球的程度，可能甚至比喜歡棒球的程度還高。而且在北卡羅萊納州，打網球的男高中生不多。他們大都喜歡打美式足球、籃球、棒球。在羅斯就讀的高中，網球校隊有十二個出賽名額——六名單打球員、六名雙打球員——卻沒有能力夠強的球員來填滿這些位置。隔年春天，羅斯參加網球隊的選拔賽。每場比賽都有他，有些是單打，但大部分是雙打，最後奪下勝利。

在休士頓這邊，太空人隊的決策人員相信，他們從前人留下的餘燼當中，救出爭冠球隊的必備要素。史普林格、凱戈、奧圖維、柯瑞亞都包括在內——以這些人為主力，可以打造一支冠軍球隊。而且自始至終，這點不僅歸功於球隊高層所做的決定，也歸功於球員本身的才能和人格特質。可想而知，魯諾和西格把事情搞砸的機率很高——譬如，凱戈過了很久才成為王牌投手，要是在那之前，他們就把凱戈交易出去了呢？他們的確試圖把他交易出去，之所以沒有成功，只是因為其他球隊也沒看出凱戈能夠點石成金。像這樣差一點就要出錯，顯示高層主管自己也有進步的空間。西格說：「他可以說本來就是一名好投手。他在我們的系統裡，而我們卻未能發現。想一想這件事，用這件事來提醒自己，你便不可能傲慢自大。這一點我們記得很牢。」

現在，他們要招兵買馬，湊齊另外二十一個人，組成未來的冠軍隊伍。他們不會一直都有在凱戈的例子中這樣的好運氣。就像羅斯，即使他們在過程中盡了最大的努力，還是會產生不理想的結果。情況如何呢？大聯盟裡可沒有網球隊。

5 衝浪板上的培頓・曼寧

對手拿狀元籤的球隊來說，有一種球員比高中打者的風險還高。很多高中打者爆掉這件事是真的。亞伯納（Shawn Abner）、錢伯斯（Al Chambers）、奇科特（Steve Chilcott）、古德溫（Danny Goodwin）——除了後來悔恨相中他們的人，沒有人記得這些在選秀中名列前茅的選手。高中打者也有可能成為一代球星。勝場貢獻指數是一種包羅萬象的計算公式，可以用來了解，與可替代球員的平均水準相比，該名球員的價值有多少。從勝場貢獻指數來看，選秀史上最優秀的前七名狀元一度都是高中打者：A羅、瓊斯、小葛瑞菲、莫爾（Joe Mauer）、岡薩雷斯（Adrián González）、史卓貝瑞（Darryl Strawberry）、貝恩斯（Harold Baines）。二〇一四年六月，卡洛斯・柯瑞亞在高階一A發光發熱，頗有加入這些人的架式。

但高中投手呢？對所有選秀順位在十名以內的球隊來說，高中投手都很嚇人。艾利亞斯說：「史上最可怕的莫過於此。有些人超級有成就，但是那些早早選進球隊的高中投手名單上，滿是傷兵和失望。」從你相中高中投手的那一天，到他背負滿身期望在大聯盟初登板的漫長歲月中，變數太多了。那幾年，他會比以前投出更多的球，要面臨比他從前面對的打者都還要優秀的球員。如果說，投手的手臂是棒球界第一寶貴和第一脆弱的資產，那麼投手的心理狀態排在第二。

自從選秀制度在一九六五年開始實行以來，先前這四十九次選秀會上，球隊以狀元籤選進高中投手的情況只發生過兩次。一九七三年，遊騎兵隊選了來自休士頓的左投克萊德（David Clyde）。克萊德的投手生涯，在他二十六歲的時候，因為手臂受傷而結束了，留下十八勝三十三敗、投手自責分率四・六三的紀錄。洋基隊在一九九一年再次嘗試選入高中投手。當時，他們相中來自北卡羅萊納州的布瑞恩・泰勒（Brien Taylor）。兩年後，泰勒因為想要在酒吧鬥毆中保護兄弟而弄傷肩膀。他找上骨外科醫師法蘭克・喬布（Frank Jobe）。喬布醫生曾在一九七四年，想出辦法重建道奇隊投手湯米・約翰（Tommy John）的左手肘。他的方法是用約翰的右手臂肌腱，來取代撕裂的尺骨附屬韌帶。喬布不僅挽救了約翰的投手生涯，還因為這項手術傳到世界各地的手術室，拯救了成千上萬名在約翰之後的投手。但他挽救不了泰勒的投手生涯。泰勒的旋轉肌群撕裂傷，是他看過最嚴重的案例。泰勒跟奇科特，成為再也無法在大聯盟出賽的兩名選秀狀元之一。

二〇一四年，太空人隊最後以斷斷續續輸掉十五場結束這個球季，將會成為大聯盟史上第一支連續三年拿到選秀狀元籤的球隊。這就算不是魯諾的首要目標，也一定是有用的附帶結果。太空人隊又輸球的時候，所剩無幾的球迷會在列隊經過魯諾的包廂時大喊：「好好整頓！」儘管因為球隊連年慘敗，加上魯諾和他的數據宅，用明顯冷漠的方式整頓球隊和在球場上使出奇怪的戰術，所以有人對他說出這樣悲觀、尖刻的話，但是魯諾並不打算永遠輸下去。他依然堅信，他選進來的前兩名狀元會有所幫助。繼柯瑞亞之後，二〇一三年，他選了一名看起來更穩當的球員：艾培爾。他在前一年沒有跟海盜隊達成協議，所以回史丹佛大學念書，在二〇一三年重新參加選秀。雖然艾培爾右手拇指肌腱發炎，經歷了闌尾切除手術，二〇一四年在一 A 打球的前十四又三分之一局，投手自責分率高達十一．九三，但他仍然是《棒球美國》排名第三十一的明日之星，看起來是值得為翻身賭一把的球員。

魯諾預料，太空人隊連年握有狀元籤的優勢最多只有三年，表示接下來，他們就無法再挑選美國最棒的球員。問題不只這樣。太空人隊的對手大都採用曾經讓魯諾和西格在紅雀隊占有優勢的分析方法，藉此改善他們的選秀結果。就算他們的對手普遍來說還不了解直覺在方程式中怎麼運作，但是大學球場因素和賽程強度（strength of schedule）

有多重要，也已經不是祕密了。一般來說，現在，太空人隊考慮用第一順位選進來的其他球員，馬上就會如預料地，接連被排在後面的球隊選走。太空人隊的選秀順位應該很快就會在明年下降，表示太空人隊將不太可能選進最想網羅的球員。

二〇一四年初，太空人隊開始在美粒果球場的禮品販售部銷售新的T恤款式。雖然冠軍離太空人隊還是非常遙不可及，但這件T恤簡潔明瞭地替球迷擘畫出他們可以真心支持的重要事物。T恤上面用**粗體字**寫著：過程。死忠球迷買下這些T恤。這最後一次的狀元籤，可能是太空人隊最後一次機會，讓他們可以利用選秀來讓過程發揮最大效益，為團隊補上最後一塊拼圖——魯諾的願景是，在不久的將來，他的團隊會讓擺滿冠軍紀念服的棧板不停送出。他們一定要成功。

休士頓的舊中央車站裡，太空人隊的四十名決策人員在位於球隊辦公室二樓的會議室集合，感受到重責大任當前那似曾相識的沉重感。魯諾像在紅雀隊的時候那樣，讓他的下屬圍著排成一個大ㄇ字的桌子坐著。出席人員有魯諾、西格、艾利亞斯、史坦斯、高思坦、所有球探，還有像畢吉歐這樣的特別助理。畢吉歐隔年以太空人隊員的身分入

太空人隊決策人員開會討論連續第三年的狀元人選。

選名人堂。

選秀會頭兩輪展開之前，六月四日，早上十點，與會人士要針對球團還在猶豫的六名狀元人選來提供意見。其中兩人是高中投手。正式當上球探長第二年的艾利亞斯負責主持會議。他說：「好，六名球員，我們只能選一個。從身體評估來看，我們要求的每一點，每一名球員都表現得非常傑出。區域球探，你們最了解他們，也花了好幾年時間蒐集他們的資訊，我們現在要仔細聆聽你們的意見。這是你們說出來的好機會。」

接下來一百分鐘，與會人士針對每一名可能的人選逐一進行討論。討論過程井然有序。艾利亞斯念到球員名字的時候，會議室前面的螢幕上，會用投影機播放介紹短片，進行一輪。現場很暗，所以有時候很難認出是誰在說話。重要的是資訊，以及讓提供資訊的人取得共識。首先，負責那名球員、最了解那名球員的區域球探，會針對球員發表簡短的報告。接著其他見過球員的人——艾利亞斯、全國跨區審核員波斯特（David Post），以及像畢吉歐這樣的特別助理——會插進來表示意見。然後，同樣到各地親自見過這六名球員的魯諾，會提出問題。接下來，會大聲讀出球團教練提供的球員揮棒或投球技巧分析。最後，西格的團隊會有憑有據地提出他們的統計預測結果。

最後，大家很清楚，雖然太空人隊顯然每一名球員都很看好，但是其中兩名球員不可能成為選秀狀元。第一個人是路易斯安那州立大學的右投諾拉（Aaron Nola）。他是有史以來第一個，連續兩年榮獲東南聯盟年度最佳投手獎項的球員。大家都認為諾拉是這次選秀裡技巧最純熟的投手。有一名球探這樣形容諾拉的先發賽事：「有時候比賽看起來很無聊，就是好球連發。」那是稱讚。最快接下來這個夏天，諾拉就有可能成為球隊的第三號先發投手，而且接下來十五年都有可能保持這個狀態。很有價值。但這是狀元籤，太空人隊要的是王牌。

另外一個在太空人隊呼聲很高、但隔天晚上不太可能點到名字的人，是來自奧蘭多的高中游擊手高登（Nick Gordon），他的爸爸湯姆（Tom Gordon）之前是大聯盟的終結者，同父異母的兄弟迪伊（Dee Gordon）則是動作迅速的道奇隊二壘手。*跟諾拉一樣，球探認為高登比所有球員都要優秀得多，沒有明顯缺點。區域球探在力量方面給他六十分，腳程給他六十分，傳球給他六十分。他說：「在各方面都可以成為大聯盟球員。」艾利亞斯表示，「你開始想像讓他成為打擊工具」，但是直到他的水準達到A羅或卡洛斯・柯瑞亞的程度之前，你都不能真的這樣想。

其他四名呼聲很高的選手是：北卡羅萊納州的左投羅登（Carlos Rodon）、南加州蘭喬伯納多高中（Rancho Bernardo High）的強打者傑克森（Alex Jackson），以及布雷迪・艾肯（Brady Aiken）和泰勒・柯力克（Tyler Kolek）。最後這兩名是高中投手。

一年前，一百九十公分、一百零七公斤的羅登幾乎篤定成為選秀狀元，跟史特拉斯堡在二〇〇九年的高聲勢一樣。大三球季，羅登的表現稍微下滑，出現某些質疑的聲音，但從負責羅登的區域球探比特納（Tim Bittner）所提出的報告看不出這點。比特納說：「他從上大學後始終表現優異。這個人最有價值的地方在於，他有一顆不尋常的球。這顆七十分**的滑球有一百四十二到一百四十六公里的速度。這是一項武器。這是現在就能派上用場的武器，從各方面來看都是武器。」西格的團隊表示，這樣的數據顯示出，羅登可以與白襪隊的王牌投手、年度賽揚獎候選人塞爾（Chris Sale）媲美。

羅登和塞爾，還有大部分的第一號先發投手，有一個共通之處：他們發自內心，不只想要把每一名打者三振掉，還想把打者牽著鼻子走。一名球探讚許地說：「他們會試著叫他下場，但他會拒絕，然後總教練會垂頭喪氣地走回去。」艾利亞斯同意。他說：「這傢伙會當著你的面噴火，展現一股競爭的欲望。那是因為重視想要達到的成果。他會不惜一切去贏得第七戰——而且他也很有可能會贏。」

球探都還沒開始討論，你就已經可以知道他們對傑克森的看法了。每次傑克森在螢幕上猛力揮動球棒，他們就會發出悶哼聲「嗯……」「嗯……」。傑克森在高中時期轟出四十七支全壘打，只比莫斯塔克斯（Mike Moustakas）在加州創下的紀錄少五支。「他的體格很像歐多尼茲（Magglio Ordonez）」，區域球探將傑克森比擬為曾經效力白襪隊和老虎隊、六度入選明星賽的球員。「可以打三、四棒。有擊出三十支全壘打、打擊率三成的潛力。我絕對有在連續十場比賽中看他擊出全壘打。這小子有非常強大的力量素質。」

「他的揮棒能力呢？」魯諾問。

「八十分裡拿八十分。」球探回答。

---

*編注：迪伊之後交易到水手隊。

**譯注：以頂標八十分來看，通常五十分表示平均水準，七十分表示程度一流。

區域球探布津斯基（Brad Budzinski）對來自聖地牙哥大教堂天主教高中、一百九十公分、九十五公斤的左投艾肯，看法也很篤定。艾肯已經錄取加州大學洛杉磯分校，可以投出一百五十三公里左右的速球，搭配在這樣的投手身上很少見的曲球和變速球。布津斯基說：「這孩子的每一點都深得我心。我認為，我們很有可能網羅到下一個派提特。在心理素質方面，我覺得很像站在衝浪板上的培頓・曼寧（Peyton Manning）。＊很多人說他們想要加入名人堂，但我相信這個孩子一定會成功，會成為史上最優秀的投手之一。」

布津斯基從艾肯十五歲就開始注意他，愈來愈了解艾肯和他的家人。布津斯基指出，他的姊姊是身高一百八十五公分的大學排球員，表示艾肯可能還有長得更壯的空間。根據他的描述，艾肯受到悉心栽培，為的就是成為大聯盟球員。布津斯基說：「他還是孩子的時候，他們就控制他的局數，不讓他參加太多旅行棒球賽事，限制他在夏季球賽的投球局數。他在大學校隊的前三個球季，每次先發平均投球數在七十二・五球。根據我蒐集的數據，今年球數在八十出頭。他們在控制他的出場情況上做得非常棒。這孩子很有魅力、外型搶眼、很成功、有自信。我認為他能應付成為狀元的壓力。像這樣的人，你可以放在海報上代表球團。先把他選下來，我晚上會睡得很好，不用擔心最後會變得很慘。」

「出賽空檔他都做些什麼？」魯諾問。

布津斯基說：「他是五點鐘就起床的人。」艾肯每天都在那個時間起床健身。

波斯特說：「如果他的體格保持像現在這樣，絕對會投得很好，在大聯盟闖出一番天地。」

雖然西格的部門納入公式的高中球員統計數據不多，但他們還是舉出艾肯的統計數據：「每九局三振近十七人。」

「他是說十七人嗎？」有一名球探小聲地說。

「我認為加州大學洛杉磯分校無論如何不太可能明年秋天還藏得住他。」艾利亞斯說。

柯力克也是很有吸引力的球員，但吸引人的點不一樣。他身高一百九十六公分，體重一百一十八公斤，速球可以快到每小時一百六十四公里。留著白色八字鬍的資深球探布拉頓說：「這就是可以排在輪值名單前面的球員，而且可以長時間壓制打者。他會從頭投到尾，一百五十三公里、一百五十三到一百六十公里，週間和週末都保持那樣的球

＊譯注：培頓・曼寧是二〇一六年退役的美式足球傳奇四分衛，他傳球精準到位，個人特質是很有上進心、場上領導能力很強。

速。他可以到達這個高度。從各方面來說都很強大。」

艾利亞斯說：「那樣的體格是我們見過的高中生當中最好的。我想我們都可以同意，在考慮選高中右投時，這一點非常重要，而且很有說服力。」

選柯力克還有其他好處。他就讀牧者高中（Shepherd High），往美粒果球場東北方只要開一個小時的車就到了。選一名當地的高中生——而且這名高中生讓大家聯想到克萊門斯——是很有吸引力的一件事。艾利亞斯報告：「他們的牧場有很棒的計畫。他們的魚池有魚可捕。他們的拖拉機到處開，追趕動物。」

這名耶魯畢業生對獵捕動物的新穎描述，引得在場許多戶外活動愛好者哈哈大笑。其中有個人笑得特別起勁，還用深沉的德州口音大聲說：「天啊，麥克，你打哪來的？」這個聲音來自六十七歲的諾蘭・萊恩。在太空人隊投球投了二十七個大聯盟球季的諾蘭，是太空人隊總裁瑞德（Reid Ryan）的父親，目前在太空人隊擔任執行顧問。

「諾蘭，你在他那個年齡投得多快？」一名球探向這位破紀錄的三振王提問。諾蘭看過柯力克為牧者高中投球。

「那個年代沒有雷達測速槍，」萊恩說：「但我可以告訴你，諾蘭・萊恩根本比不上這個高三學生。球控制在他的手裡。如果他很快就出人頭地，我不會覺得意外。」

這場會議一直開到早上十一點四十分。魯諾還待在紅雀隊的時候，眾人會在六月爭執不休，他總是期盼大家能夠像這樣攜手合作，每一名球探都專心提供對整個組織有利的資訊，而不是試圖證明他的評估方法比分析師的方法優越。沒有人出言抱怨。所有人都知道，自己的能力受到重視，會納入最終決定裡。「好，這些人都很棒，」魯諾對他的三十九人智囊團說：「我們要現在丟硬幣，還是等一會兒再丟？」

那天下午，艾利亞斯說：「如果我們要選其中一名高中投手，我們一定要百分之百確定就是他了，這可不是輕易就能得出定論的事。尤其是，你還有其他好手可以選擇，例如，一流的大學投手和高中打者。我們還有得討論。」太空人隊的決策引擎還有一天的時間可以決定要選誰。

六月五日，星期四，美國中部時間晚上六點，入夜了，太空人隊的球探和分析師，在火車站改建的球場二樓選秀會議室裡來回踱步。這間會議室有金屬材質的牆壁，長方形的磁鐵名條按照預定輪次，貼在牆面各處。職員跟棒球界的所有人一樣，在等球團高層會把哪塊磁鐵放在磁鐵板的最上面。前一天他們都穿著卡其褲和有領短袖休閒衫，現在他們都身穿西裝，打上了領帶。假如有那個必要提醒他們，選出來的球員必須具備什麼樣的才能，那麼他們剛才吃的晚餐已經有這樣的效果了——他們吃的是諾蘭萊恩牛腩，佐諾蘭萊恩墨西哥辣椒香腸。

雖然決策人員現在都是魯諾堅決慰留或親自挖角的人（這是前一天早上能夠順利開會的另外一個原因），但他還是沒有提前向他們攤牌，以確保他們的分析不會因為猜測魯諾想要聽到的話而受到影響，並且防止有人無心將消息洩漏出去。魯諾說：「就算我們六個月前就有定論了，我想會議室裡沒有一個人想得到。」只有他最親近的圈子知道是誰。

終於，在六點零五分的時候，艾利亞斯從魯諾的辦公室走出來。先前他和總經理、史坦斯、西格一起躲在裡面。艾利亞斯漫不經心地把他們選中的名字貼到選秀板最上面。幾分鐘後，大聯盟主席塞利格（Bud Selig）在紐澤西錫考克斯市的大聯盟電視網攝影棚宣布這個人選是誰。太空人隊的職員從裝在會議室前方、模糊不清的大電視螢幕，看到大聯盟攝影機到球員家中拍攝的直播畫面。這名球員把臉埋在手中。

「喔，不！」一名球探大聲說：「希望他不要哭出來！」

艾利亞斯的磁鐵上寫著加州高中左投艾肯的名字，他沒有哭出來。不久，大家開始向從艾肯十五歲就開始追蹤他的布津斯基道賀——「布津，是你的人！」——並且向他握手。感到飄飄然的布津斯基說：「許多經驗豐富的球探都沒有出過第一輪就選中的投手，更別說是狀元了。」

魯諾想用手機打電話給艾肯，但布津斯基給他的電話號碼是錯的。艾利亞斯逗弄這名球探說：「你真的了解這個人嗎？」然後魯諾撥出電話了。他說：「嘿，布雷迪，我是太空人隊的傑夫．魯諾。」大家都在聽。「聽到留言請你回電給我。」笑聲在會議室的金屬牆面之間迴盪。

結果，選擇艾肯，而沒有選擇柯力克、羅登或傑克森（他們分別以第二、第三、第六順位選進球隊），並不是最後一刻才產生的決定。艾利亞斯說：「我們在選秀那天早上就決定好了。我想我們醒來的時候，都對我們要怎麼選，抱持著相同的想法。」

太空人隊球探長艾利亞斯剛把艾肯的名字放到選秀板最上面。

太空人隊以狀元籤相中這名高中投手，艾肯（左）和魯諾（右）都露出微笑。

那時，西格和數據宅之窩已經把所有太空人隊可以蒐集的選手資訊，統統編進他們的公式裡了。事實上，雖然前一天的狀元選秀會議可能會出現有用的情報，但是太空人隊的決策高層已經掌握大部分他們可能用到的數據點了。這場會議的部分用意在於，讓球隊的所有決策人員對他們要選出的球員感到滿心期待。艾肯的數據有很多來自布津斯基在艾肯身上下的工夫。

二〇〇〇年代初，布津斯基在威斯康辛州打大專棒球比賽，而且他一直都知道自己想成為一名球探。大學畢業後，他開了一間虛擬旅遊公司，然後涉足房地產，但他實在太想做跟棒球有關的工作，所以雖然中西部通常不會出什麼一流的明日之星，他還是在中西部到處免費蒐集球員資訊——也就是所謂的暗中挖掘人才。太空人隊在二〇〇八年的時候聘他擔任球探，魯諾留他下來是因為他讓魯諾知道，他接受魯諾建立的制度，也明白他在裡面擔任的角色。

雖然太空人隊會根據數據宅之窩的迴歸分析，告訴像布津斯基這樣的球探，他們的評估是否有持續高估或低估某類球員的傾向，甚至高估或低估球員的某項特質，以此幫助球探精益求精，但他們主要還是希望球探相信自己的判斷。布津斯基說：「沒有人要我改變做事的方法，或說出跟以前不一樣的話。分析師的工作是分析，我們的工作是偵察。如果我們開始跨足他們的領域，就會重複計算。我想大家維持在自己的軌道上，才能得出最理想的結果。」

西格的工作是讓不同的軌道合而為一。那次選秀，艾肯不但從布津斯基手中拿到最高分，也從至少四分之三看過他投球的太空人隊高層那裡拿下高分。這群高層包括魯諾、艾利亞斯、史坦斯、高思坦和卡貝爾。西格的系統分析完畢之後（包括剔除誤差值，並將年齡、技巧等其他能發揮預測作用的資訊加進去），即使這名高中投手的比較對象是一群實力堅強的球員，艾肯依然是那次選秀最有才華的球員。

艾利亞斯說：「他們可以說在每一項分析都不相上下，但我們從各個方面去研判，艾肯始終都在最前面的位置。儘管先前兩名高中投手狀元都發展得不順利，我們仍然願意選出史上第三名高中投手狀元，這件事所顯示出來的是，我們對他非常肯定。我們對自己的農場制度有信心，資訊夠充分了，而且我們不希望十年後回顧時說：『天哪，我們只是為了要早一點有成績，就錯過了最優秀的高中左投。』」

西格將球探報告注入運算系統進行迴歸分析，這些年的報告都顯示艾肯是選秀會上最優秀的球員。艾肯每天早上五點起床、像站在衝浪板上的培頓．曼寧，這類比較難以量化的資訊表示，經常壓垮高中投手的受傷狀況和壓力應該不會發生在他身上，同樣顯示艾肯出類拔萃。只因為不是高中投手，就選了其他人？等於拿到十六點就不叫牌了。

那天在選秀會議室裡，還有更迫在眉睫的問題。這支大聯盟球隊正在跟普霍斯以及洛杉磯天使隊交手。魯諾、西格、艾利亞斯離開紅雀隊的那年冬天，普霍斯也離開了紅雀隊，成為自由球員。畢吉歐把智慧型手機拿得高高的，告訴大家：「我們以一比零落後。」

「已經掉了一分？」魯諾說。那時還只是一局上半而已。「怎麼會？」

「普霍斯打了一支高飛犧牲打。」

過沒多久，太空人隊也開始得分了。喬治．史普林格擊出三分打點，太空人隊即將在最近十二場比賽中拿下第九勝。

「好極了，再來幾點！」西格抬頭望向電視機，打趣地說。

高思坦回他：「西格，那不叫點。」

眾人一面閒聊一面說笑。雖然他們要在接下來兩天再選四十個人，但他們已經選好舉足輕重的人。而且大家要嘛同意這個決定，要嘛就是能夠理解這麼做的原因。在組織裡形成這樣的共識，是魯諾心中期盼已久的。現在他們要做的，只剩下讓艾肯來到休士頓，讓他接受身體檢查，跟他簽約，把他介紹給當地的球迷。可以說，幾乎每次都要做的一些例行公事而已。

六月二十三日，艾肯和爸爸吉姆（Jim）、媽媽琳達（Linda）、姊姊哈莉（Halle）——身高一百八十五公分的聖地牙哥州立大學排球隊主攻手——一起抵達休士頓。距離太空人隊相中他，讓他差點落淚，已經過了三個星期，還有整整四個星期才是大聯盟規定的簽約期限。艾肯說：「我非常期待像這樣踏出人生的下一步。」

這是報酬非常豐厚的一步。艾肯的經紀人克洛斯（Casey Close）很有影響力。他也是基特和克蕭（Clayton Kershaw）的經紀人。他的太太卡爾森（Gretchen Carlson）曾在一九八九年當選美國小姐，後來當上福斯新聞主播。克洛斯替艾肯談了六百五十萬美元的簽約金。雖然比狀元的建議簽約金少了一百四十萬，但對十七歲的投手來說已經是一筆可觀的數目了。

太空人隊打算用省下來的錢，跟另外一名來自加州、同樣請克洛斯當經紀人的高中投手尼克斯（Jacob Nix）簽約。尼克斯跟小麥卡勒斯一樣，表明假如沒有收到高出建議金額許多的簽約金，就會到加州大學洛杉磯分校念書。太空人隊很有信心地在第五輪把他選進球隊，暫時答應付給他一百五十萬美元。即使是紅雀隊給尼克斯前一順位球員——佛羅里達大西洋大學投手岡伯爾（Austin Gomber）的簽約金，都不到這個金額的四分之一。太空人隊要等簽下艾肯之後，才有跟尼克斯簽約的餘裕，但那只是形式而已。前一次和球隊談不攏簽約條件的選秀狀元是投手貝契爾（Tim Belcher）。那已經是一九八三年的事情了。

太空人隊的球迷心想，第二天他們就會見到未來的王牌投手。艾肯會在亮相記者會上，象徵性地把球衣穿在襯衫和領帶外面，然後回到奇士美，展開重返休士頓的旅程。一箱箱寫上艾肯名字的相同球衣，已經送到美粒果球場的紀念商品部。

然而隔天卻什麼都沒發生。再隔一天，也什麼都沒發生。然後艾肯和尼克斯就搭飛機回加州了。

問題出在艾肯用來投球的左手肘。雖然他每天清晨到健身房去，練出一身好體格，而且從未受過傷，甚至沒把手臂操過度，但在艾肯本來應該歡天喜地出現在休士頓的那天，太空人隊的醫生替艾肯進行體檢，結果並不樂觀。棒球不像美國職籃或美式足球聯盟那樣，會在選秀之前進行體能測試，球員也沒有一定要交體檢報告。這件事代表，太空人隊的選秀資訊不夠完備。魯諾和艾利亞斯根據他們能夠看見和分析的每一項資訊，選中了艾肯，但事後透過磁振造影技術，才發現原先沒有發現的資訊。看樣子，在他們的預測機制裡，這是最為致命的一點。

基於醫療隱私法，大家都不能洩漏任何跟艾肯的體檢相關的資訊，太空人隊始終拒絕對外公開說明。最後，是《休士頓紀事報》的德利克刨根究柢找出真相。問題出在艾肯的尺骨附屬韌帶——一．三公分寬、連接手臂肱骨和尺骨的韌帶。這個人體構造會在高舉過頭投球的時候承受最多壓力，一旦撕裂，假如投手還想用相同的方式投球，就要接受韌帶重建手術。

不管投手把球數限制在幾球，只要進行磁振造影，投手的尺骨附屬韌帶一定都不正常。如果球隊要求投手要有零瑕疵的韌帶，那就永遠都不可能把投手選進球隊。但是艾肯的尺骨附屬韌帶不只有撕裂傷，而且據說，還天生很小。德利克的消息來源告訴他：「他可能有一點尺骨附屬韌帶，但不大。」而且消息來源還說，醫生強烈主張因為艾肯的韌帶構造，將來要進行韌帶重建手術，成功的機率也很小。

魯諾把艾肯的簽約金降到三百一十萬。魯諾很沮喪，因為要尊重艾肯的醫療隱私，他不能說明自己是根據醫生對艾肯的體檢分析，才做出這樣的決定。這讓外界認為，小氣出了名的太空人隊剋扣狀元的簽約金。比從前都還要長、還要尖銳的針，很快就紛紛刺進魯諾的皮膚裡，跟這幾年下來的批評言論同樣冷酷。這些尖針來自四面八方，有厭倦支持最爛棒球隊的球迷，有媒體、經紀人，還有球員工會。

魯諾覺得，大聯盟總經理要是在磁振造影儀上發現地雷，大部分做法跟他不會有什麼不同。就在一年之前，馬林魚隊以總順位第三十五位相中投手庫魯克（Matt Krook）。庫魯克在同意簽約條件後沒有通過體檢，所以馬林魚隊沒有簽下庫魯克。然後庫魯克在替奧勒岡大學投了四十五局之後，尺骨附屬韌帶出現撕裂傷。

但是太空人隊不是其他球隊，魯諾也不是其他總經理。表現出不努力贏球的樣子是一回事，小氣是一回事，依然將人才視為打上編號的牲畜是一回事，但艾肯和尼克斯沒有做錯任何一件事，卻在本來該是他們人生最輝煌的時刻，粗暴地對待這兩名青少年的未來，就是另外一回事了。

一向厭惡媒體的克洛斯告訴福斯體育台：「大聯盟讓太空人隊用這種方式交易，完全不顧選秀規則，也不顧其他二十九支遵守相同規則的球隊，我們對此失望至極。布雷迪看過美國最有經驗、最受人尊敬的手臂骨科專家，醫生都同意他沒有受傷，說他準備好展開職棒生涯了。」

工會考慮提出申訴，工會主席克拉克（Tony Clark）表示：「不管用什麼角度去看，這樣的狀況都很令人失望。我們認為這件事受到操弄，有必要談一談。」

體育部落格《Deadspin》針對這件事寫了一篇文章，標題就沒有那麼小心翼翼了，上面寫著〈太空人為了錢想胡搞選秀〉（The Astros Are Trying to Dick Draft Picks out of Their Money）。

雖然克蘭始終贊成向錢看齊，但他對於糟糕的名聲也無法不為所動。身為經驗豐富的商人，他知道，聲譽本身有金錢和操作上的價值。七月十八日，大聯盟球隊和選秀球員簽約的最後一天，大老闆派魯諾向艾肯和尼克斯的陣營提出三種方案，每一種方案都比先前的條件好，為拉攏艾肯和尼克斯做最後的努力。第三種方案要給艾肯五百萬簽約金，比卡洛斯．柯瑞亞兩年前拿到的簽約金還多。二〇一四年，除了柯力克和羅登要求的簽約金之外，其他選秀球員沒有人的簽約金高出這個金額。

艾肯和克洛斯對這些方案不為所動。他們心意已決。外界相信，就是因為太空人隊太無法無天，所以不管第一桶金的誘惑有多大，艾肯都會成為三十一年來第一個沒有和球隊簽約的選秀狀元。培頓．曼寧會回到他的衝浪板上，至少再待個一年。

沒多久，太空人隊的紅色警戒讓他們又出了一個包，或許可以說是他們最隱隱作痛的傷口。他們沒辦法簽下艾肯，不但同時讓他們失去尼克斯——因為艾肯的選秀預算整筆蒸發掉，所以他們再也不能把錢撥一部分給艾肯的朋友——除此之外，他們也丟了在第二十一輪選中、預計支付高於建議金額簽約金的喬治亞州高中投手馬歇爾（Mac Marshall）。有些人心想，或許太空人不只在經營球隊上肆無忌憚，而且還很無能。魯諾說：「我發自內心對牽涉其中的球員感同身受。這是十足的壞運氣。我明白，從球迷的角度來看，我們什麼都沒得到。」

這樣想的人不是只有球迷而已。ESPN美國棒球記者歐尼（Buster Olney）下了這樣的結論：「外界對他們的觀感已經被破壞殆盡，不管用什麼方式，他們都得為重建觀感付出代價。」

從魯諾這個比較有利的位置來看，情況不見得是這樣。事實上，表面上魯諾沒有簽下艾肯是種損失（包括尼克斯和馬歇爾），但有一個辦法可以彌補這樣的損失，甚至失小得大。只要還有任何一絲可能性，任何局面都不能算是塵埃落定，就連選中艾肯這件事都是如此。還有一個選項，魯諾說：「這些結果都不會影響到接下來這幾年。」太空人隊一掃陰霾。二〇一四年七月的時候，太空人隊已經相中某個可能「俗又大碗」的人選。

在太空人隊和艾肯洽談簽約金的過程中，關鍵數字在於魯諾從原先的金額砍到三百一十萬。大聯盟守則上有這樣一條規定：

假使選秀球員無法通過球隊施辦的體檢，且球隊事後未按照該名球員的簽約價值至少支付百分之四十的簽約金，則該名球員在簽約期限截止時，如未與球隊達成協議，將具有自由球員的身分。此情況下，球隊將無法獲得未簽約球員的補償選秀權。

太空人隊很清楚聯盟的每一項規定。那一年的選秀狀元價值七百九十二萬兩千一百美元。七百九十二萬兩千一百美元的百分之四十是多少？是三百一十萬美元——確切來說，是三百一十六萬八千八百四十美元。太空人隊確認過，假如艾肯拒絕他們提出的超低簽約金（機率很高），那麼他們就能因為這樣獲得補償選秀權。補償選秀權很有價值——隔年選秀的總順位第二位。比他們因為戰績得來的高順位還要前面。他們甚至有可能用第二順位，選進比艾肯、柯力克、羅登、傑克森還要優秀的球員。

這個決定會不會實際發生，取決於魯諾是否認為，二〇一五年六月身體應該健康的第二順位球員，值得讓他失去艾肯、尼克斯，甚至馬歇爾。他幾個星期前還很看好艾肯，但艾肯之後卻為他帶來其他風險。儘管魯諾在後期嘗試和艾肯簽約，好將球隊遭受的惡意轉移掉，但魯諾比較想要做出什麼樣的決定不言而喻。

在棒球界，球探活動不是以年為週期循環進行。早在有潛力的球員可以參加選秀的球季之前，球隊就開始評估了。以大學球員來說，球隊經常會在五年以前（甚至更早），這些球員還是高中生的時候，就開始追蹤。所以二〇一四年七月十八日，艾肯和克洛斯沒有回覆魯諾的訊息，晚上五點簽約期限截止時，太空人隊的球探部門不需要轉換成尋找球員的模式，來找出十一個月後要用預期之外的第二順位選出的球員。這個人，可以幫他們彌補失去艾肯的損失，甚至有可能比損失得到的還多。他們已經很清楚這個人會是誰了。

這個人在路易斯安那州立大學守游擊手的位置。大學頭兩個球季，他打出西格的公式一向看重的統計數據：高上壘率、高於四成的打擊率、整體攻擊指數是非常優異的高於〇．九、鮮少三振（他大約每三場才會被三振一次）。除此之外，太空人隊在蒐集這名球員的軟資訊方面，也有特殊的優勢。有個球探叫艾利瓦（J.D. Alleva），他的父親喬．艾利瓦（Joe Alleva）在路易斯安那州立大學擔任體育組長。他們得知這名球員是心理素質堅強的學生，表示他有成長的心態，以及恰到好處的自信：不是在行為上傲慢自大（這種特質會在如滾雪球般頻頻失敗的時候消失殆盡），而是真正的自信（不會像那樣消失殆盡）。他處變不驚。除了打球，他什麼都不鳥。

棒球界挑剔他的原因，對太空人隊的決策者——魯諾、西格、艾利亞斯——來說一點都不陌生：他的身材。路易斯安那州立大學的球員名單上寫他身高剛好一百八十三公分（六英尺），這表示通常不到這個身高。在他們有了傑德・羅瑞和荷西・奧圖維的經驗之後，太空人隊知道，雖然一般來說身材矮小並不理想，但是這不代表不符資格，只是其中一個數據點而已。球員的身材從來就不構成球員的障礙，就像羅瑞和奧圖維那樣，而且以後也不太會造成阻礙。

二〇一四年十月，《棒球美國》公布第一份針對明年六月選秀製作的百大潛力球員名單。他們將這名路易斯安那州立大學的游擊手列在第十三名，比再度參加選秀的艾肯落後十一個名次。

為了就讀四年制大學，讓選秀資格往後延展整整三年，來保住自己的選秀資格，艾肯到佛羅里達州的ＩＭＧ學院接受訓練。二〇一五年三月，繼去年春天替大教堂天主教高中最後一次出賽後，他投出了第一場好球，而且布津斯基測到他投出時速一百五十六公里的速球。在他為ＩＭＧ學院投完第十三場比賽後，艾肯感覺到左手肘出現灼燒的感覺。他說：「有東西感覺不太對勁。」

是非常不對勁。他的尺骨附屬韌帶從中斷成兩半，必須接受韌帶重建手術。

手術過後沒多久，他在克洛斯最出色的客戶基特所經營的網站《球員論壇》（*The Players' Tribune*）寫下：「我覺得很沮喪。不只是因為棒球的關係。還有，現在卡迪夫海灘氣溫攝氏三十二度，海浪很棒，我卻不能衝浪。這件事也很難熬。」他對自己決定拒絕太空人隊並不後悔。「金錢不是唯一的考量因素。我想打球的地方，是我覺得自在的地方，那裡有支持系統，讓我覺得可以為成功而且長遠的職業生涯打下基礎。為了確定能在這樣的地方打球，承受不能早一點踏出職業棒球的第一步，是值得的。」

魯諾對自己的決定沒有一絲疑慮，尤其是現在。雖然艾肯手肘有傷，但克里夫蘭印地安人隊還是在二〇一五年的時候，以總順位第十七位把他選進球隊，付給他兩百五十萬的簽約金。這筆錢，剛好是前一年魯諾最後答應要付的一半。艾肯替印地安人隊在小聯盟投球的頭兩個球季——其中，二〇一七年是布津斯基預測艾肯在大聯盟初登板的年份——拿下七勝十八敗，投手自責分率五・〇五，保送人數幾乎跟三振人數一樣多。那時，他還沒上到一Ａ以上的聯盟。

太空人隊在二〇一四年選秀會舉行前一天早上開會討論的另外五名狀元人選，在接下來三年裡，沒有一個人展現出，握有狀元籤的球隊會想要看見的那種使球隊煥然一新的能力。大學投手羅登和諾拉，分別以第三順位和第七順位進了白襪隊和費城人隊。他們都在二〇一五年升上大聯盟，投手自責分率將近四，每局大約三振一人。他們是表現穩定的第三號先發投手。

在此同時，高中球員當中沒有人打到接近大聯盟的程度。高登以第五順位進了雙城隊（Twins），在二Ａ聯盟打球。他入選年度前六十名具有潛力的球員，各方面都還不錯，進大聯盟指日可待，但沒有特別突出的表現。西雅圖水手隊以第六順位選進傑克森。但是曾經讓太空人隊球探因為讚賞而發出悶哼聲的揮棒方式，事後證明軌跡太長，無法每次都能跟上職業選手投出來的球。才兩年，水手隊就把他交易給勇士隊。傑克森在勇士隊打更低階的小聯盟賽事，而且三振次數比保送次數的四倍還多。至於另外一名高中投手，快速球連諾蘭·萊恩都大力讚賞的柯力克呢？馬林魚以總順位第二位把他選進球隊，但他在二〇一六年初就把手肘投爆了。接下來兩個球季，他只投了三又三分之二局，而且是在新人聯盟出賽。

二〇一五年印地安人隊選進艾肯，是在十五個順位之前，而太空人隊登錄系統，使用他們去年夏天簽下艾肯就不會有的選秀權：總順位第二位選秀權。在所有外部模擬選秀中名列第一的是另外一名大學游擊手——范德堡大學的史旺森（Dansby Swanson）。

太空人隊選秀會議室裡的每一個人都祈禱，握有狀元籤的響尾蛇隊會按照他們的設想，選走史旺森。他們選了。然後太空人隊馬上選進路易斯安那州立大學的游擊手。

艾力克斯・布雷格曼（Alex Bregman）或許不高，但他顯然是太空人隊所有成員選過的球員當中最出類拔萃的一位。西格、球探、艾利亞斯、魯諾，在每個人的名單上，他都列在第一位，比史旺森還要前面。六月二十四日，布雷格曼同意用五百九十萬美元的簽約金和太空人隊簽約，比建議金額少一百五十萬，而且他通過了體檢。隔天下午，他出現在美粒果球場的亮相記者會，在白襯衫、淺藍色領帶外面扣上太空人隊的球衣，然後坐在艾利亞斯和魯諾的中間。艾利亞斯告訴媒體：「從球員和個人的角度看他，我們的所有要求他都符合。我們對他的能力非常放心，也很期待。」

布雷格曼說：「我真得很期待上工。」第二天，他到闊德城報到，正式展開重返休士頓的旅程。

6 飽嘗挫敗的夏季

二〇一四年球季開打時，太空人隊決策部門裡，奉分析方法為圭臬的理性主義者開始懷疑，是不是至少有一樣超自然現象是真的，就是《運動畫刊》魔咒：向來，只要出現在《運動畫刊》的封面上，就表示要大難臨頭了。太空人隊已經表現得這麼差勁，應該不能更慘了吧。但就在太空人隊相中艾肯沒多久，雜誌封面上的喬治・史普林格出現在全美各地的信箱裡，幾個星期之後，事實證明，他們可以慘上加慘。魯諾說：「那年夏季，可以出錯的，似乎都出錯了。」

太空人隊沒有簽下艾肯，因此受到來自棒球界四面八方的奚落，有時候還會聽到十八禁的辱罵，而這些還只是前菜而已。太空人隊在四月中讓史普林格升上大聯盟，他轟出十支全壘打——終於振奮起來的太空人隊球迷稱這些全壘打為「史普林格砲」（Springer dinger）——但只有五月而已。七月的時候，他扭傷四頭肌，新人球季的最後兩個半月都在傷兵名單上。卡洛斯・柯瑞亞在一A的球季令人看好，但他也在滑向三壘的時候把腿弄斷，而提前報銷。

艾培爾在小聯盟的情況更慘。艾培爾比柯瑞亞大三歲，在二〇一三年的時候成為選秀狀元，但他也只升到一A聯盟就止步了。這名一度是大家公認球藝最純熟的大學投手，根據他自己的說法，已經變成「可能是職業棒球界最糟糕的投手」。七月，艾培爾投了一場慘不忍睹的先發賽事，不到兩局就丟掉七分。下場後，艾培爾回到球隊休息室，放聲大吼，一連猛擲八十顆球，把用塑合板做成的牆壁都打穿了。這段期間，太空人隊因為要選艾培爾而跳過的大學強打者布萊恩（Kris Bryant），在二A和三A一步步邁向他的四十三支全壘打。小熊隊很篤定，明年球季初就可以讓布萊恩亮相，替他們守三壘的位置（三年後，艾培爾已經被交易到費城人隊，而且退出棒球界，成為繼奇科特和泰勒之後，第三名永遠不再登上大聯盟的選秀狀元）。

然後，太空人隊的其中一座小聯盟球場差點因為雨下太多，被暴漲的密西西比河給淹沒，而且另外一座球場還失火。沒有任何一條結合數據和人類直覺的公式，可以預測到這些狀況。

六月底的某一天，發生了一件令魯諾、西格和整個太空人隊球團都吃驚不已的事。體育部落格《Deadspin》登出一篇以〈休士頓太空人隊的十個月內部交易談判〉（10

Months of the Houston Astros' Internal Trade Talks）為標題的文章。裡面有文件連結，當中包括太空人隊高層和其他球隊，在二〇一三年六月到二〇一四年三月之間的談判紀錄，擷取來源是太空人隊內部專屬資料庫和供智囊團交換情報的「地面控制」系統。有一份文件指出，魯諾和馬林魚隊總經理詹寧斯（Dan Jennings）討論，是否有可能買下大聯盟數一數二的重砲手史坦頓（Giancarlo Stanton）。上面還寫了魯諾想要犧牲掉的球員，具體指名投手柯沙特和外野手狄薛爾茲（Delino DeShields Jr.）：

> 魯諾告訴詹寧斯我們對史坦頓有興趣。詹寧斯說他把史坦頓交易出去的意願不高，除非我們願意用史普林格和柯瑞亞去換。魯諾說那樣不行。魯諾提出用柯沙特和狄薛爾茲來交換。

太空人隊不是被駭客入侵這麼簡單而已。他們是被某個別有用心的人盯上——某個想要公開羞辱他們的人。魯諾說：「就像你回到家，發現被闖空門。」聯邦調查局開始調查，魯諾不得不向其他二十九隊總經理一一賠禮，還要向遭人議論的自家球員致歉。接下來故事的發展更不堪入目。

隔年夏天，《紐約時報》報導，聯邦調查局發現駭客行為來自佛羅里達州朱比特鎮

——魯諾和西格的老東家紅雀隊的高層主管，春訓期間就是在這裡辦公。魯諾的球團是被某個他很熟悉的人騷擾。然後入侵者被揪出來了。是前分析師克里斯·柯瑞亞。他曾經幫助紅雀隊從網路上蒐集二軍和三軍數據，是他讓魯諾在二〇〇九年選進亞當斯。他在二〇一五年當上紅雀隊的球探長。

二〇一一年十二月，西格要追隨魯諾的腳步到休士頓的時候，聯盟決議，西格必須將紅雀隊的筆記型電腦，連同密碼，一起交給克里斯·柯瑞亞。西格在他的新太空人隊電子郵件上使用類似的密碼。柯瑞亞發現這件事，所以可以自由存取西格的電子郵件——進而進入「地面控制」系統，從二〇一三年三月到二〇一四年六月，在三十五個不同的日子裡，從該系統存取至少六十次的資料。那些是相關單位能夠找到的非法入侵紀錄。他入侵的次數很有可能比這個數字要多上很多。

柯瑞亞堅稱他是在看魯諾和西格到休士頓去的時候，有沒有從紅雀隊竊取專有數據。那個說法不是很合理。這些數據其實只有短暫的價值，克蘭聘請魯諾和西格，不是為了舊數據表上面的內容，而是為了他們的腦袋——也就是起初替紅雀隊建立起資料庫「捕鳥紅犬」（Red Bird Dog）的剩餘智慧財產。而且柯瑞亞的理由無法解釋他為什麼登入「地面控制」系統這麼多次，包括在二〇一三年選秀會那幾天，他也進去看太空人隊的球探報告、分析排名、選秀公布欄，而且想必也把這些資訊納入他和紅雀隊的球員決策裡。

資訊洩漏給《Deadspin》的時機特別可疑。二〇一四年六月二十八日，《Deadspin》收到一封提供資訊的匿名電子郵件。兩天前，預測魯諾和西格會在二〇一七年帶領太空人隊奪下世界大賽冠軍的《運動畫刊》封面報導，才剛出現在網路上面。

聯盟判斷，這篇封面報導和裡面所講的內容，讓留在紅雀隊的柯瑞亞嫉妒他的前同事。嫉妒到恨得不得了。有一份公開的法院文件這樣寫道：「麥戴爾是柯瑞亞的競爭對手。他們先前在紅雀隊的分析部門一起工作，他們和聯邦調查局分開談話的時候，表示彼此曾經發生過激烈的爭執。二〇一二年一月，麥戴爾離開那裡，加入太空人隊，他們都當上球隊分析部門的主管，而且二〇一三年之前，雙方的球隊在國家聯盟中區彼此競爭。而現在，這名競爭對手的球隊雖然還未開始贏球，卻已經有讚揚的聲音了。」

三十五歲的柯瑞亞最後認了五項未經授權存取受保護電腦的罪名。美國地方法官休斯（Lynn Hughes）問柯瑞亞：「你闖進人家家裡，去看他們有沒有偷你的東西？」

柯瑞亞回答：「我知道很蠢。」

「你不覺得很奇怪嗎？」

「這樣很蠢。」

柯瑞亞後來表示：「我犯法了。我違背自己的價值觀，這樣是不對的。我的行為很

二〇一六年一月，克里斯・柯瑞亞認了五項未經授權存取受保護電腦的罪名。

丟臉。這個插曲是我目前為止在人生中做過最大的錯事，而我對此悔恨不已。」

儘管柯瑞亞感到懊悔，二〇一六年七月，休斯法官還是判他到馬里蘭州的聯邦監獄服刑四十六個月，八月就要開始服刑。除此之外，柯瑞亞還要支付二十七萬九千美元的賠償金。隔年一月，大聯盟主席曼佛瑞德（Rob Manfred）對紅雀隊做出體育界不曾發生過的間諜行為開罰。他判這支大聯盟聲望極高的球隊必須支付兩百萬美元的罰金，裁決紅雀隊必須將二〇一七年最前面的兩個選秀順位讓給太空人隊。

就算柯瑞亞是獨自犯下這些罪行——至少法院判決他是——也無法衡量他在這十五個月內存取太空人隊內部資料庫，使紅雀隊獲得多少利益，也無法衡量勁敵在他們做出決定前就知道消息，使太空人隊蒙受多大損失。紅雀隊牽涉其中的消息出現時，魯諾表示：「影響難以評估。但我們還是繼續執行計畫，而且我們有進展。」

太空人隊採取比以前嚴謹的資料安全保護措施，但他們能做的事情不多。即便二〇一四年他們遭遇一連串特別令人震驚的事件，一路上會遇到各種挫折，這件事始終都在他們的料想之中。可是，球員受傷、球場淹水、失火，甚至系統遭駭，這些挫折都不是他們自己造成的，而且當中沒有一件事反映出，引領計畫的決策引擎有什麼樣的重大瑕疵。拿艾培爾的不順遂來說好了，就連這件事也完全無法事先預測。他們一直預料會有壞運氣，他們現在就是時運不濟。

但是，那一年發生了另外一件不幸的事件。這件事太空人隊必須完全由自己負責。這個決定，他們以為已經像其他決定一樣，經過詳細考慮，有人工智慧和人腦的支持。這個決策很快就顯示出它是錯誤的決策，而太空人隊除了怪自己，沒有辦法推諉他人。

早在二〇一三年冬天，馬丁尼茲（J.D. Martinez）頭幾次從委內瑞拉的球隊飯店往返牛棚的時候，他不明白為什麼巴士司機總是要走不同的路線，每次都用嚇人的速度開車，幾乎沒有停過紅燈。然後，卡拉卡斯獅子隊（Leones del Caracas）其中一名隊友跟他解釋了。他們的球隊巴士旁邊，總是有配備半自動步槍的人騎乘摩托車跟著。原因是一樣的——這樣他們才不會被人劫持。

馬丁尼茲效力於太空人隊時再次遭到三振。

馬丁尼茲當時二十六歲，他已經替太空人隊守外野守了兩年。他很習慣大聯盟的生活，這裡有順暢的交通運輸和穩定供應的熱水。委內瑞拉職業棒球聯盟從一九四〇年代開始，每年十月到一月都會開打。馬丁尼茲到委內瑞拉打球可不是為了豪華設施，而是為了拯救他的職棒生涯。

馬丁尼茲一直認為自己打得很好。雖然他只是二〇〇九年在第二十輪，被球隊從羅德岱堡諾瓦東南大學選中的球員，但他只用兩年的時間，就一路狂打，從小聯盟升上大聯盟。二〇一二年，魯諾當總經理的第一個球季，馬丁尼茲在輸一百零七場比賽的太空人隊裡成為打點王（不過，只要五十五分打點就能拿下太空人隊打點王）。但是，頭三年過去，他在太空人隊打了兩百五十二場比賽後，戰績只有兩成五一的打擊率和二十四支全壘打。所有球隊都愈來愈重視整體攻擊指數，將此視為衡量球員的耐心和力量的綜合指標。馬丁尼茲的整體攻擊指數是〇．六八七，比擅長平打的奧圖維還低。馬丁尼茲對球隊的貢獻，一季比一季少。

二〇一三年七月的某一天，馬丁尼茲在德州阿靈頓的遊騎兵隊球場地下室打擊練習網裡，進行賽前打擊練習。他注意到太空人隊的打擊教練馬利（John Mallee）很安靜。馬丁尼茲練完之後，問馬利：「看起來怎樣？」

「看起來很好。」馬利所言毫無說服力。

「老兄，」馬丁尼茲說：「你想怎樣？」

馬利把馬丁尼茲叫到他旁邊坐下。他說：「馬丁尼茲，身為打者，你的整體攻擊指數連〇．七都不到。你不盜壘。你不是金手套。你必須把球打出去。你的數據還可以。你可以吃這行飯。你有大聯盟和小聯盟之間的程度。除非你身價高到留不住，不然你可以賺到維生的薪水。但僅此而已。除非你做出改變。」

馬丁尼茲大吃一驚。「你要我改變我的揮棒動作，改變我賺錢的方法？」他說：「在我為了找出新的打擊方法，二十打數零安打，而被降到三A的時候，你會跟我一起去嗎？不會。你會待在這裡，而我會完蛋。」

但他還是聽進了馬利的話。幾個星期後，馬丁尼茲在多倫多嘗試盜壘，卻把左腳腳踝扭傷了。他開始大部分的時間都待在太空人隊的重訓室，那裡有一台電視，總是轉到ESPN。這個頻道一直在播釀酒人隊大砲布朗（Ryan Braun）在賽場上的精采表現，不過不是因為好的原因：他因為使用提升表現的藥物，剩下的球季都被禁賽。布朗曾經五度入選全明星賽，整體攻擊指數比馬丁尼茲高百分之三十五，全壘打一支接著一支，馬丁尼茲在看他的影片畫面時明白了一件事：**我的揮棒動作看起來跟他完全不同**。

他看了卡布雷拉和普霍斯等其他大聯盟一流強打者的影片，發現他們的揮棒動作跟布朗很類似，這就表示他們的動作看起來也跟他不一樣。然後他開始鎖定其中一名隊友的動作。這名隊友是捕手卡斯楚（Jason Castro）。他剛打完全明星賽，生涯全壘打數正在三級跳。馬丁尼茲心想，**靠，卡斯楚的揮棒方式，他媽的跟他們一樣**。

馬丁尼茲是從上往下砍球，但他研究的強打者都是用流暢的動作，從下往上切球。他的球棒頂端最後落在比較低的位置，而他們的球棒頂端停在高處。他問卡斯楚怎麼學到那樣的揮棒動作。卡斯楚說：「你得見見我的加州朋友。」

九月，馬丁尼茲離開傷兵名單回到場上。最後八場比賽，他的打擊率是一成七四。球季結束第一天，他第一次去找卡斯楚的加州朋友：接近七十歲的瓦倫布洛克（Craig

Wallenbrock），以及二十七歲的助理范斯科約克（Robert Van Scoyoc）。瓦倫布洛克和范斯科約克在大學畢業後都沒再打過球，但他們在聖塔克拉利塔工業區的倉庫開了一間打擊練習場，並且逐漸累積出現代打擊方法大師的名聲。馬丁尼茲告訴他們：「我要打出跟卡斯楚一樣的揮棒動作。」他在那裡的第一天，就注意到練習場牆上的架子掛了很多球棒，其中有一支題了幾個字，上面寫著：「一切多謝。沒有你們的幫助，我就不會有今天。」下面有布朗的簽名。

馬丁尼茲跟他的朋友奧圖維、凱戈先後從太空人隊的小聯盟球隊升上大聯盟。他跟他們一樣，始終擁有成長的心態。這樣的心態，來自於他的父母。馬丁尼茲在南佛羅里達州長大，他有五個姊姊，都是父母在前一段婚姻中生的孩子。他的媽媽麥拉（Mayra）是一名護士，她通常會在要到醫院上夜班之前，把馬丁尼茲送到他爸爸胡力歐（Julio）工作的達美樂比薩連鎖店。馬丁尼茲念小學的時候，經常在爸爸拋比薩的時候，把義式臘腸比薩塞進嘴裡。胡力歐後來開了一間自己的屋頂工程公司。這間公司不斷拓展，最後擁有三十五名員工。所以，當瓦倫布洛克和范斯科約克告訴馬丁尼茲，他的揮棒動作是他們在大聯盟球員身上看過最糟糕的，馬丁尼茲並不覺得這是侮辱，而是一個好機會。他靠這麼爛的揮棒動作打進大聯盟，還留了下來——現在，他對影片中這個動作已經看不下去了。他問自己：**我他媽的怎麼能用那種揮棒動作走到現在？**而且，假如他能學會正確揮棒，他會變得有多優秀？

問題不光是馬丁尼茲的揮棒動作。他的揮棒動作很糟，但這樣的動作來自於整個揮棒過程。他的手一開始會在偏低的位置，等球投過來，他會拉高揮擊，但布朗和卡斯楚的手不會亂動。馬丁尼茲有搖晃身體向前追球的傾向，但布朗和卡斯楚始終保持平衡。馬丁尼茲練習打擊的時候，目標是把球打到練習區後方的網子那裡，而布朗和卡斯楚的目標則是練習區的頂端，他們想要拉大擊球的角度，讓這支安打有可能上更多壘包。馬丁尼茲每天花五個小時，在瓦倫布洛克和范斯科約克的倉庫待了兩個星期，改造他的揮棒動作，然後大量觀看顯示他有快速進展的影片。他說：「我就像在黑暗的房間裡打擊，有人把燈打開了。」已經站穩腳步的大聯盟球員，通常不會想在冬天到委內瑞拉打球，但馬丁尼茲到委內瑞拉，去確認他真的進步了。

獅子隊的高層給待在球隊飯店的球員一項建議。他們說：「你們在這裡很安全。但是絕對、絕對、**絕對**不要到外面去。」卡拉卡斯即將追過宏都拉斯的汕埠，成為全世界最暴力的城市。馬丁尼茲並不想出去觀光。他說：「我只有看影片而已，還有祈禱無線網路能用，可以讓我看更多的影片。」

不管開車兇猛的司機選擇哪條路線，他終於抵達球場。此時馬丁尼茲看到，他從來沒見過的比賽環境。在比賽當中，外野看臺第一排坐滿拿著抗暴盾牌的警察。獅子隊的大學體育場（Estadio Universitario）坐不到兩萬一千人，聽起來卻像有十萬人。只要有打者吞下兩顆好球，他們就會不斷用同樣的節奏高喊：三振！三振！——就算這名打者來自他們支持的球隊也一樣。馬丁尼茲告訴自己：**我才不會被三振，門都沒有。**

馬丁尼茲開始用新的揮棒動作打第一場比賽的時候，擊出兩支全壘打。他在委內瑞拉待的那一個月裡轟出六支全壘打，打擊率三成一二，整體攻擊指數〇．九五七。雖然他的對手比較弱，但這個數據比布朗還要優秀。比這樣的成績還要好的是馬丁尼茲現在的擊球感覺。他說：「第一次的時候，我心想『剛才怎麼回事？』感覺很像我在作弊。球好像會一直找上我的棒頭，我想怎麼打就怎麼打。」

他到奇士美進行春訓的時候，找魯諾和波特一起坐下來。波特即將在太空人隊擔任第二個球季的總教練。馬丁尼茲告訴他們：「我跟以前不一樣了。我跑到委內瑞拉去，而且我有新發現。你們想要我怎麼打，我都打給你們。只要給我跟其他人一樣的打數就行了。讓我表現給你們看我學到的東西。」

他以為他們同意了，但他們沒有。西格的運算公式指出，一名已經二十六歲的外野手，得分和外野守備表現都不搶眼，能夠進步的機率微乎其微。而且波特急欲藉著有可能成為冠軍的年輕外野手，來帶領球隊向前更進一步，他對給馬丁尼茲機會，去證明他說的改變能產生多少效果，並沒有太大興趣。波特相信，未來不只是在喬治．史普林格身上，還在葛羅斯曼（Robbie Grossman）、霍斯（L.J. Hoes）和克勞斯（Marc Krauss）身上。他在春訓的時候至少給了這些球員四十個打數。馬丁尼茲只有十八個打數，其中有一半是只能上場打一顆球的打擊機會，讓他沒有辦法延續在委內瑞拉展開的打球節奏。馬丁尼茲說：「這不是機會，而是失敗的機會。」

馬丁尼茲在這十八個打數中，敲出三支安打。春訓要結束的時候，魯諾把他叫到辦公室。太空人隊要把他釋出。「我很驚訝，」馬丁尼茲說：「老兄，我被最爛的棒球隊除名。」然後他發飆了。

他問魯諾：「怎麼回事？我一直表現不錯。我從來沒讓人背黑鍋，我從來沒亂搞，我一直必恭必敬。我做了什麼？哪裡錯了？我們坐下來談的時候，我要求給我展現學到什麼的機會，你說我會有機會。我卻只有十八個打數。」

當魯諾解釋完他們看不見馬丁尼茲能為球隊帶來貢獻，他們想要給他到別隊發揮所長的機會，馬丁尼茲的心思已經飄到未來了。他在球隊休息室收拾行李的時候，他的老朋友奧圖維、凱戈、史普林格，紛紛到他的置物櫃前跟他握手道別。他們說：「兄弟，我很遺憾，你要保持抬頭挺胸。」

馬丁尼茲說：「你們還會看到我。別擔心，我會很好。我保證。」

兩天後老虎隊簽下馬丁尼茲。他從奇士美開了一個小時，抵達老虎隊在萊克蘭的春訓場地。幾天後，他回到奇士美，替老虎隊的小聯盟球隊，對抗太空人隊的小聯盟球隊。魯諾在看臺上看這場比賽，馬丁尼茲的好幾個老隊友也在。馬丁尼茲四打席三安打，包括一支全壘打，共拿下五分打點。他在轟出全壘打之後，將球棒擲得老遠。隔天，老虎隊的小聯盟球隊和太空人隊的小聯盟球隊再度交手，這次是在萊克蘭比賽。馬丁尼茲轟出三支全壘打，差一點轟出第四支，只是最後一球打到牆頂彈了回來。第三轟的時候，太空人隊的游擊手——明日之星卡洛斯．柯瑞亞——在馬丁尼茲小跑步經過他的時候，打趣地把手套丟到他身上。柯瑞亞說：「老兄，走開。你是誰？」

魯諾有些想法。馬丁尼茲像他保證的那樣成為一名新的打者，而他卻沒有展現的機會。魯諾心想：**我們究竟做了什麼？**

要不了多久就能明顯看出，他們沒有要求任何報償，就把他們設計整套流程要找的選手釋出球隊：一名便宜的超級明星。而且他接下來四個球季的合約，原本都在他們手中。馬丁尼茲替老虎隊設在托雷多的三A聯盟球隊效力期間，十七場比賽打出十支全壘打。然後，他在四月底的時候登上大聯盟。六月中，他連續七場比賽打擊率維持在四成四四、貢獻四支全壘打和十一分打點，當選美國聯盟當週最有價值球員。不久之後，他第一次回到休士頓當客隊球員。打擊練習結束，他看見一張熟悉的臉，在選手休息區階梯最上層等著他。魯諾說：「我只是想要告訴你，祝你一切順利，還有我很替你高興。我也想告訴你，你是對的。但手下留情。」

「謝謝，」馬丁尼茲說：「我很感謝你這樣說。我不會手下留情的。」接下來四年，馬丁尼茲從老虎隊起步，最後來到響尾蛇隊。這段期間，他打出剛好三成的打擊率，平均每年三十二支全壘打。葛羅斯曼、霍斯、克勞斯加起來總共三十八支全壘打，而且他們沒有一個人在二〇一五年之後還繼續留在休士頓。馬丁尼茲的整體攻擊指數達〇．九三六，不但比太空人隊的王牌──同一時期經過蛻變的奧圖維──高出五十六點，而且比布朗的指數高出快一百點。

馬丁尼茲承認，每個被體育隊伍除名的運動員都會覺得忿忿不平。讓他最受傷的是太空人隊開除他的方式。他說：「他們有這麼多數據，一堆宅宅和怪胎，我想他們忘了，到最後，每個人都還是人。而且人可以改變，可以調整。」

接下來幾年，想到馬丁尼茲，就會讓人想到幾件事──太空人隊的高層在電視上轉台，很難不看到他又打出另外一支全壘打，令人很難忽略。其中一件，像西格所說：「感覺我們是聰明反被聰明誤。我們極力避免這樣。《世界體育中心》（*SportsCenter*）每幾天就會提醒我們一次。」

另外一件事情，就是不要對讓人覺得受辱的挫敗過度反應，而是要利用這些挫敗來改變和成長。當球員堅稱他在停賽期間有所改變，太空人隊會努力蒐集足夠的資訊，來判斷這樣的改變是否具有意義。魯諾說：「有人告訴你，他們在冬季聯盟進步了，後來十之八九都不是真的。有時候，是真的進步了。我真的很替馬丁尼茲高興。我每次見到他都會給他一個大大的擁抱。我會想原本可能發生的情況。對於他沒有多得到一些打球的機會，讓我們看見煥然一新的他，我也覺得非常可惜。」

儘管太空人隊在二〇一四年飽嘗挫敗，那一年至少有一件令人驚喜的事：太空人隊比以前進步多了。先前他們輸了這麼多場比賽，歷經這麼多個令人感到屈辱的球季，幾乎沒人注意到，太空人隊開始輸得沒那麼多了。他們打從二〇一一年底所做的決定，累積出成果，終於看起來有前景了。太空人隊的小聯盟系統幾年前還被人認為是聯盟中最貧瘠的，此時人才濟濟，成為聯盟數一數二的農場系統，裡面有許多年輕球員，是魯諾用他承接的成熟資產去換來的球員。在魯諾的計畫中，要花三到四年的時間在太空人隊的農場重新播種，但結果才花兩年就完成了。這個系統由卡洛斯．柯瑞亞領軍，雖然他弄斷了腿，卻依然在《棒球美國》最有潛力球員排行榜中名列第四。

在史普林格砲狂轟猛轟的時候，這支大聯盟球隊打出十五勝十四敗的戰績，自二〇一〇年九月以來，第一次出現勝場多於敗場的月份。奧圖維打擊爆發，以三成四一的打擊率贏得聯盟最佳打擊者的頭銜。凱戈甚至吃了兩百局的局數，投出二‧九三的投手自責分率。到九月的時候，麥克修的快速直球投得比以前少，只占約四分之一的投球數。那一季，他以二‧七三的投手自責分率拿下十一勝九敗，在美國聯盟投滿一百五十局的投手中排名第六。

基於某些具體原因，太空人隊並不需要《運動畫刊》的封面報導。這篇報導裡有引人注意的預言，讓太空人隊的決策人員以及其他讀者都大感吃驚，克里斯‧柯瑞亞和西普納克都是其中之一。史坦斯說：「有一篇舉足輕重的雜誌封面報導，言過其實地預測你正在邁向世界大賽冠軍。那顯然是我們的目標，每個人都在努力朝它邁進。但是這篇封面報導明確劃定期限。我想因為這樣，大家都很關注太空人會不會實現預言，而不是注重過程，但我們的心思都放在過程上。」克蘭對員工發出命令：在我們奪冠之前，不要再討論我們會怎麼奪冠。

但他們的表現還不是很穩定。二〇一四年太空人隊仍然輸了很多場比賽，只不過，一百一十一敗變成了九十二敗。儘管球迷還是會把綽號穿在他們的胸口——私下生產的「太空墊底隊」和「太空慘隊」T恤還是賣得比寫著「過程」的官方T恤好——但太空人隊比遊騎兵隊多贏三場，沒有落到最後一名，而是倒數第二名。

即便如此，九月的時候發生另外一件大事。這件事是經過規畫的。魯諾把波特開除了。魯諾一直都很尊重波特，這是他給波特第一份大聯盟管理職，讓他以此為起點的原因。四十二歲的波特是一名優秀的棒球人，他在愛荷華大學打球的時候一直穩坐最佳十人的寶座，而且後來打了十年的職業棒球，在大聯盟打了三個球季之後，轉任教練並一路升職。但在魯諾看來，總教練的工作跟從前差很大，跟波特在小聯盟休息區學到的指導方式也很不同。就某種程度來說，教頭是這個組織裡最重要的成員，在高層主管和球員之間，既是溝通管道，也要發揮過濾的作用。這個人不僅要全心接納太空人隊的改變過程、說服球員接受，還要在過程中出現需要重新考慮的因素時，為決策人員提供意見回饋。

這個人也不能像當時馬丁尼茲的事件那樣，沒有給他足夠的打數，導致球團無法針對他，在資訊充分的情況下做決定。

魯諾認為，取代波特的人選，資歷會很明確，但也很稀罕。他必須有在大聯盟出賽多年的經驗，這樣他才會了解球員那一方的想法。他必須要在球隊的各個層級待過，這樣他才知道不同層級的互動方式。他必須要很了解、也很尊重分析法的力量。而且他還得知道，用數據來推動決策代表的意義，也就是太空人隊的想法。

魯諾在面試的時候見了十名應徵者，並向他們每個人提出同樣的問題：「你可以接受我每天發布命令，安排球員陣容嗎？」很多人都說他們可以接受。這是錯誤的答案。雖然決策人員會為總教練提供擁有各種工具的工作坊來幫助他，制定跟最佳陣容、投打組合、戰術有關的決策，但是不能交給電腦來下最終決定。魯諾說：「我比較傾向，確定人們擁有這些資源，但之後要讓他們做該做的事。」只有總教練會每天都處理到跟統計趨勢抵觸的資訊，例如誰的腿很痠、誰感冒了、誰前一天晚上睡不好、誰對自己的滑球失去信心。只有總教練能像這樣無所不知，讓他就算事後要向老闆說明理由，也決定不按照機率行事，而是憑直覺做出關鍵之舉。而且只有總教練——球員知道他有這種能力的總教練，可以真正在球隊裡掌握權力，並且鼓勵球員在每一晚的比賽中發揮最佳表現。

魯諾在九月底的時候找到理想的人選：四十歲的辛區。辛區在大聯盟斷斷續續打過七季的球，在運動家隊、皇家隊（Royals）、老虎隊、費城人隊當過捕手。他在響尾蛇隊當過球員部門的副總裁，然後在三十四歲時，擔任響尾蛇隊的總教練。捕手通常會成為優秀的教頭，因為他們在當球員的時候，會參與球隊的各級事物，包括跟投手研擬戰術，以及聯絡球員的心理醫生。後來，辛區在教士隊的專業球探部門擔任副總裁。因職務所需，他在波多黎各待了一個星期，給年紀還很輕的卡洛斯．柯瑞亞正面評價。魯諾甚至認為，辛區在史丹佛拿的大學學位幫得上忙。他主修心理學。

辛區在休士頓的亮相記者會上表示：「關鍵在於球員，在於決策人員，在於教練團，大家都要在這個很大的難題中各司其職，讓我們比對手贏得更多比賽。」三年來，太空人隊大部分的時間都在探索新的輸球方法。現在，在辛區的帶領下，他們準備好要去尋找新的致勝方法。

辛區的工作，比波特在的時候要做的還多。克蘭一直放話會再次買下自由球員，他鐵了心要這麼做。二〇一五年開幕日，太空人隊的薪資超過七千兩百萬美元，金額將近前兩年春天的三倍。他們最高薪的球員是一名身材矮小的三十一歲內野手。魯諾從運動家隊用三年兩千三百萬美元，和這名球員簽下合約。他就是傑德·羅瑞。

7 尋找卡洛斯・貝爾川

二〇〇四年當中有四個月，休士頓太空人隊的貝格威爾、柏克曼、畢吉歐組成的殺人蜂打線，添了一名成員：卡洛斯・貝爾川。貝爾川的職棒生涯頭六年，在堪薩斯市度過一段痛苦的日子。那時，雖然皇家隊始終打不出什麼成績來，他還是成為了大聯盟最優秀的全能球員。他可以左右開弓，而且幾乎每一年都逼近三十支全壘打、三成打擊率、三十次盜壘，中外野也守得很精采。到了二〇〇四年，皇家隊明白有一件事是二十七歲的貝爾川做不到的——那年冬天他就要成為自由球員——就是靠他一個人的力量，扭轉皇家隊的命運。貝爾川待在堪薩斯的時候，他們只有一個球季勝場比敗場多，然後二〇〇四年的時候，他們出現有史以來最糟糕的情況，即將打出隊史上第一次一百敗。所以他們在六月的時候，把貝爾川交易給太空人隊。正規球季剩下的九十場比賽，貝爾川轟出二十三支全壘打，比貝格威爾、柏克曼、畢吉歐都還要多。他的得分更多，共有

二〇〇〇年，貝爾川二十二歲，左右兩邊各是皇家隊隊友戴蒙（Johnny Damon）和戴伊（Jermaine Dye）。

五十三分。他盜壘盜了二十八次，超過他們的三倍。然後，他在有生以來第一次打進的季後賽中超越了自己。

在十月的十二場比賽中，貝爾川打第二棒，前後分別是畢吉歐和貝格威爾。他打出八支全壘打和十四分打點，打擊率四成三五，有六次盜壘成功。太空人隊在國家聯盟分區賽對上勇士隊，關鍵第五戰，貝爾川從亞特蘭大先發投手萊特（Jaret Wright）手中轟出兩支全壘打，打回五分。然後太空人隊在國家聯盟冠軍賽對上紅雀隊。前四場比賽，貝爾川場場炸裂。從來沒有人連續五場季後賽轟出全壘打。貝爾川說：「每個球員每一年都有兩個星期，這個時候你會覺得誰站在投手丘上並不重要，你是不是已經吞下兩顆好球並不重要，有沒有隊友在得分位置上並不重要。你看見球、把球打出去，然後打出亮眼的成績。那兩個星期就是我的兩個星期。」

休士頓的第一棒打者畢吉歐，用其他方式來描述貝爾川的表現：「他是超人。」

太空人隊在聖路易輸掉國家聯盟冠軍賽的最後第七戰。他們的投手解決不了普霍斯，就連貝爾川也幫不上忙。幾個月後，貝爾川成為棒球史上第九位拿到九位數合約的選手。這張一億一千九百萬的合約，來自和太空人隊同時成立卻比較受歡迎的紐約大都會隊。根據合約，貝爾川將有七年不會在市場上交易，合約中止的時候，氪星石*（也就是他的年齡）可能開始讓他能力大幅衰退。即便如此，有一位年輕的紅雀隊高層主管，卻從來沒有忘記過貝爾川那不可思議的兩個星期。

那時是魯諾在紅雀隊擔任棒球部門副總裁的第一個球季，他從布希體育場和美粒果球場看臺，看到貝爾川的英雄事蹟。十二個冬天過去，二〇一七年球季即將到來，魯諾可以運用的數據點比他頭腦裡的資料多很多。他可以用這些數據點來引導決策。事實上，他和西格可以利用的這種硬資訊，他們以前在紅雀隊起家時，還只能夢想有一天可以得到而已。

二〇一五年，大聯盟在三十座球場都安裝了一套叫作「Statcast」的系統。Statcast

是靠一種叫作 TrackMan 的技術運作。這種技術結合高解析度攝影機和都卜勒雷達，能正確測得球員的行動，而且測量範圍比先前的 PITCHf/x 要大得多。當初他們就是因為 PITCHf/x 才注意到麥克修有一顆沒有充分利用的變化球。他們現在不但知道每一名投手投出來的球轉速多少，還知道打者擊球時，每一顆球的飛行初速（exit velocity）和擊球仰角（launch angle），以及精準的跑壘和守備移動速度與加速度，甚至可以知道外野手試著用手套接球時，追球角度拿捏得對不對。

二〇一六年球季進入尾聲的時候，從大部分的 Statcast 數據來看，貝爾川還是打得很好。更難得的是，他快要四十歲了，即將成為大聯盟年紀第二大的非投手球員，年紀只比四十二歲的鈴木一朗小。雖然他已經不盜壘了，但還是跑得很快，衝刺時最快可以跑每秒七・九九公尺。大聯盟裡有三分之一以上的正規球員比他跑得慢，其中有些人還比他小了快要二十歲。他在二〇一二年最後一場比賽守中外野的時候，表現仍然不會比應有的平均表現差。Statcast 利用棒球擊出時的向量來判定飛行方向，如果是朝外野手飛過去，標準的外野手應該要能接到八成一的球。貝爾川接了八成一的球。

所有數據來源都指出，貝爾川還可以繼續打球。前一個球季，Statcast 顯示貝爾川

＊譯注：能使超人喪失能力的礦物，是超人的天敵。

的揮棒速度還是很快。他用棒頭高速擊出的球，平均時速一百四十五公里，在每日出賽的球員當中排名前百分之二十。要說貝爾川已經不像賈吉（Aaron Judge）——身材高大的洋基隊新秀，擊球的平均飛行初速超過一百五十三公里——揮棒揮得那麼猛烈，他還是可以在效力洋基隊和遊騎兵隊那一年的季賽，轟出二十九支全壘打。

所以，魯諾對貝爾川有興趣，原因不光是他在十幾年前的傑出表現，還有他的寶刀未老——在陣中缺少一名可靠的指定打者時，可以指望他擊出全壘打。但是除此之外，魯諾還認為，貝爾川可以為球隊注入其他元素。這個變數，不管是Statcast還是西格的公式，都還沒有辦法追蹤。

二〇一五年，太空人隊比所有人料想的都還要快擁有爭冠的實力，眼看就要超越《運動畫刊》和自家決策人員的預定時間表，一舉扭轉局面。這件事大都要歸功於一名年輕球員。這名球員幫助球隊加快腳步，西格的模型沒有料到，會發生得如此迅速。

卡洛斯．柯瑞亞在二〇一四年弄斷腿，只是讓他在小聯盟爬升速度慢了一點點而已。魯諾和艾利亞斯在他做完手術後，到醫院探望他。他們兩個一開始很嚴肅，但柯瑞亞沒有。艾利亞斯說：「他跟平常一樣活潑，臉上掛著微笑，詢問隊上其他球員的狀況。你知道，如果有人在那種狀況下還能如魚得水，非他莫屬。」不到一年，他就在二〇一五年六月八日，替太空人隊首度出戰大聯盟賽事，贏過明尼蘇達雙城隊在二〇一二年以第二順位和六百萬美元簽約金搶下的巴克斯頓，比他升上大聯盟的時間短了六天。

太空人隊把卡洛斯從三Ａ升上大聯盟的時候，他們的戰績是三十四勝二十四敗，在美國聯盟西區排名第一。卡洛斯升上大聯盟的前夕，太空人隊其中一名高層主管認為，考慮到卡洛斯即將成為大聯盟最年輕的固定先發球員，而且要守負擔很重的守備位置，他應該會在這個球季接下來的一百零四場比賽中，打出八支全壘打、盜壘十次、打擊率兩成五的成績，幫助球隊略微成長，但幅度不大，不太可能成為熱門的爭冠球隊。柯瑞亞在他的第三十四場比賽打出第八支全壘打，在第五十七場比賽第十次盜壘成功，而且很早就成為年度最佳新人的熱門人選。

儘管他有一百九十三公分高，但柯瑞亞就像艾利亞斯一直以來的期望，很快就展現出，他可以成為非常優秀的大聯盟游擊手。七月二十五日，太空人隊和皇家隊到了九局下半還勝負未分。此時皇家隊兩人出局，在三壘上有一名跑者。腳程很快的堪薩斯外野手利歐斯（Alex Ríos）打出一支滾地球，朝三壘手和游擊手之間的防禦漏洞滾過去，眼看就要打出致勝分。柯瑞亞往右邊飛奔，反手接球。他一個動作，在借力使力下從左外野的草地上躍起，把球直接射向一壘，比利歐斯早半步傳到。觀眾不是唯一想到另外一位偉大游擊手的人。這名游擊手在紐約打了二十個球季，一年前從球場退休，他的招牌動作，柯瑞亞在聖伊薩貝爾練習場上模仿了成千上萬次。柯瑞亞說：「我做出那個動作的時候，基特顯然出現在我的腦海中。」

魯諾不需要詢問西格，也知道柯瑞亞的整體表現，落在公式預測成績中的哪個級距：第九十九百分位數。

柯瑞亞到休士頓沒多久，就搬進一間位於大廈頂樓、有開放式空間和整潔家具的兩房公寓。一名二十歲就成為最佳游擊手的年輕人，以這類住處為家，跟大家想像的一模一樣。這裡跟他家人在聖伊薩貝爾的家，或許只有一個共通點，就是裸露的水泥牆壁——這是不可或缺的設計要素。要是沒有一些個人特色，例如邊櫃上擺了寫著「二〇一五年六月最佳新人」的獎盃，這個地方就像列得出最愛DJ的客人會喜歡的飯店房型。柯瑞亞的衣帽間放了各種十三號的椰子鞋（Yeezy）——肯伊威斯特（Kanye West）設計的球鞋款式，在eBay拍賣網上要價上千美元。柯瑞亞說：「我熱愛購物。」他有十五頂不同的紳士帽。

柯瑞亞第一次參觀這間公寓的時候，房仲告訴他，這間公寓的每一扇落地窗都可以看見美粒果球場。還莫名其妙地補一句，說如果柯瑞亞看見球場裡滿是火焰，那他就知道今天不適合進去。房仲的銷售技巧可以說方向完全錯誤，但柯瑞亞還是租下了這個地方。他說：「我每一天醒來，往那裡看去，心想，上工嘍。」

太空人隊在自家球場打球的時候，柯瑞亞的行程總是一樣。他早上十一點起床，用客廳裡最顯眼的超大電視看點東西——《陰屍路》、《諜海黑名單》、《飆風不歸路》、《越獄》、任何凱文・哈特（Kevin Hart）主演的戲劇節目——然後開著他的白色BMW到球場，在那裡度過接下來的十到十二個小時。柯瑞亞凌晨兩點入睡。他還是拒絕沉迷於任何形式的夜生活——他說：「不交女朋友，只打棒球。」——而且他不懂，為什麼幾乎每天都至少有一個人告訴他，說他還不能合法買啤酒。他說：「我沒有喝過啤酒。我喝過葡萄酒和香檳，但從來沒喝過啤酒。我應該不會去喝啤酒。我不懂為什麼有人會想喝那種東西。」

很多二十歲的年輕人說出那樣的宣言，如果不是真心的，可能只是想要批評而已。但是從柯瑞亞的口中說出來，聽起來就只是很直率。魯諾和卡貝爾就是在柯瑞亞身上看見這個特質。這個特質，比爾・詹姆斯承認，他沒有辦法偵測或衡量。像柯瑞亞這樣的天才，通常都自視甚高。原本應該幫助球隊的，卻因為他們的行為，還有因為這些行為引起年長隊友的反感，而害了球隊。但是柯瑞亞身上沒有這樣的風險。他很成熟，但又不像機器人。二〇一四年，他第一次參加大聯盟春訓的時候，隊友為他準備了一個特殊的置物櫃：一個洗衣籃，上面加了一個顛倒的洗衣籃，可以當成椅子坐。柯瑞亞用得很開心。隔年球季剛開始沒多久，柯瑞亞還在三A打球，奧圖維把柯瑞亞的名字寫在運動貼布上，然後把這片假名牌貼在他的置物櫃旁邊的空置物櫃上。「我希望他在這打球，」奧圖維說：「我在幫他保留置物櫃。」

小麥卡勒斯也在那一年進大聯盟。他比柯瑞亞早三個星期升上去，投手自責分率三．二二，在一百二十五又三分之二局中，平均每一局三振超過一名打者。魯諾說：「小麥卡勒斯一定也會落在第九十五到第九十九百分位數之間。」柯瑞亞在小麥卡勒斯身後的游擊位置，他的左邊是奧圖維，右邊是比奧圖維高沒多少的傑德．羅瑞。羅瑞從游擊位置調到三壘，為新隊友讓出空間。羅瑞從近距離，看見柯瑞亞像基特那樣轉身用力跳傳，還有像A羅那樣打出全壘打，他說：「才華顯而易見。」現在他或許將才華展現出來了，但兩年半以前，只有太空人隊有辦法看出這樣的才華。

柯瑞亞和太空人隊打完二〇一五年正規賽後，戰績八十六勝七十六敗，只不過兩年的時間，就把勝場拉高了三十五場。他們睽違十年，首次在季後賽中獲勝，凱戈在這場比賽繳出六局無失分的成績，讓他們在外卡戰中，以三比零扳倒洋基隊。因為這場勝利，柯瑞亞在洋基球場的客隊休息室嘗到了人生第一口啤酒。他的評論只有一句話：「好難喝。」

二〇一五年，柯瑞亞以新人之姿帶領太空人隊打進季後賽。

下一輪比賽，太空人隊在五戰三勝制的美國聯盟分區賽以二勝一敗領先。他們的對手不但終於成為一支好球隊，而且他們的凝聚力和不屈不撓的精神，已經高漲到無法解釋的程度。這名對手是卡洛斯・貝爾川的老東家皇家隊。他們正一步一步邁向睽違三十年的世界大賽冠軍。一個月後，由於太空人隊的游擊位置已經補上至少可以守六年的球員，魯諾決定將傑德・羅瑞再次交易到運動家隊。

隔年球季，太空人隊退步了。二〇一六年球季開始時，他們的戰績令人洩氣。五月二十二日的時候，他們十七勝二十八敗，已經在美國聯盟西區落後十場比賽。他們落後太多了。

最後，他們比二〇一五年的時候少贏兩場比賽，拿下八十四勝七十八敗，失去外卡資格。

也許二〇一五年是個異數，他們只是又回到魯諾和西格先前設想的正常進步曲線。但魯諾猜想，或許他們的球隊這兩季都少了一個關鍵要素。他們刪掉球員名單上的資深球員，一心一意為球隊添入和培養理想的年輕球員，藉此扭轉頹勢。但那就表示，他們幾乎沒有資深球員。他們的主力球員當中，沒有人滿三十歲。像柯瑞亞和小麥卡勒斯，有些球員連二十五歲都不到。魯諾說：「我們有一些資深球員，但他們不見得是會讓人追隨的球員類型。」魯諾在腦中思考二〇一五年的美國聯盟分區賽，還有經驗豐富的皇家隊所擁有的無形動力。正是早熟的太空人隊所缺乏的東西。

或許太空人隊少了一名不但可以打全壘打、還擁有職業棒球員所能擁有的完整經歷的人。這個人知道年紀很輕和年紀很大是怎麼回事，知道賺大聯盟最低薪和薪水幾乎超過所有球員是怎麼回事，知道打全明星賽是怎麼回事，知道贏得獎項是怎麼回事，知道贏季後賽和輸季後賽是怎麼回事，知道表現像超人一樣是怎麼回事，也知道曾經有幾個球季因為受傷太重而好幾個月無法出賽是怎麼回事。這名球員在職棒生涯中，面對過一千四百九十八名不同的投手，和將近七百名不同的隊友共享過球員休息區。

或許，太空人隊少了卡洛斯．貝爾川。

自從比爾・詹姆斯如他自己所言，對安德森每天讓卡貝爾上場比賽說出尖酸刻薄的話，這二十五年來，分析派對於團隊化學反應是否會影響球員的基本表現，已經有了不同的看法。二〇〇二年，艾普斯坦的紅襪隊請詹姆斯當顧問，棒球界道行最高的圈外人，首度可以固定參與球隊的內部運作流程——詹姆斯曾經懷疑，他們不惜一切代價，也要避免發生認知偏誤，這麼做是否並不適合冷眼旁觀的分析師。二〇一〇年的時候，他對球員的嚴苛工作環境已經接觸了八年。那樣的環境裡人才濟濟，一年當中多達八個月，這群人清醒的時候都待在一起，幾乎沒有假期。詹姆斯告訴《西雅圖時報》（*The Seattle Times*），「不管你是保險推銷員，還是學校老師，跟你一起工作的人顯然會讓你生產力提升，或生產力下降。棒球是相當突出的活動，它可能是世界上唯一一種，同事不會對你的生產力造成任何影響的活動。」

關於化學反應可能存在的論點，詹姆斯比以前更加沒耐心。不管是誰，都很難衡量球隊的化學反應，所以最好就是忽略它。詹姆斯說：「如果你把世界分成你所知道的鳥事，和你所不知道的鳥事，然後去研究你知道的東西，那你了解的就不會很多。」

魯諾和西格以棒球為業，試著發明方法，把他們不知道的鳥事，變成他們在做的鳥事。二〇一七年球季開始前的那個冬天，團隊化學反應的價值還停留在起步階段。大部分死硬派分析師——那種會參加掉書袋、名人可能愈來愈多的活動（例如一年一度的麻省理工史隆體育分析大會）的分析師——已經不再輕視團隊化學反應，不再只把這種反應看成輸贏的結果，而不當成影響輸贏的獨立因素。驟下結論，表示優秀的團隊總有好的化學反應，而差勁的團隊有不良化學反應，已經無法令人滿意。大家認為，差勁的團隊並不差勁，只是沒有好的化學反應而已。可是，化學反應至今仍然難以證明，更別說衡量它的影響程度。

在二〇一七年三月舉辦的史隆分析大會上，有三名分析師嘗試衡量影響程度。一名印地安那大學凱利商學院教授，以及兩名芝加哥聯邦儲備銀行的經濟學家，共同發表一篇題為〈尋找大衛．羅斯〉（In Search of David Ross）的論文。他們發現，化學反應可以讓球隊持續發揮出超越個別球員貢獻的表現，這樣的概念真有其事。說起話來滔滔不絕、態度始終正向積極的替補捕手羅斯，四年來待過兩支世界大賽冠軍球隊（紅襪及小熊隊），不是沒有原因的。只是原因不在他的兩成二九生涯打擊率。

這份總共四十三頁、充滿算式的研究論文計算出，有百分之二十的贏球場次不是單純因為球員整體貢獻而獲勝的場次，並進一步斷定，那樣的差異現象中，有百分之四十四是化學反應引起的。論文作者將此化學反應稱為「大衛・羅斯效應」(David Ross Effect)。作者寫道：「根據我們的分析，像大衛・羅斯這樣的球員是名副其實的『璞玉』。他們為球隊表現帶來重大影響，但用傳統的戰績公式，這種影響可能會被忽略。」

這篇論文不是金科玉律，它的重要價值比較是在於，它開始探討還在萌芽階段的研究領域。這篇論文著重於分析場上球員之間的互動，不是那些待在休息區或球隊休息室的球員。後者有可能更重要。棒球界還有很長一段路要走，才會發展出公式，來衡量像大衛・羅斯這樣的球員，對球隊的戰績產生怎樣的正面影響——或許，這種公式可以叫作「化學反應勝場貢獻指數」(Chemistry Wins Above Replacement, ChemWAR)。魯諾的強項之一在於，他明白只有傻瓜會忽視自己不知道的鳥事——數據不能解釋的鳥事——可能具有的價值。

他說：「你不能量化，並不表示它不存在。」

對西格來說，他同意這個東西是真的但不能衡量，為了這樣的東西花大錢——而那些資金原本可以用在他鐵定可以衡量的東西上——如果要他老實說，他有些反感。到底**什麼是**化學反應？是球員怎麼相處嗎？他們怎麼分享資訊來達成相同的目標嗎？他們怎麼支持彼此？有經驗豐富的球員在隊上，總是會有幫助嗎？還是，會不會這些球員把過時的想法加諸在年輕的球員身上，導致經驗過剩呢？球員不是相處得非常融洽，讓球員發生健康的內部競爭，會不會比較好？還有，雖然好的化學反應當然看起來很重要，可以讓像二〇一五年皇家隊這樣的球隊具有優勢，但大家能夠從中獲得什麼啟發嗎？西格不但手上完全沒有跟化學反應相關的預測資訊，他甚至不知道自己要預測什麼。你要怎麼在無法定義參數的狀況下，去達成某個目標？

但是魯諾決定好了。

如果魯諾只是想找一名可以在短期內，在太空人隊空出來的指定打擊位置上，穩定繳出二十五支全壘打的人，自由球員市場裡有不少人選。有三十二歲的莫蘭（Mitch Moreland）和三十四歲的莫斯（Brandon Moss），他們都有可能接受大約六百萬美元的合約。再加個幾百萬的話，魯諾可以請到三十一歲的桑德斯（Michael Saunders）或三十六歲的拿坡里（Mike Napoli）。二〇一七年史隆分析大會前幾個月，太空人隊在考慮的球員都還是自由之身，但魯諾已經將空出來的指定打擊人選，刪到剩下兩名自由球員。其中一個人是哈勒戴（Matt Holliday）。他在職棒生涯中打出兩百九十五支全壘打，而且魯諾和他一起在紅雀隊待過三個球季，魯諾曾親眼見識過他有領導能力，也願意指導年輕球員。哈勒戴即將在一月滿三十八歲。第二名人選的年紀比他還大。

二〇一六年十二月五日，太空人隊簽下卡洛斯．貝爾川。魯諾給了他一年一千六百萬的合約，並且承諾在二〇一七年提高薪資報酬，付給他那一年開幕日的最高薪資。由於外野手瑞迪克（Josh Reddick）和投手莫頓（Charlie Morton）等其他資深球員，在經過慎重評估後突然投入自由球員的市場，所以貝爾川的薪資短短四年就漲到了將近原先的五倍，來到一億兩千四百萬美元。而對貝爾川來說，他得到的不只是一千六百萬美元。他相信，他有很大的機會（或許是最後一次機會），可以擁有他打了三十五年棒球、在大聯盟待了十九年所唯一缺少的經歷：世界大賽冠軍。

皇家隊在一九九五年第二輪選秀中，相中剛滿十八歲的貝爾川。他發現，他在追求進步的過程中，跟他童年時期在波多黎各馬納蒂的空蕩運動場上，一個人丟著球、想像有天成為克萊門特，經常同樣孤獨。只要有機會，他就會問資深球員有沒有什麼訣竅。有時候他們真的會把訣竅告訴他。其中一名前輩是左右開弓的波多黎各打者阿利西亞（Luis Alicea）。阿利西亞在二〇〇一年加盟皇家隊的時候，他三十五歲，貝爾川二十四歲。兩個球季之前，貝爾川繳出打擊率兩成九三、全壘打二十二支、打點一百零八分、盜壘二十七次的成績，當選美國聯盟年度最佳新秀，但他第二年表現大幅衰退，九十八場比賽只有兩成四七的打擊率和七支全壘打，還丟了中外野手的位置。阿利西亞沒有貝爾川的天賦，但他知道怎麼將自己的能力發揮得淋漓盡致。這就是為什麼，這個人身高一百七十五公分、從來沒有在球季中打出超過六支全壘打，卻能在大聯盟待十三年的原因。

阿利西亞告訴貝爾川，努力讓一個揮擊方向正常運作是一回事，像他這樣左右開弓的打者必須讓兩個揮棒方向都保持良好的狀態——要能從右邊揮棒，也要能從左邊揮棒。他們必須付出比其他人多一倍的努力。賽前場上打擊練習還不夠。阿利西亞說：「到打擊練習區找我。」兩名球員在那裡總共打了三百二十顆球——他們各從右邊揮了八十顆，從左邊揮了八十顆。阿利西亞告訴貝爾川：「我們每天都要做這件事。早點到球場去。」

貝爾川說：「好，我會跟你一起去。」那年球季，貝爾川在中外野守了一百五十二場比賽，打擊率三成零六，有二十四支全壘打、一百零一分打點。

貝爾川全心投入打擊，努力維持並將左右開弓練得盡善盡美。而且他開始長時間待在皇家隊的影片室裡，看自己上場打擊的時候有沒有任何瑕疵或不符效率的動作。沒多久，他把目光轉移到投手身上。他開始發現，在看了這麼多影片之後，他有辦法去注意投手的慣性並加以利用。他特別會辨認投手有沒有洩漏出他們要投什麼球。意思是，投手會不會投出不一樣的球種，或是投到不一樣的進壘位置。

他會把他的發現告訴抱持懷疑態度的前輩。他告訴他們：「大夥兒，你們看他的動作。」他們通常會回：「不，不，我不想知道。反正，動作太快了，我們也沒辦法反應。」對貝爾川來說不會太快。

有一天，貝爾川在研究一名同樣隸屬美國聯盟中區，經常跟皇家隊交鋒的投手：克里夫蘭印地安人隊的柯隆（Bartolo Colón）。還要很久，柯隆才會在棒球界展開長長久久的第二春，成為一名球路刁鑽、受人喜歡的大個兒投手，得到「性感大胖」（Big Sexy）的綽號。當時柯隆是年度賽揚獎候選球員，速球可以投到每小時一百六十一公里。貝爾川認為他看到有趣的東西。他倒帶的時候，錄影帶發出刺耳的聲音，然後他按下重播鍵。又來了。貝爾川倒帶。沒錯，又是這個動作。

投手是習慣的動物，貝爾川看見柯隆有個壞習慣。當他要投變化球的時候，他的投球動作會很快。但是當他打算要投出他的超級速球時，他會慢慢來，彷彿要確定他能把所有的力量統統集中到這顆球上。如果你知道這顆是什麼球，就算時速一百六十一公里你也打得到。貝爾川知道這顆球要來了，屢試不爽。

二〇〇一年，貝爾川在本壘板上跟柯隆對決十五次，上壘次數超過一半，而且打出三支全壘打、兩支兩分安打，打擊率四成六二，整體攻擊指數一・八四一。他心想，幾乎每個投手都會有出賣他的小動作。如果投手有小動作，他就可以把小動作找出來，然後在努力練打的加持下，好好利用這個小動作。

貝爾川向自己許下諾言。等他變成資深球員的時候，沒有年輕隊友需要自己找他，向他挖掘怎麼準備的知識，也沒有年輕隊友會被丟下，獨自想辦法對抗投手。只要有人需要，他就會出手幫忙。他心想，**我的人生價值在於，將時間用在找我幫忙的人身上。**他認為這麼做也是為了自己：他在培植一支勝率更高的球隊。

貝爾川知道，要年輕選手去找前輩討教，是多麼可怕的一件事。就算他們一年當中有八個月要跟這名前輩待在同一間球隊休息室，還是很可怕。二〇〇七年七月全明星賽開打的時候，他發現，自己三年前打出季後賽八支全壘打，追平前輩的紀錄，那位紀錄保持人就在同一間更衣室裡。他一直以來最想討教的人就是這位前輩。雖說當時貝爾川已經打響名號，第四次參加全明星賽了，但是舊金山巨人隊四十二歲的邦茲（Barry Bonds）即將第十四次參加全明星賽。邦茲再幾個星期就要超越漢克・阿倫（Hank Aaron），成為全壘打王紀錄保持人，但他除了因為打擊天分和疑似服用類固醇而聲名大噪之外，還有一個出了名的特色，就是壞脾氣。那年全明星賽在邦茲的球隊主場 AT&T

棒球場（AT&T Park）開打。因為是自家球隊休息室的關係，邦茲有一個專屬的休息區域。那裡擺了一張按摩躺椅，上面坐著人高馬大的重砲手。貝爾川心一橫，問怒目相望的邦茲有沒有空，可不可以向他討教打擊技巧。邦茲的臉亮了起來。他指著打擊練習網說：「好，卡洛斯，我們走吧。」

邦茲在打擊練習區那裡，向貝爾川示範，他喜歡把投球機設定在超過一百四十五公里的最高球速，然後慢慢向機器的方向靠近，訓練自己去打沒有人可以從投手丘投出來的球速。對貝爾川來說，比這個訓練方式還有用的，是邦茲對自己心理狀態的描述。邦茲說：「有時候你陷入十打數零安打的低潮，你可能會開始懷疑自己的能力。但你要明白，每次你走上本壘板，遇到麻煩的人不是你，是投手。」

十年後，貝爾川在二〇一七年二月第一次參加太空人隊的春訓。他知道，他出現在這些年輕隊友面前，就跟當初邦茲在他面前一樣。他的年齡幾乎比所有隊友都至少大了七歲，薪水是某些隊友的三十倍。而且那時他已經參加過九次全明星賽，生涯全壘打數四百二十一支。第一天到太空人隊的時候，他找了每一名隊友——不是只找了跟他一樣的外野手，也不是只找了奧圖維、柯瑞亞、史普林格這些明日之星，而是找了所有人，投手也包括在內。他說：「朋友，我願意幫助你。就算我看起來很忙，你也不會打擾到我。如果你坐在我旁邊，問我問題，我非常樂意為你挪出你需要的時間。」

到了二〇一七年，太空人隊的年輕選手有一大堆工具可以使用，不像貝爾川獨自一人倒帶研究未來的性感大胖。球隊的影片室裡，電腦嗡嗡作響，裡面放了很多影片，可以用百分比顯示出投手的習慣。某天晚上的先發投手有百分之七十五的機率會用速球開球，而且他投出第一顆速球的時候，有百分之八十五的機率會塞內角球。

這是有用的資訊，尤其是，平均而言，比起貝爾川年輕時候的投手，現在的投手球速要快多了。走上本壘板時心中沒有攻擊計畫，只是順著投手投出來的球去反應的打者，已經無法立足了。但是分析資訊無法掌握打擊的另外一個面向。這個要點邦茲曾經強調過。

貝爾川說：「做分析的人，他們懂統計、懂配對、懂百分比，而且分析現在在棒球比賽裡占據重要位置。但是他們不懂球員想些什麼。是什麼讓他打出這樣的擊球仰角？球員心裡在想什麼，讓他猶豫了，沒有積極出棒？」進一步來說，除了數據，是什麼讓球員每次站上打擊區的時候都深具信心，相信遇到麻煩的人是投手，不是他？還有，像貝爾川這樣的人，在投手的習慣中發現什麼，不但可以讓隊友知道投手的投球機率，還能讓他們確定投手怎麼投球？

數據宅之窩沒有辦法將貝爾川的影響力量化，但卡洛斯．柯瑞亞試著給這樣的影響力一個數字：七。他在二〇一七年的正規賽季打出二十四支全壘打，球季結束的時候，他將其中七支全壘打明確歸功於貝爾川的影響。是貝爾川讓他知道怎麼透過影片深入了解對戰投手的招數，了然於心到從前未曾想過的程度。是貝爾川教他找出投手的小動作。柯瑞亞說：「他們可能會用手套做一些動作，讓你發現他要投速球或曲球。我從他身上學到最寶貴的一課是要看得更廣。不是只有防守、接球、傳球、擊球而已。比這些多得多了。他讓我知道每天要怎麼準備，才能在場上有精采的表現。」所以，萬全的準備表示，除了看凱文·哈特的電影、挑選適合的紳士帽和椰子鞋，你還要付出更多。

比賽期間，貝爾川固定當太空人隊的指定打擊，他花很多時間待在球隊休息室看影片，他不只看對戰投手，不只看自己的揮擊動作，也看隊友在打擊區的表現。如果他們養成壞習慣，被他看見的話，他就會拿出佐證的畫面，告訴他們。如果史普林格又開始揮棒揮得太大力，貝爾川會告訴他。史普林格說：「我可能拉得太開了，沒有完成後續動作。」他在貝爾川的指導下打出三十四支全壘打，跟柯瑞亞一樣締造生涯紀錄。難道只領貝爾川一部分薪水的打擊教練，不能辦到這件事嗎？史普林格說：「球員總是覺得教練不知道他自己在說什麼。但他是球員。」

貝爾川也協助太空人隊的投手。凱戈一舉奪下賽揚獎，又替太空人隊贏了外卡戰，但在那之後的二〇一六年球季，他和太空人隊一起崩盤。他的投手自責分率陡然升高超過兩分，從二·四八變成四·五五。他的保送率大幅攀升，三振率卻下滑了。貝爾川在春訓第一次見到凱戈的時候，態度平和地向他指出原因。

貝爾川告訴凱戈：「去年，你投球前，有時候會讓手高過手套。如果看得到球，就是快速球。如果看不到，就是慢速球。」

凱戈說：「謝謝你告訴我。」開幕日當天，凱戈對水手隊投出七局無失分。一直到七月底，他的投手自責分率都維持在兩分以下。

就算貝爾川只像柯瑞亞算的那樣，在球隊提升的過程中占了四成的因素——除了這名年輕的游擊手，貝爾川也指導了太空人的所有球員，連投手都包括在內——那他的價值也遠遠超過了球隊付給他的一千六百萬美元。在大聯盟待了十九年的貝爾川知道，他還可以用另外一個方式幫助太空人隊。

二〇〇九年某天晚上，一位姓貝佐魯科娃（Kate Bezrukova）的學者在東京巨蛋看讀賣巨人隊的比賽，同行的還有她的同事史貝爾（Chester Spell）。貝佐魯科娃是聖塔克拉拉大學的助理教授，她和史貝爾到日本參加國際衝突管理學會（International Association for Conflict Management）的年度會議。身高一百七十八公分的貝佐魯科娃，向來熱愛觀賞體育比賽和參與體育活動。她很期待看日本人怎麼打棒球。令她驚訝的是，不是所有球員都是日本人。大部分的球員是日本人，但有些球員來自韓國、美國、委內瑞拉，甚至還有澳洲球員。儘管如此，他們還是組成了一支勁旅。那一年，巨人隊依舊表現不凡，拿下隊史第二十一次日本大賽冠軍。

貝佐魯科娃在西伯利亞出生，在克里米亞長大，名字是葉卡捷琳娜（Yekaterina）。小時候，她有各式各樣的朋友——俄羅斯人、烏克蘭人、韃靼人、猶太人。一九九九年，她從莫斯科國立大學拿到社會和組織心理學的博士學位，之後便移居美國，以博士後研究人員的身分，在華頓商學院繼續從事研究。她的同事有來自中國、紐西蘭和世界各地的學者。她在學術研究上的興趣，開始完全搭配上她的個人經歷。她很好奇，為什麼有些多元團體相處得很融洽，有些卻會發生衝突？為什麼有些國際學術團隊能合作無間，有些就辦不到呢？

貝佐魯科娃和史貝爾在東京巨蛋了解到，他們此刻面對的組織，拿來研究稱為「斷層」（fault lines）的人口差異再適合不過了。你很難在實驗室裡衡量組織成員的表現，就連要定義參數都很困難。棒球隊不但是可以拿來分析的多元人口的群體，而且還提供了有效的外在結果，主要來說就是「贏球」。貝佐魯科娃告訴史貝爾：「這個情境太適合我們了。我們讓學生來做這個計畫吧。」貝佐魯科娃和史貝爾讓他們的研究助理，以二〇〇四年到二〇〇八年的球季為區間，對大聯盟共三十支球隊的所有球員，進行斷層分析。

這些球員顯示出數種可能存在的不同斷層，會把團隊區分成僵化的派系，稱為內團體（in-group）和外團體（out-group），並且妨礙團隊有所表現。這些派系可能因為守備位置而產生：不只分成投手和打者，還分成先發投手和後援投手、每天上場的球員和替補球員。造成分野的可能是身分：高薪的老將形成次團體，和低薪的年輕小將彼此較量。而且分野可能來自國籍，如此一來球隊會因為文化斷層，尤其是語言斷層，而分成不同的小團體。這樣的小團體會讓團隊無法把焦點放在最終目標——獲勝——而是追求研究人員口中的枝微末節，例如造成不同團體之間產生競爭、彼此不信任，以及發生資訊和建議傳遞不良的情形。

貝佐魯科娃和史貝爾估計，大聯盟球隊裡的斷層情形，可以導致一個球季多贏三場比賽，或多輸三場比賽。六場勝場差意味著，你可能成為世界大賽的冠軍，或是連季後賽都進不了。有趣的是，在貝佐魯科娃和史貝爾的斷層分析裡，表現最棒的球隊不是人口差異最小的球隊——例如，大部分都是年輕、低薪的西班牙球員，或大部分都是年紀較大、高薪的美國球員。表現最棒的球隊，反而是橫跨各種次團體的球隊。這些次團體可以在面對敵人時，根據次團體之間的差異，讓球員相輔相成。他們可能是有年紀較大的美國球員，但這名球員的薪水並不高，因為他是一名替補投手，就像大衛・羅斯那樣。又或者，他們是有年紀較大、薪水較高的球員，但這名球員是西班牙人，而且他特別願意——用學界術語來說——「鈍化」（deactivate）球隊裡的斷層。

雖然貝爾川的正規教育只有在馬納蒂讀到費南多卡列霍高中（Fernando Callejo High School），但是他很快就不知不覺成了斷層效應的專家。皇家隊在一九九五年選中他的時候，他一個英文字都不會說。如果卡洛斯・柯瑞亞當時年紀大到會看棒球了，貝爾川的賽後訪問，就是那種彆腳得讓小柯瑞亞感到尷尬的訪問。

外野練習的時候，貝爾川總是站在後排。問題不是他做不到教練要求的事。他有辦法追到球，然後用身體的動能把球傳到內野，傳得比誰都準。問題是他沒有辦法完全聽懂教練的指令。他模仿隊友的動作，本來應該用於精進球藝的精力，大部分就只是用來想辦法理解此時此刻的他應該做些什麼。雖然他和球隊裡其他說西班牙語的小聯盟球員結交——例如多明尼加籍外野手菲柏斯（Carlos Febles）——但他大部分的時間都覺得自己壓力很大、形單影隻。他在一九九五年的新人球季出賽五十二場，沒有打出任何一支全壘打。

貝爾川從隊友躲他的方式知道，多數隊友都覺得他很奇怪、獨來獨往，可能還覺得他腦袋不好。有一天，同期外野手皮茨（Ricky Pitts）找上他，跟他說：「Hola, mi hermano. Cómo estás?」（哈囉，我的兄弟。你好嗎？）除了守備位置和身高之外——兩人都一百八十五公分——皮茨跟貝爾川幾乎沒有什麼共通點。皮茨是在一九九四年第三十四輪選進球隊的球員，不是備受矚目的明日之星，而且他來自西雅圖。但是皮茨天生就喜歡親近隊友，不管是誰他都親近。皮茨明白，他在棒球界的生涯不會太長，所以他想靠可以在未來幫助他的能力讓自己出頭，例如：精通西班牙語。

兩名少年互相承諾，不管以後他們到哪裡——蘭辛螺絲釘隊（Lansing Lugnuts）*、史伯坎印地安人隊（Spokane Indians）**、威明頓藍岩隊（Wilmington Blue Rocks）***——都會幫忙對方學習彼此的語言，每天學幾個字。皮茨告訴貝爾川：「想到就說出來，就算你說了什麼瘋狂的話，我也不會笑你。」

一九九八年，貝爾川升上堪薩斯皇家隊，皮茨卻一直困在一A。貝爾川遇到的第一個大聯盟總教練是繆瑟（Tony Muser）。此時他至少能跟菲柏斯以外的隊友——例如戴蒙和史威尼（Mike Sweeney）——結結巴巴地溝通，但繆瑟的賽前談話他大概只能聽懂一半。他經常因為害怕球隊的賽後記者會，擔心自己會在回答記者問題時結巴，而在比賽當中分心。但是他在朝一口流利的英語邁進，甚至不再覺得自己形單影隻，沒多久，他就能夠提起勇氣，用英語向以壞脾氣出了名的重砲手討教打擊技巧。是皮茨給了他這把鑰匙。

十六年後，說西班牙語的球員在大聯盟裡占了四分之一，但是這些人有很多都要仰賴像皮茨這樣的善良隊友。貝爾川在二〇一四年加入洋基隊的時候，球隊裡有三名日本球員，分別是投手黑田博樹、田中將大，還有鈴木一朗。每一名日本球員都有球隊提供給他們的專屬翻譯。但洋基隊的春訓名單中，拉丁裔球員人數多達五倍，這些人有三分之一都不會說英文。球隊開會結束之後，他們都會跑到貝爾川那裡，問他洋基隊總教練吉拉迪（Joe Girardi）說了些什麼。當時三十七歲的貝爾川開始向大聯盟和球員工會進

---

* 譯注：一九九五年到一九九八年為附屬於皇家隊的一A聯盟球隊，目前附屬於藍鳥隊（Blue Jays）。

** 譯注：一九九五年到二〇〇二年為附屬於堪薩斯皇家隊的短期一A聯盟球隊，目前附屬於遊騎兵隊。

*** 譯注：除二〇〇五至二〇〇六年附屬於紅襪隊之外，皆為附屬於堪薩斯皇家隊的高階一A聯盟球隊。

行遊說，要求每一支球隊都要聘請一名全職西班牙翻譯。兩年後，多虧貝爾川的努力，球隊都請了西班牙翻譯。

但是如果你在球隊沒有打球的時候，走進任何一支大聯盟球隊的更衣室，你仍然會發現球員聚集成兩個團體，壁壘分明：說英文的球員和說西班牙文的球員。球隊鋪的短絨地毯中間，可能有一個鋸齒狀的分界。貝爾川認為這種狀況必須改善。

貝爾川不只要在休士頓打造一個能讓實用資訊在球員之間順暢流動的環境，還要創造他年輕時極度渴望的那種具有包容性、團結的文化。基本上，他想讓球隊變得有趣。他努力的重點主要放在修補美國和拉丁人口之間的自然分界上。太空人隊開幕日球員名單裡有十七名美國球員，七名拉丁裔球員。雖然球隊裡的西班牙語球員，包括奧圖維、柯瑞亞和工具人馬溫．岡薩雷茲（Marwin González），不像當年的貝爾川，他們很多人都在年紀很小的時候就會說雙語了，但是上一個球季，這些球員比較喜歡聚成小團體，用母語說話，美國球員那邊也是相同的情形。但美國球員問貝爾川問題的時候，貝爾川會刻意先用西班牙語回答，再用英語說一遍。他想讓大家自自然然地說兩種語言。

沒多久他就發現自己有一個二十三歲的同道中人。

太空人隊在二〇一五年，用因為沒有簽下艾肯而獲得的選秀權，選了路易斯安那州立大學的游擊手艾力克斯・布雷格曼。布雷格曼比他們預想的還要更快從小聯盟一路順利升上大聯盟。他只花了十三個月的時間，就從闊德城來到休士頓，而且當時游擊位置都是柯瑞亞在守，所以他必須重新學習守三壘，卻也照升不誤。他的打球實力和無懼的態度，讓小聯盟投手投出來的球無法與之匹敵。語言障礙也難不倒他。布雷格曼發誓，他在新墨西哥州念高中的時候，西班牙文這一科成績非常優異，他用他聲稱幾近完美的西班牙文，對著奧圖維和柯瑞亞喋喋不休，令他們忍俊不禁。他的西班牙文不到完美，但奧圖維和柯瑞亞感謝他所做的努力，也很敬佩他從來不擔心在接受西班牙語電視台採訪時出洋相。布雷格曼說：「我每天有一半的時間說西班牙語。我希望能跟來自各種背景的人交朋友。我覺得這是領袖會做的事。」

貝爾川注意到布雷格曼花很多時間跟某一個特定的隊友溝通，或是試著和他溝通。雖然尤里・古利爾（Yuli Gurriel）已經三十二歲了，但他在美國還沒住滿一年。他在二〇一六年的時候從古巴叛逃，令古巴大為震驚，因為他不僅是這個為棒球癡狂的島嶼上的傑出選手，而且他還出身自古巴的棒球世家。太空人隊和他簽下五年四千七百五十萬美元的合約，讓球隊的總薪資飆高。古利爾來到美國的時候，完全不懂這個新國家的文化風俗，也完全不會說英文。他就是美國球隊裡會變得形單影隻、憤世嫉俗的那種球員。布雷格曼不讓那種狀況發生在他的一壘手身上。他們兩個整天跟對方用西班牙語閒扯淡。

貝爾川發現，布雷格曼就是古利爾的皮茨。貝爾川可以自己出手幫助古利爾，但是他知道，由像布雷格曼這樣的同期美國年輕內野手出面，會讓球隊比較有活力。貝爾川跟布雷格曼說：「保持下去。想一想，你讓尤里知道他有一個試著了解他的朋友，會讓他感覺多好。」

布雷格曼說：「貝爾川來了之後，球隊團結一心，真的。今年我們都比以前親近得多。」

貝爾川還開始推動別的凝聚方法。他一直不懂，為什麼就連他加入過的優秀球隊，都將正規賽季裡的勝場視為理所當然的事。大部分的時候，最後一個出局數被記錄下來之後，球員會匆匆握手和碰一下拳頭，前去淋浴更衣，不到幾分鐘就各自離去。他覺得，這是錯過了一個大好機會。

貝爾川在春訓期間委託擔任世界拳擊組織主席的朋友，替他製作了兩條冠軍腰帶。凱戈在開幕日以三比零擊潰水手隊之後，貝爾川向新隊友解釋這兩條腰帶的作用。每次球賽勝利，在大家去淋浴之前，隊上所有球員都要坐在置物櫃前，看腰帶獎落誰家。一

貝爾川在四十歲的時候重返休士頓。

條腰帶頒給那場比賽的最佳打者，另外一條頒給比賽的最佳投手。那天晚上由貝爾川指定得獎者，但之後就由前一次勝場的腰帶持有人來決定頒給誰。新的得獎者要在發表得獎感言之前，先感謝其他表現優秀的球員帶來的貢獻。缺席頒獎典禮的話，太空人隊的私設公堂會開罰五百美元。當然，主持這個私設公堂的人就是貝爾川。

第一天晚上，幾名球員在淋浴間門口看頒獎典禮進行，腰間已經圍上毛巾了。所以他們被罰了五百美元。貝爾川說：「棒球員，你扣他們錢，他們就會聽話。」後來就沒有人再被罰過錢。不久，球隊休息室裝了一套

麥肯替貝爾川的手套主持喪禮。

新的音效系統，球員可以在頒獎典禮上大聲播放音樂，還有派對旋轉燈光可以用。典禮結束後，記者可以進去球隊休息室，有時候他們會沒有辦法認出要採訪的球員。因為裡面有煙霧機。

七月中某一天，貝爾川到美粒果球場的時候，發現球隊休息室的白板上，留了用潦草字跡寫的古怪訊息：三點半，卡洛斯．貝爾川的手套喪禮。雖然，貝爾川在外野的表現還是很好，Statcast 也顯示，他接飛球完完全全符合應該接到的球數比例，但這兩個月以來，他只有以指定打擊的身分出賽而已。他在預定時間走到球場上，看見太空人隊的其他球員，以一個盒子為中心圍成半圓形，肅穆地跪在地上。盒子裡頭裝著替他連奪三屆金手套獎的皮製球具。麥肯（Brian McCann）身穿牧師的長袍，站在三個假墓碑旁邊，準備發表悼詞。

貝爾川笑到停不下來。他趕快拿出手機錄下這場喪禮。這件事很有趣，但也別具深意。他分享自己的所知所聞、推翻人群間的高牆，還買了幾條拳擊腰帶，試著打造他心中相信的致勝文化，這是一碼子事。但他的隊友一起說好，想辦法用這種方式捉弄他，捉弄一個年紀比他們任何一個人都大很多、比他們任何一個人都有錢很多，而且成就也超出他們很多的人？**那可是化學反應**。他付出的各種努力奏效了。不可能有人膽敢為邦茲的手套舉行喪禮。

二〇一七年夏天，貝爾川經歷了他從未有過的感受。這種感受，他在馬納蒂不曾體驗過，就連他在皇家隊小聯盟倍感壓力和孤單的時候也沒有體驗過。與他結縭十七年的太太潔西卡（Jessica），還有他們兩人的小孩（兩個女兒和一個還在蹣跚學步的兒子），在女兒們從曼哈頓的私立學校畢業後，搬到休士頓來跟他一起住。先前安安靜靜的租屋處，現在充滿活力和笑聲。然後，到了下午兩點十五分，貝爾川該出發到球場去了。他有生以來第一次不想去球場。

起初他連潔西卡都沒說，太空人隊裡也沒人發現有什麼不同。他跟平常一樣努力準備，可能比平常準備得更賣力。魯諾說：「你不會在走進球隊休息室的時候看見他在滑手機。他會看比賽影片，他全心投入比賽，他留意比賽。其他球員全看在眼裡。這可是名人堂選手。他正在邁向職棒生涯的終點。而他還是每天努力提升自己？」

他比平常還熱切地看著太空人隊的腰帶頒獎儀式。這些儀式的舉行次數，比大家能夠想像到的還要多出很多。七月底的時候，太空人隊比美國聯盟的其他球隊多出十幾場勝場——六十九勝，只有三十六敗。太空人隊是實力超強，得分數壓倒所有大聯盟球隊，正在一步步實現完全無法想像的進攻佳績——打出比其他任何一支棒球隊都要多的全壘打數，同時創下最少三振數的紀錄。沒有人知道貝爾川究竟貢獻了多少，但所有人都很篤定，他貢獻很大。貝爾川在無人知曉的情況下，變得每天都不是很想到球場上工。他最後終於向潔西卡坦承這件事。他說：「我想今年就是我的最後一年了。」

貝爾川的體能狀況很好。他在打擊練習區練習的時候，太空人隊的打擊教練哈金斯（Dave Hudgens）可以判斷，貝爾川的擊球能力沒有問題。他告訴貝爾川：「老兄，你的揮棒動作、揮棒速度，都很好。」而且貝爾川通常都很清楚對戰投手會怎麼對付他。雖然因為貝爾川替球隊帶來許多無形、無法歸類的幫助，所以太空人隊對於給他一千六百萬的薪水幾乎不曾後悔過，但是他在場上的個人成績跟他拿的薪水不對等。比起去年球季，他的擊球飛行初速掉了將近時速四公里，變成只有一百四十一公里，這個速度低於平均標準。七月底的時候，球季過了一大半，他的整體攻擊指數百分比跟二〇一六年相較，下滑了一百四十五點，來到〇・七〇五，而且只打了十二支全壘打。看樣子，卡洛斯・貝爾川終於老了。

貝爾川知道問題比這些數據還要深。分析師可以偵測和算出擊球仰角、速率，但是他們不知道是怎樣的心理，導致球員打出這些數據來。貝爾川知道。

八月，潔西卡和孩子準備要回紐約念書，貝爾川的低潮更嚴重了。那個月，他的打擊率只有兩成一，二十六場比賽只打兩支全壘打。整個球季都是世界大賽爭冠熱門隊伍的太空人隊，跟著他一起表現下滑，在八月的時候繳了十一勝十七敗的戰績。他們一夕之間又成了「太空慘隊」。

有一部分可以歸因於球員受傷。隨著夏天慢慢過去，球員受傷的情形愈來愈多。七月，柯瑞亞在揮棒的時候扯傷左手拇指韌帶，九月以前都只能坐冷板凳。沒多久，太空人隊的傷兵名單上人滿為患。先發名單上將近三分之一的球員都受傷了。史普林格受傷；小麥卡勒斯受傷；麥肯和蓋提斯（Evan Gattis），兩名捕手都受傷；菲利斯（Michael Feliz）、哈里斯（Will Harris）、席普（Tony Sipp），三名後援投手也受傷了。他們在七月的時候，平均每場拿下七分，但之後在八月，他們平均只得四分。沒有人在滑壘的時候用臉去撞對手的屁股，但這種狀況實在令人不安。

隨著七月進入尾聲，這個一度令人滿懷希望的球季——魯諾、西格、艾利亞斯、克蘭花了六年孜孜矻矻建立起來的球季——正在逐漸崩解。就連貝爾川讓球隊穩定下來，似乎都挽救不了。魯諾相信，如果有好的化學反應，球隊在遭遇失敗的時候，可以比沒有好化學反應的球隊，更能堅持下去。除此之外，貝佐魯科娃和史貝爾的研究也證實了一個概念：斷層鈍化可以防止差勁表現愈演愈烈。即便如此，八月快要到來的時候，魯諾知道，他必須為了某個放眼世界的人，採取比將錢砸在他無法衡量的特質上還要激烈的手段。

8 最後兩秒

二〇一七年的休士頓不是偏僻的鄉下地方，這裡成了羅伊・霍芬海斯一直在追求的熱鬧國際大都會。一九六〇年，霍芬海斯法官忙著建造太空巨蛋的時候，休士頓的人口有一百萬人，而且同質性偏高：百分之七十四的白人、百分之二十的非裔美國人，以及百分之六的拉丁族裔。現在，休士頓的人口成長了一倍以上，來到兩百三十萬人，而且這裡是全美國最多元化的城市：百分之三十八的白人、百分之三十六的拉丁族裔、百分之十七的非裔美國人，以及百分之九的亞洲人。這裡的居民說大約一百四十五種語言，而且有增長的趨勢。預估到二〇三〇年的時候，休士頓會超越芝加哥，成為美國第三大城市。霍芬海斯應該會樂見其成。更多顧客、更多白花花的鈔票。

霍芬海斯本人可能會發明一個新的行銷口號：「不受限制的城市。」這句格言的意思主要是，這個地方歡迎霍芬海斯法官出力推動的自由事業。休士頓大學的教授在一九八九年寫道：「休士頓在二十世紀發生激進的思想變革，反政府、反規範、反計畫、反賦稅，不論是實際上如此，還是想像中的景況，只要是公部門向外擴張，或是經濟優先以及這座城市的商界活動受到限制，都反。」

這樣的思潮延續下去，範圍甚至變得更廣。石油、運輸和航太工業結合資訊科技、生物科技、金融工程，成為欣欣向榮的產業。如果休士頓是一個獨立的國家，它會成為全世界第二十四大有錢的經濟體。二〇一七年，《財星》雜誌五百大裡有十八間休士頓公司。造就這些公司的是當地持續增長的人口。這些公司將總部設在高聳入雲的辦公大樓裡。一棟棟新蓋的高樓大廈，時不時就會改變天際線的樣貌。休士頓有三十七棟超過一百五十公尺的摩天大樓，在全世界最多高樓的城市裡排第二十九名，和阿布達比、莫斯科、孟買平起平坐。另外，還有兩棟高樓正在興建。

休士頓不只變高了，還向外拓展。沒有地理屏障可以阻止休士頓向外鯨吞蠶食，它的四周只有平坦的沿海平原，而且這裡不像一般大城市，設有阻止擴張的分區法規。休士頓在一九六〇年的時候，面積九百零六平方公里，但在二〇一七年，休士頓併吞許多鄰近社區，面積來到一千六百九十六平方公里，足以涵蓋巴爾的摩、芝加哥、底特律和費城。你可以把車開到休士頓的西南方邊界，車頭朝向東北方，將時速控制在九十六公里，一個小時後，你還在休士頓。

這座城市在企業家精神的推動下，不受限制地向外大幅擴張，讓沼澤地不得不覆蓋上一層混凝土，就像當初霍芬海斯法官蓋太空巨蛋時，在地面鋪混凝土那樣。休士頓大部分的地方都坐落在一種稱為黑黏土（Black Gumbo）的強力黏土上。在專家眼中，這是吸收力最差的土質。如果下雨，尤其是下大雨，水就沒地方可去。人也沒地方可去，即使是都會區最有錢的人，在盛暑時節，大部分的休士頓人都在想辦法撐過去。

二〇一七年，八月二十六日，星期六，開始下雨了，而且下個不停。

凱戈心想今天要早點上床睡覺。那時是二〇一七年八月三十一日，美國中部時間晚上十點半，令他和太空人隊疲憊不堪、令許多住在休士頓的人感到絕望的一週，即將邁入尾聲。幾個小時之前，凱戈和隊友搭太空人隊的飛機越過城市上空，他們從機門向下望，幾乎就要認不得這片土地了。曾經是一片住宅的地方，現在成了殘骸散布其中的一片湖水，裡面有幾艘搜救船。精疲力盡的凱戈終於回到家，像平常晚歸時那樣坐下放鬆，手裡拿著電動遊戲遙控器。然後他的手機開始振動。

凱戈望向手機螢幕，心裡想：**靠，我得接這通電話，是大狗**。

就在一個月之前，七月三十一日，凱戈對大狗——就是吉姆．克蘭——還有魯諾和其他太空人隊的決策人員感到很生氣。非讓渡交易大限逼近，凱戈眼睜睜地看著敵隊招攬新的一流選手，鞏固他們的季後賽球員名單。雖然延攬一流選手，意味著要勉強交出兩個頂尖的明日之星，但對手都在加強實力。道奇隊換來達比修有，小熊隊添了昆塔納（José Quintana），洋基隊有葛雷（Sonny Gray）。可是，太空人隊卻只簽了李瑞安諾（Francisco Liriano），一名或許可以偶爾對付幾個左打的牛棚投手。

第一名球隊的當家先發投手凱戈告訴記者：「連失望都不大足以形容。」他這麼說有兩個原因。一個是他誠實說出心裡的話。這就是他的感受。他和隊友，尤其是奧圖維和史普林格，沒有經歷過球隊先前的慘況——屁屁滑壘、連敗戰績——但他們的管理階層，卻少給一塊打造冠軍球隊的拼圖。另外一個原因是，雖然交易大限已經過了，但他知道魯諾還有一個補上最後一塊拼圖的辦法，他想讓總經理知道球員心中的渴望。

隨著八月向前推移，魯諾感受到了。他明白，等柯瑞亞、蓋提斯、麥肯、史普林格等人恢復健康，他可以再次發動有一搭沒一搭的攻勢，但他的輪值投手群也出現問題，就連小麥卡勒斯——他因為背痛正在療養——回歸陣容，也不足以讓投手陣容恢復活力。八月的時候，魯諾的先發投手投出四．八三的投手自責分率，跟那年球季的頭四個月相比，每一場比賽飆高將近一分之多。只有麥克修的投手自責分率在四．二以下。凱戈正在調適頸部不舒服的問題，投三十五又三分之二局，掉了二十分自責分，投手自責分率升高到五・〇五。第五號先發投手菲爾斯（Mike Fiers）的情況更糟，三十二又三分之二局掉了二十七分，投手自責分率七・四四。假如太空人隊想在季後賽拿出好表現，投手陣容需要一股魯諾還沒有為他們注入的動力。

錯過七月底交易大限的總經理，在八月還有一個寬限的機會。八月三十一日之前，球員還可以在符合規定的情況下轉手，而且可以打季後賽。所以八月三十一日是棒球界最重要的其中一個日子。只要球員已經在可撤回讓渡名單上，就能在八月進行交易，表示這些球員可以轉隊，由大聯盟另外二十九隊來履行他們的合約。交易的優先順序，主要是以球隊戰績的相反順序來排定。

把球員放進可撤回讓渡名單，對母隊來說有一點風險。如果有其他球隊想要履行這名球員的合約，母隊有三個選項：母隊可以將球員從名單撤回，至少讓他待滿目前這個球季。母隊也可以和想要簽他的球隊談條件。第三種選項，則是許多高薪球員都會被放進讓渡名單的原因。進入讓渡名單表示，在九月之前，他們都是可以自由交易的球員：母隊可以決定讓他走，讓想要簽他的球隊去冒險支付高薪，而這會是很大的財務風險。不過，只要一到東部時間凌晨十二點，這些選項都會煙消雲散。打進季後賽的球隊只能靠現有球員向前挺進。

七月交易大限來臨時，魯諾手中只有李瑞安諾。即便是在這件事發生之前，魯諾和太空人隊，也已經在其他球隊總經理之間，建立起他們的名聲。一名總經理訴苦：「他們就是不在交易中吃虧。」

這句話並非完全正確。雖然魯諾在休士頓的頭三年夏天都在交易最後一天釋出球員，想方設法把球隊裡的老將換成有潛力的球員，但是太空人隊在二〇一五年跌破眾人眼鏡，成為奪冠強隊的時候，他採取相反的做法。那年七月，他想簽下漢默斯（Cole Hamels），但是費城人隊的這張王牌，在合約裡納入一個條款，防止自己被交易到九支球隊，其中包括那陣子戰績非常慘烈的太空人隊。漢默斯最後去了遊騎兵隊。魯諾還是網羅了三名大聯盟球員——運動家隊的先發投手卡茲米爾（Scott Kazmir）、菲爾斯，以及釀酒人隊的中外野手高梅茲（Carlos Gómez）——代價是六名小聯盟球員。

那些交易沒有發揮作用。儘管太空人隊注入新血，還是在那年季後賽被皇家隊淘汰，而他們卻因此總共少了六名小聯盟球員，其中四名還是百大潛力新秀。現在，二〇一七年，他們再次有機會問鼎冠軍寶座，但是這回魯諾只網羅了李瑞安諾。隨著七月的非讓渡交易大限步步逼近，他和每一個有可能釋出投手的總經理統統談過了。魯諾甚至跟巴爾的摩金鶯隊談妥條件，要交換全明星賽終結者布里頓（Zach Britton），但金鶯隊在最後一刻反悔了。魯諾很失望，但他知道，因為這樣就做出情緒化的決定，甚至因此沮喪萬分，很有可能會是糟糕的決定。從評估的角度來看，在最後一天做出的交易，大都有欠考慮。

他的目標一直都是打造一支不但能奪下一次冠軍，還要能夠長長久久的球隊。他可以用低於市場水準的薪資，靠才華洋溢的新秀來持續補足球員陣容，這是他努力的重點。西格的運算公式幾乎總是建議不要在最後一天進行交易，不要為了讓一名薪資高昂、年紀較大的投手上場幾個月，而犧牲掉栽培數年的低薪新秀。

魯諾說：「現實就是，任何經濟預測模型都不會贊成在截止期限交易。那時，你可能是用巨大的未來價值，去換一點當前價值。所有總經理都努力解決的一個問題是，你可以在一筆交易中承擔多少赤字？不，數學不會支持這類交易。這是你能不能發揮判斷力的問題。」

從非讓渡交易大限到八月這段期間，魯諾的判斷有了變化，因為出現一些沒有運算公式可以算到的發展。他在七月沒有作為，讓凱戈還有整個球隊意志消沉，當然，再加上太空人隊傷兵名單大增——例如柯瑞亞拇指受傷——導致他們在八月的時候一蹶不振。八月底，太空人隊還是穩坐美國聯盟西區冠軍寶座，即將挺進季後賽。他們八十勝五十三敗，在西區以十一．五勝領先各隊。但他們似乎不會在十月的時候更進一步了。本來，他們還勝券在握。魯諾說：「情況很險峻。」

太空人隊的所在城市情況更慘，一丁點可以讓人振奮的事情，這裡都很需要。就連向錢看齊的吉姆．克蘭都願意付錢提振球隊。當時，每小時風速兩百零九公里、總降雨量一千五百毫米的哈維颶風，正在以緩慢的速度掃過休士頓，讓超過三萬人無家可歸，最後造成一千五百億美元的災害損失。雖然太空人隊的球員和員工都奇蹟似地在哈維颶風的肆虐下幸免於難，美粒果球場也逃過一劫，但是克蘭告訴魯諾，太空人隊有責任做點大事，休士頓是讓他致富的地方，他們必須為這座遭到重創的城市帶來希望。

美國中部時間八月三十一日，晚上十點半，還有半個小時就是讓渡交易的截止期限。魯諾做出決定，他同意買下一名球員。這名球員不但因為鉅額薪資而在讓渡交易中無人認領，而且他的交易代表那年球季最重大的交易案，比昆塔納和葛雷的交易還要重大，甚至比達比修有的交易還要重大。他是底特律老虎隊稱霸已久的王牌投手賈斯汀．韋蘭德（Justin Verlander）。達比修有、葛雷、昆塔納都是一線投手，但韋蘭德是會進入名人堂的球員。

大狗在電話中告訴凱戈的第一件事，是他們買下韋蘭德。第二件事是韋蘭德的合約裡有完整的拒絕交易條款，意思是除非他同意，球隊不可以把他交易出去。大狗問凱戈，可不可以打電話給韋蘭德，讓他相信太空人隊和休士頓很有魅力？

「什麼廢話。」凱戈說，隨即想起跟他講電話的人是誰，「老闆，我會的。」

六天前，八月二十五日，魯諾跟太太吉娜（Gina），還有他們三歲的兒子亨利（Henry），一起離開休士頓，陪球隊到安那罕市，和洛杉磯天使隊進行短短三天的客場比賽。魯諾總是帶他的家人一起前往加州。吉娜在西岸長大，而且她的家人還住在那裡。氣象預報預估哈維颶風最快晚間就會在德州登陸，然後一路從休士頓肆虐而過。所以魯諾在離開之前，就採取了一些預防措施。他們住在萊斯大學附近，魯諾把家具搬上二樓，然後裝了幾支攝影機。這樣他就能遠端監控水災發生時家裡的狀況。魯諾和家人在洛杉磯西部，跟吉娜的父母待在一起，但他想要回休士頓，跟決策人員一起專心面對八月三十一日交易大限前的最後幾天。他知道，這很有可能成為他在太空人隊擔任六年總經理最重要的一件事。

魯諾先是在七月的時候，跟老虎隊總經理艾維拉（Al Avila）洽談交易韋蘭德，但那時和交易定論還搆不著邊。太空人隊在八月跌跌撞撞的時候，三十四歲的韋蘭德一甩前四個月的陰霾，拿回從前在球場上的主導權。他出賽四十二局，四勝一敗，投手自責分率二．三六，三振五十次。這些數據來自在少數幾場先發賽事，但他的合約也幾乎同

二〇一一年，韋蘭德奪下美國聯盟賽揚獎和最有價值球員獎。

樣罕見。他可以從這紙合約，在二〇一八年賺進兩千八百萬美元，二〇一九年再賺兩千八百萬美元，讓他成為棒球界薪資最高的八名球員之一。

隨著八月向前推移，魯諾和艾維拉交換了各式各樣可能的交易方案。在魯諾心裡，他買下韋蘭德的機率最高百分之七十，最低百分之五。八月末那個星期，他認為，只要他能回到休士頓，向他的助理、球探、分析師、醫療人員，最後再諮詢一次，機率就會很高。然而，就像哈維颶風對許多休士頓人造成無比慘劇，它直接粉碎了魯諾的計畫。

魯諾的攝影機顯示，他的家產沒受到損害，但他還是回不了休士頓。

機場關閉了。所以，太空人隊飛到美國另一端，去和坦帕灣光芒隊進行系列戰的時候，魯諾留在加州，在岳父母家少數幾個收得到訊號的地方——餐廳餐桌——試著跟艾維拉商量。

當亨利和兩個年紀也很小的表親，圍著魯諾四處尖叫亂跑的時候，魯諾穿著T恤和短褲，試著向一家人解釋他等一下要做的事情。他說：「我花了一段時間，向岳父母解釋大概有兩種交易大限。」他盡了最大的努力和艾維拉保持聯絡。八月三十一日當天早上，他判斷達成協議的機率微乎其微。韋蘭德的合約就是太貴了，而且老虎隊一直向他要價值太高的新秀。儘管太空人隊最近打得很差，克蘭也鼓勵他交易，但他覺得在沒有韋蘭德的情況下繼續向前挺進，會是最符合太空人隊長期利益的做法。所以他很放心，就算截止期限就要到了，他還是為這一天接下來的時間安排了其他活動。他同意參加十一歲姪子的棒球練習活動，在這個活動上說幾句話，然後打算和吉娜來個晚餐約會。

吉娜是魯諾的第二任妻子。二〇〇九年，他和第一任妻子在兩個孩子——伊麗莎白（Elizabeth）和傑佛瑞（Jeffrey）——念小學的時候離婚了。同一年，他在紅雀隊以球探長的身分，創下史上數一數二成功的選秀結果，但他知道，自己一心一意找出像米勒、凱利、卡本特、羅森索、亞當斯這樣的球員，讓他在私生活上付出代價。他說：「棒球對婚姻不利，這點無庸置疑。我在紅雀隊的時候經常要四處奔波。我猜，棒球選手和球探的離婚率會比一般人高。」他經常帶大女兒到場看太空人隊比賽，而且他和孩子的媽媽維持友好關係，她後來還從聖路易搬到休士頓住。但是他希望，他和吉娜的關係會不一樣——魯諾當上太空人隊總經理的兩個月後，他們在二〇一二年二月結婚。他會在要去參加客場比賽的時候，盡量常常帶上她和亨利，而且他會遵守他對他們許下的諾言，就算剛好碰上棒球界最忙碌的時期也一樣。

太平洋時間晚上五點半，交易期限截止前三個半小時，魯諾抵達姪子在聖費爾南多谷（San Fernando Valley）球場的活動，這裡也是一九七六年電影《少棒闖天下》（*The Bad News Bears*）的拍攝地點。他到球場的時候，手機響了。是艾維拉打來的。

交易韋蘭德的可能性不但又回來了，而且比前面兩個月還要高。先前，老虎隊將大砲厄普頓（Justin Upton）交易到天使隊，換來兩名小聯盟選手，現在老虎隊將全副心神投入在重整球隊上。這就表示，他們也有用韋蘭德交換新人的動機。

但魯諾還有承諾要遵守。他在向十五名全神貫注的中學生和教練發表演講，談練習的重要性和維持成長心態的時候，快速動起腦筋來。他告訴大家：「卡洛斯．貝爾川已經四十歲了，是隊上最有成就的球員，但他還是每天看影片，想辦法讓揮棒動作更完美。」練習活動結束後，他立刻奔回岳父母的家。

他在晚上七點四十五分的時候到家，再過七十五分鐘就是截止期限了。他發現，客廳裡擠滿了製作人。他忘記，吉娜的電影人父母那天晚上要辦餐會。他連忙向大家解釋——**有兩個期限！**——然後趕快上樓，用此生最快的速度沖了個澡，把他和吉娜的約會取消了。

水淋下來的時候，他的手機竟然能收到訊號，再度響了起來。老虎隊會同意支付韋蘭德該拿的一年八百萬美元薪資，如此一來，克蘭就要背每年兩千萬美元的重擔。這筆錢金額龐大，但克蘭承受得起。除此之外，交易重點不再是太空人隊其中一名頂尖新秀：投手懷特利（Forrest Whitley）和馬提斯，以及外野手塔克（Kyle Tucker）。艾維拉還是堅持交換三名小聯盟球員。根據西格的公式，魯諾不該釋出這三名球員。他們分別是：前大聯盟球員麥克・卡麥隆（Mike Cameron）的兒子——外野手達斯・卡麥隆（Daz Cameron）、捕手羅傑斯（Jake Rogers），以及最關鍵的先發投手培瑞茲（Franklin Pérez）。二〇一四年那時，太空人隊的國際球探長歐坎波（Oz Ocampo）在委內瑞拉搭營露宿一個星期後，才用一百萬美元的簽約金，簽下培瑞茲。先前魯諾拒絕在任何交易中談這名一百九十公分、八十九公斤的投手。

這些是艾維拉的最後條件，而且他有魯諾欠缺的談判優勢：艾維拉沒有截止期限。艾維拉說：「我們真的全心全意愛韋蘭德，有一部分的我們想要他留在這裡，待到退休為止。」

哈瓦那出身的艾維拉當時五十九歲，在棒球隊當了二十五年高層主管。一九九二年剛入行的時候，他在佛羅里達馬林魚隊的拉丁美洲部門擔任助理主任。老虎隊在二〇〇四年選進韋蘭德的時候，他在老虎隊擔任協理。這段期間，他幫老虎隊從委內瑞拉相中還是青少年的卡布雷拉，然後和卡布雷拉一起四度帶老虎隊打進季後賽。其中包括，二〇〇六年，敗給魯諾和西格率領的紅雀隊，那場世界大賽；以及二〇一二年，敗給舊金山巨人隊的世界大賽。在艾維拉之前，老虎隊有很長一段時間由鄧布勞斯基（Dave Dombrowski）領軍，因為那段期間打出好成績，老虎隊在數據革命這一塊落後於人。二〇一五年八月，艾維拉從遭到開除的鄧布勞斯基手中接下老虎隊，此時《魔球》一書已經出版十幾年了，老虎隊的分析部門還是就只有那麼一個員工。艾維拉努力鞏固老虎隊的分析作業流程，將蘋果電腦高層主管等人挖角過來。二〇一七年，老虎隊才推出他們的第一個內部資料庫「凱薩」（Caesar），而且老虎隊的農場系統也反映出他們剛要起步。《棒球美國》的季前百大新星裡有五名是太空人隊的球員（包括排名第五十四的培瑞茲），但只有一個人進了老虎隊。

艾維拉知道他很有可能要花上好幾年的時間，才能重建球隊，他需要有潛力的明日之星，但他不管怎樣還是可以在之後把韋蘭德交易出去。他心裡清楚，魯諾現在很需要韋蘭德。艾維拉告訴魯諾：「這就是我要的三個人。」他指的是培瑞茲、卡麥隆和羅傑斯。浴室鏡子布滿蒸氣，魯諾同意釋出這些球員。自從這兩名球隊高層在七月開始洽談，對於交易，他們心裡都有一把尺。只是，有個問題。

魯諾問艾維拉：「你跟韋蘭德談過了嗎？」

魯諾聽說，韋蘭德只想去小熊隊、道奇隊或洋基隊，又或者哪都不想去。他的拒絕交易條款表示，要他同意交易才會生效。

淋浴後，魯諾回到樓下，要回他的關鍵餐桌位置，那裡正在舉辦吉娜父母的晚餐宴會。他必須確定，太空人隊這邊的每個方面，還有所有表格和醫療證明，都要能夠在韋蘭德同意時準備好。艾維拉在晚上八點三十五分來電，離截止期限還有二十五分鐘。他說：「韋蘭德還沒同意交易案，我們不清楚最後結果會如何。」

接下來二十分鐘，餐會客人開始從自助廚房把餐食裝進盤子裡，在魯諾身邊坐下來。他透過手機對他的人大喊：「我們還剩四分鐘！」引來客人狐疑的目光。「我們得要有所行動！」

九點——東部時間子夜，截止期限到了——魯諾還是不知道韋蘭德同不同意來太空人隊。他做了當時唯一一件合情合理的事。他跟吉娜約會去了。當他和吉娜在附近的餐廳坐下來的時候，他的雙手還在發抖。他點了一杯萊姆蒂朵思伏特加調蘇打水。然後，他回心轉意，點了兩杯。

八月三十一日那天晚上，賈斯汀・韋蘭德也在約會。東部時間晚上十一點半以前，魯諾闖進岳父母在洛杉磯的餐會時，韋蘭德和他的未婚妻凱特・厄普頓（Kate Upton）剛吃完一頓正式的晚餐，要從餐廳回到他們位於底特律郊區的公寓。凱特的正職是超級模特兒，有時候會兼差演戲。韋蘭德第一次見到她的場合，是他們一起出席電動遊戲《美國職棒大聯盟 2K12》（*MLB 2K12*）的商業活動。當時韋蘭德二十八歲，凱特十九歲，但他們很合得來。六年後，他們從餐廳散步回家，閒聊他們多麼希望，十一月初在義大利舉行婚禮的那一天，可以有像今天這樣的氣溫。對韋蘭德來說，除了凱特之外，沒有什麼能比密西根的夏天還要美麗的東西。他就是知道。他在那裡待了十三年。

韋蘭德和他的未婚妻凱特・厄普頓（Kate Upton）

韋蘭德在維吉尼亞州的小鎮古奇蘭郡長大。他從小就能投出超快的球。念十年級的時候，有一天，他想買一瓶巧克力牛奶，身上卻少了五十美分。他最要好的朋友希克斯（Daniel Hicks）有兩枚二十五美分硬幣。他評估起韋蘭德的右手臂。這隻手臂在當時已經可以投出時速一百四十五公里的球。希克斯將硬幣交給韋蘭德，但有一個條件。他在餐巾紙上寫下他們的約定：「本人賈斯汀・韋蘭德答應，我簽約加入職業棒球隊的時候，會給丹尼爾・希克斯千分之一的簽約金。」韋蘭德簽了這紙合約。二〇〇四年，韋蘭德長高到一百九十六公分，可以投出時速一百六十一公里以上的球，老虎隊在第二輪相中就讀老道明大學的韋蘭德。他們給了他三百一十二萬美元的簽約金。韋蘭德問：「巧克力牛奶值三千美元嗎？我想是的。我那時渴得要命。」一年後他就登上大聯盟，度過他在底特律的第一個夏天。二〇〇六年，他成為老虎隊的固定輪值投手，並在那年結束時拿下美國聯盟最佳新人獎。希克斯從來沒有將韋蘭德履行約定時簽下的支票拿去兌現。

在老虎隊的前五個球季，韋蘭德證明自己是一名典型強投，每一季可以固定投到兩百局以上，大約三振兩百名打者，投手自責分率平均落在三・五分。他成為老虎隊老闆伊利奇（Mike Ilitch）最喜歡的球員。年邁的伊利奇是小凱薩比薩店（Little Caesars）的創辦人，家鄉的人都稱他為艾先生（Mr. I）。二〇一〇年，韋蘭德滿二十七歲前夕，八十歲的伊利奇和他的年輕王牌簽了一紙價值八千萬美元的五年延長合約。隔年球季，艾先生看來是用優惠價格買了好東西，比他給比薩顧客打的折還要划算。

二〇一一年，韋蘭德的快速球平均時速一百五十四公里，但這是刻意經營的結果。他可以精準投出不同武器，變速球、曲球、滑球都包括在內，而且他非常確定對手會怎麼打他的球，所以他不必再從頭到尾投快速球。球賽前幾局，他的快速球很少超過一百四十八公里，一百六十四公里的火球會留到比賽後段，在需要的時候投出。

那年球季，韋蘭德的先發戰績看起來就像有人想用相黏鍵（sticky keys）打出網址的樣子。五月二十九日到六月三十日，他的出賽紀錄寫的是「WWWWWWW」，七月二十一日到九月七日是「WWWWWWWWWWW」。W表示勝投。韋蘭德最後拿下二十四勝五敗，投手自責分率二·四，兩百五十一局三振兩百五十次。他不但贏得生涯第一座美國聯盟賽揚獎，還成為十九年來，美國聯盟第一名榮獲最有價值球員的投手。

那一年他說：「我很難確切說出知道什麼。但它真的在那，是時間。我現在有在這個水準投球一段時間的經驗。你統統記下來，然後它為你創造新局，幾乎就是這樣。你記得很多東西，認得很多東西。」二十八歲的王牌球員在顛峰時期這樣說。此時，他的比賽頭腦已經成熟到和他的體能天分相稱了。

二〇一三年，艾先生取消韋蘭德的舊合約，另外給了他一紙七年一億八千萬美元的合約，成為有史以來最高金額的投手合約。而且合約裡還有一條拒絕交易條款。雖然其他行業的受雇人員，大都將決定工作城市視為理所當然的事，但對球員來說，可以掌控自己的工作城市，卻是相當罕見的情況。大聯盟裡只有六十名左右的頂尖球員有這樣的條款。其他人的生活和家人，有可能一接到通知，就要遷移，在這一點上毫無影響力。艾先生和韋蘭德都不相信，韋蘭德會到除了底特律以外的地方打球。

這紙合約很快就變得沒有起初那麼划算。二〇一四年，韋蘭德的投手自責分率飆升到四．五四，三振率陡然降到每九局六．九人，而且他一顆一百五十九公里的球都沒有投出來。雖然他比以前更了解對戰打者，但他似乎無可避免地開始出現體能下滑的情形──他那三十一歲的手臂，在大聯盟投到一千七百七十二局的極限之後精疲力竭了。但他愛面子不想承認，那不是問題。球季開始的幾個月前，他接受手術，治療運動型疝氣和重新接好內收肌。他還在恢復期。他說：「我還是投兩百局，每一球都很痛。我不會告訴任何人我站在那裡覺得快要死掉了。」

他在二〇一五年恢復到原本的狀態。二〇一六年，雖然他的投手自責分率、勝場貢獻指數、局數、三振率都優於紅襪隊的波賽洛，而且第一輪還獲得比較多票，但賽揚獎投票最後一輪時，他卻以些微之差輸給波賽洛。很多人認為，他被陰了。其中一個人是最用心關注韋蘭德事業的人。凱特．厄普頓在推特上寫：「喂，@MLB，我還以為我是

唯一有資格搞 @JustinVerlander 的人!?」

二〇一七年剛開始的時候，韋蘭德投得並不順利，但之後，到了夏末，韋蘭德再度振作起來，讓大家知道即使三十四歲了，要他退場還早得很。八月三十日，他在對戰科羅拉多落磯隊的時候，上場投六局只失一分，將投手自責分率降到三·八二。老虎隊這個球季變化很大，而他始終如一。艾先生在二月辭世了，享壽八十七歲。此時，卡布雷拉跟他當選最有價值球員時的表現差多了，而且老虎隊正一步步邁向韋蘭德加入十三個球季以來的最差戰績。即使前一陣子艾維拉把厄普頓交易出去——這麼做表示老虎隊要開始努力重建——韋蘭德還是覺得他會繼續待在這裡，看著老虎隊重新站起來，至少會在他和未婚妻當作家的地方再待兩年。他有拒絕交易條款，這對準新人從餐廳走回家的時候，心想韋蘭德不會用上這個條款，至少二〇一七年的時候還不會。

韋蘭德向艾維拉提到洋基隊、道奇隊、小熊隊，說他可以考慮到那些地方去的時候，主要是因為他認為那些球隊負擔得起他的合約。他根本沒有認真想過自己最後會願意到別的地方去。他一直設想自己至少會有一天的時間來決定，而且就在幾個小時前，艾維拉傳簡訊說他的計畫沒有進展。截止期限只剩下半個小時而已，還能發生什麼狀況？

韋蘭德的手機響了。是艾維拉打來的。他們和休士頓太空人隊達成協議。韋蘭德必須在子夜以前決定他要不要接受——但最好是提早幾分鐘，讓他們有時間把文件送到主席辦公室。韋蘭德說：「突然之間，我要在三十分鐘之內，決定要不要徹底改變我的生活，我們的生活。」

韋蘭德和凱特接下來用小跑步的方式回家。他有很多電話要打：他的經紀人、家人。他的電話又響了——奧克拉荷馬州的號碼。來電的人是凱戈，他先前只跟他在路上打過照面。凱戈告訴他：「你缺一樣東西，就是世界大賽冠軍戒指。如果你來了，你不會後悔的。」

韋蘭德說：「我很想多聊一點，但我時間不多。」可是凱戈的話，他說他不會後悔？這句話不斷在韋蘭德腦中迴盪。

晚上十一點四十五分，韋蘭德和凱特有了新的發現。他們正在考慮要不要搬到剛被颶風猛烈襲擊的城市。韋蘭德說：「該死的，我們不知道那裡狀況如何。我連我們現在能不能搭飛機過去都不知道。我們能找到地方住嗎？」

韋蘭德閉著眼睛在客廳來回踱步，凱特坐在沙發上。雖然年紀才二十五歲，但她這六年多來，受到全世界的矚目。凱特十八歲替《運動畫刊》拍攝泳裝型錄，從這裡起步，她很清楚，跟職業有關的事怎樣做決定最好。凱特說：「相信你的直覺。」

韋蘭德複述她的話：「相信你的直覺，相信你的直覺。但直覺到底要告訴我什麼？」然後他停下腳步，看著他的未婚妻。他的心跟底特律在一起，但他的直覺說的卻是另外一回事。他想奪冠。「管它的，」他說：「我們要到休士頓去。」

凱特大喊：「棒呆了。」

他在電話裡告訴艾維拉他的決定，還有他擔心的事。再過幾分鐘就是午夜十二點了，他怎麼簽署放棄拒絕條款的文件？艾維拉早就預備了。這位經常在晚上處理重要截止期限的總經理，事先邀請決策人員到家中享用太太煮的晚餐——菜色是海鮮飯和菲力牛排。然後他和魯諾的談話愈來愈有樣子，最後魯諾終於願意釋出培瑞茲。艾維拉派兩名高層主管，開了五公里的路程到韋蘭德住的公寓，帶著必要的表格等在外面，以防萬一。此刻他們就坐在那裡。

韋蘭德和凱特穿著睡衣衝出大門。他們按下電梯按鈕，但他們改變主意。電梯很慢，如果停下來了呢？他們用衝的從樓梯往下跑四層樓，然後請那兩個人進到公寓裡。韋蘭德簽下名字。那兩個人用 iPhone 手機拍下文件，把電子郵件寄到位於紐約的大聯盟辦公室。他們心想，他們應該在午夜前幾秒按下寄出鍵，但檔案會不會上傳得很慢？他們不確定。

洛杉磯這邊，魯諾試著享用他和吉娜的晚餐。意思是，不要去看手機。終於，太平洋時間九點十四分，截止期限過了十四分鐘，手機響了。是主席辦公室打來的。結果出來了。

大聯盟主席說：「交易准了。但是傑夫，別讓我再經歷一次。我們收到韋蘭德的確認文件時，是十一點五十九分又五十八秒。」

魯諾喝了一大口蒂朵思伏特加調蘇打水。最後兩秒，他得到想要的球員。但這表示什麼？表示他要在未來犧牲十八年可以掌握的低薪年輕新秀，用來換兩年高薪的老將，他是在拯救太空人隊的球季，給他的城市一個再次擁有希望的小小理由嗎？還是他做了很久以前發誓永遠不要做的事情：在對手是十點的情況下，自己拿了二十點了還叫牌，不管機率有多低都要拿到二十一點？

他的球員都沒有這樣的疑慮。當時，卡洛斯．柯瑞亞人在德州弗里斯科一間有尿騷味的汽車旅館房間裡。如果你在二Ａ打球，就是住在像這樣的地方。柯瑞亞拇指上的傷就快要好了。他終於交了女朋友。二〇〇六年八月，德州小姐丹妮拉．羅里格茲（Daniella Rodriguez）受邀到太空人隊的比賽開球，柯瑞亞認識了她。雖然丹妮拉有德州小姐的頭銜，她卻不介意在柯瑞亞用 PlayStation 4 玩「世界盃足球賽」（FIFA）的時候陪在他身邊，而且她甚至不介意房間裡有難聞的氣味。柯瑞亞說：「她待過更糟的地方。」

柯瑞亞看看手機，高興地把 PlayStation 4 的遙控器丟到房間另一端，遙控器因此重重砸到牆壁上。那天晚上不能再玩「世界盃足球賽」了，但他不在乎。幾天後，他終於要重返太空人隊，那時他就會有一名新隊友。一時之間，他把球隊的八月戰績拋到腦後，把他的拇指傷勢拋到腦後，甚至連颶風都拋到腦後了。他說：「寶貝，開戰了，開戰了。」

魯諾最後不顧西格的公式，決定買下韋蘭德，還有另外兩個因素。一個是太空人隊的決策人員懷疑他們的經濟模型，雖然很精密，卻沒有正確評估韋蘭德的價值。就在韋蘭德簽下文件，放棄拒絕交易條款之前，韋蘭德和經紀人強烈要求魯諾在合約中刪掉一個條款。如果二〇一九年韋蘭德進入賽揚獎候選名單前五名，這項條款還是會生效，讓他只能在二〇二〇年的時候拿兩千兩百萬的薪資。這意味著，即使前一年他是大聯盟最優秀的球員之一，卻要削減薪資，而且要晚一年才能成為自由球員。但即便老虎隊同意在最後兩年付給他一千六百萬美元的薪水，太空人隊還是要承擔四千萬美元的薪資。他們的公式指出，就算是像韋蘭德這樣的投手，這個總額可能還是過高了，尤其是考量到讓渡出去的新秀所具備的未來價值，就更是如此。

不過，從大聯盟目前的薪資水準來看，你不可能在自由市場用四千萬的薪水，把像韋蘭德這樣的球員買下來。這是投手交易中難得的好機會，而西格知道，他的機率模型無法精準掌握其中的特殊動力。兩個冬天之前，兩名和他等級接近(只是比較年輕一些)的頂尖先發投手——普萊斯（David Price）和葛蘭基（Zack Greinke）——分別從紅襪和響尾蛇拿到超過兩億的合約，平均一年超過三千萬。雖然韋蘭德已經三十五歲了，要是他是自由球員，他很有可能要求至少四年的合約，金額上看九位數。付給他低於市場水準的薪水，只簽兩年，這樣的機會代表無法量化的額外價值。

另外一個因素是太空人隊相信，韋蘭德最近恢復到他在二〇一七年之前的優異水準，理由不只是他戰績提升，而是有了根本上的改變。雖然韋蘭德成就很高，而且艾先生給他好幾年的優渥薪水，但他一直很喜歡實驗。上場先發之間的空檔，他會尋找新方法，來對付想方設法超越他的對手和他愈來愈大的年紀，讓自己領先一步。經過二〇一七年頭三個月的跌跌撞撞，韋蘭德知道，他有一個真正要解決的問題。他的滑球一直是他的主要武器，他的快速球還是可以達到時速一百六十一公里，這顆滑球可以在對比之下迷惑打者。可是突然之間，打者開始把這顆球當成打擊練習。雖然前一個球季，他離賽揚獎只有一步之遙的時候，打者面對這顆球只有一成六九的打擊率，但在二〇一七年六月，他們對這顆球的打擊率是四成三八。而且如果他們知道可以打他的滑球，就可以站著不動等他的快速球。他們也開始打得到他的快速球。

韋蘭德不確定為什麼會這樣。他投出滑球的時候感覺沒什麼不同，但滑球通過本壘板的時候速度變快了。這顆球的進壘平均時速超過一百四十五公里，表示它跟快速球在速度上差別不大。而且它的進壘角度變得比較平，變化程度比較小。韋蘭德懷疑，大聯盟開始使用新的球，纏得比較緊，而且縫線比較低，所以摩擦力比較小，轉速比較快。大聯盟主席的辦公室一直否認這件事，但很多分析師也直指，這就是全聯盟打者的全壘打率都飆升的原因。韋蘭德知道，球不可能再變一次。這就表示他必須改變。

他開始做一些小幅度的修正。他把滑球往後握很多，而且稍微調整手腕的位置，加強手部的向下動作。六月二十一日，他只投了五又三分之二局，就三振掉十一名西雅圖水手隊的打者。他說：「這讓我飄飄然，我回家立刻告訴凱特：『我找到了。』」

他替老虎隊最後一次先發，面對落磯隊投六局失一分，滑球的平均速度降到一百三十八公里出頭，而且垂直變化多了七．六公分。打者又開始揮他的滑球了。他們在八月的打擊率只有一成九六。畢竟，大聯盟的合格球棒，粗細不能超過六．六公分。

韋蘭德抵達休士頓的時候，數據宅之窩的成員——尤其是法斯特——已經花了好幾個月，透過影片和 Statcast，努力分析過他的每一場先發賽事。雖然他們不想讓韋蘭德覺得他們很高傲，但他們超想問他一個問題。他們問：「對了，你是不是改變握球的方法，或是其他東西？」

韋蘭德非常驚訝。太空人隊在遙遠的地方，亦步亦趨地追蹤他的小幅度修正。先前他靠自己解決問題，而數據宅之窩很快就要帶他進入數據的世界，在未來的調整過程中給他指點。他在老虎隊從來沒有這樣的資源。他很想念底特律和密西根的夏天，但他那時也很清楚，他的直覺沒有帶他走錯路。

魯諾希望，**他的直覺**也沒有錯。他曾經眼睜睜看著對手網羅新的王牌球員，拒絕採取數據顯示為不明智的反擊行動。關於韋蘭德，他的模型還是有所疑慮，但那些模型無法完全涵蓋太空人隊面臨到的特定緊急狀況，包括慘不忍睹、士氣低迷的八月，尤其是颶風。最後，他仰賴的是一向能在終局用來決一勝負的東西：他的直覺。

哈維颶風重創休士頓的時候，太空人隊還是繼續比賽，但球員的心都在別的地方。

二〇一七年八月底，哈維颶風在休士頓降下一千兩百七十毫米的雨量。

舉例來說，奧圖維帶太太妮娜（Nina）跟他一起到加州比賽，本來很快就可以回家，所以他們把十個月大的女兒留在家裡，請奧圖維的父母照顧。雖然他們安然度過颶風橫掃的日子，但是颶風走後狀況還不確定，讓奧圖維坐立難安。太空人隊的成員也都如此，尤其是在佛羅里達跟遊騎兵隊進行三連戰時的奇怪氛圍，特別令人難受。

他們的比賽重新安排在聖彼得堡煙塵瀰漫、回聲不絕於耳的純品康納球場（Tropicana Field），幾乎沒人到場替他們加油。太空人隊自己可能也沒有到場比賽。他們第一場比賽以二比十二敗北。第二場以一比八敗北。最後一場，在三千三百八十五名主要受好奇心驅使才到場的觀眾面前，太空人隊不知道怎麼贏了，但他們已經等不及，要飛一千六百零九公里的路程回休士頓。辛區說：「我們沒有在這場系列戰中拿出最佳表現，現在我們搭上飛機要回家了。這是今天最棒的消息。」他們不在的時候，休士頓改變了。太空人隊也改變了，而且改變的不光只有陣容。

九月一日這天沒有球賽，太空人隊的球員到休士頓各地幫忙救災。凱戈替警察分送食物。喜歡動物的小麥卡勒斯，自願到動物之家幫忙。奧圖維已經承諾捐出三萬美元，幫助休士頓重建，他的贊助商也答應捐贈價值兩萬五千美元的球鞋。他率領太空人隊球員、職員組成的代表團，前往美粒果球場兩個街區以外的喬治布朗會議中心（George R. Brown Convention Center）。那裡住了超過九千名從家園疏散出來的民眾。他們待了將近兩個小時，擺姿勢合照、在相片上面簽名、跟小朋友玩遊戲、分發救援物資。奧圖維說：「休士頓為我做了這麼多，我覺得自己虧欠了休士頓。」

九月二日，太空人隊球員在心臟的位置放上寫著「H Strong」的徽章，意思是「休士頓堅強」（Houston Strong）。這天他們和大都會隊進行雙重賽。兩場比賽太空人都痛宰對手。這是六個半小時激勵人心的棒球賽，每一場都有超過三萬名想盡辦法前來的球迷，其中至少五千人拿的是太空人隊捐到市長辦公室的門票。在避難所看比賽，或在受盡摧殘的家裡用發電機供電，從電視觀看比賽，這些球迷比現場多了好幾千人。辛區在第一戰開打前發表演講，告訴觀眾：「接下來一年，我們都把這塊徽章放在球衣上，代表大家。保持堅強，要挺住，感謝你們每一個人。」

九月三日，柯瑞亞終於脫離傷兵名單，回到球場。太空人隊再次獲勝。九月四日，凱戈投出七又三分之二局只失兩分的精采好球，帶領他們在西雅圖又贏了一場比賽。

韋蘭德在九月五日亮相替太空人隊投球。他祭出新練的滑球和從前的快速球，六局三振掉七名水手隊的球員，只丟了一分自責分，帶領太空人隊再下一城。韋蘭德九月替新東家在五場比賽中擔任先發投手，五場都拿下勝投，總共只丟了四分自責分，投手自責分率僅一・〇六。連跟數百名投手待過同一隊的貝爾川都驚訝地說：「跟我共事過的投手裡，他是準備最周全的投手。」

就在九月展開的前兩秒鐘，太空人隊還在隨波逐流的狀態。現在，他們重新儲備和補足戰力，還有了新的口號——「休士頓堅強」——簡直銳不可當。球季結束的那個月，他們打出二十一勝八敗的戰績，在美粒果球場出賽十二場，贏了十場。他們贏的最後一場比賽是整個球季的第一百零一場勝利。四個星期以前，他們才在佛羅里達被同州的遊騎兵隊大挫士氣，但九月底碰上遊騎兵隊的三連戰，太空人隊共以三十七比七大勝遊騎兵隊，每一場比賽都從對手那裡至少拿下九分。隨著十月的季後賽即將到來，太空人隊經常不光是打敗對手而已，他們還痛宰對手。

魯諾忍不住回想，他和決策人員下過的數千個不為人知的決定。隨著八月三十一日，他在洛杉磯亂成一團，這些決定來到高潮。不是每一個決定都證明是對的，但每一個決定都很重要，每一個決定都有能引起連鎖反應，產生不一樣的九月。運氣有它的影響在。假如金鶯隊沒有取消布里頓的交易，魯諾最後可能不會有韋蘭德在隊上。但要是他屈服於球迷、媒體、其他球隊總經理，甚至達拉斯・凱戈的要求，在七月就釋出頂尖的明日之星，藉此追上小熊隊、道奇隊、洋基隊，那麼他最後很有可能不會有韋蘭德在隊上，至少不是在太空人隊最需要韋蘭德的時候。你只有一次的機會去下每一個決定。

魯諾說：「這些事情成功了，感覺真棒。雖然八月很痛苦，我們過得一團亂，但我覺得如果我們早點採取行動，結果並不會比較好。」

韋蘭德的九月戰績，在數據宅之窩的預測結果裡排在第九十九百分位數。太空人隊將目光瞄準季後賽的時候，魯諾也經常想起艾維拉在八月三十一日最後一個小時對他說的最終一件事：「韋蘭德會帶你挺進世界大賽，而且你們會贏。」這就是太空人隊的計畫，成功機率非常高。

9 世界大賽

西格．麥戴爾討厭世界大賽。他是很愛，沒錯。小時候，他花時間撥弄「全明星棒球賽」的轉盤，以世界大賽為模擬目標；現在，他在兄弟會朋友的車庫樓上，不停熬夜為他的模型傷腦筋，也是為了這個真真實實的目標。但是，從理智上來看，他討厭世界大賽。棒球比賽跟籃球比賽不同，表現最傑出的籃球隊——例如金州勇士隊——至少有八成的勝率，幾乎可以穩定擊敗所有對手。棒球比賽打得好不好，只能從長遠的角度來衡量，但棒球界的年度冠軍——會留名青史的那支球隊——卻是在僅僅七場系列戰中產生的球隊。不管對手是誰，任何一支大聯盟球隊都有七戰四勝的實力。西格說：「我希望世界大賽有一百六十二場比賽，而不是只有七場。但世界大賽只有七場。每一場比賽，你的勝率大概落在四成二到四成八之間，跟五成勝率非常接近。這是丟硬幣。世界大賽是丟硬幣的冠軍賽。」

洛杉磯道奇隊跟太空人隊一樣實力堅強，而且他們的資源比太空人隊多很多，面對這樣的球隊，更是一場丟硬幣的比賽。道奇隊在二〇一七年的正規賽，拿下全聯盟最佳的一百零四場勝利，締造如此佳績的球員，薪資高達兩億六千五百萬美元，在聯盟中數一數二，比太空人隊的一億五千萬美元，高出不只七成。他們在季後賽的前兩輪裡，只輸了一場，先是擊退馬丁尼茲效力的響尾蛇隊，接著又擊退在艾普斯坦帶領下想要衛冕冠軍寶座的小熊隊。太空人隊有強大的分析實力，道奇隊也不遑多讓。他們的球隊總裁——前華爾街分析師傅利曼（Andrew Friedman）——才剛剛把預算拮据的坦帕灣光芒隊轉變成一支具有穩定爭冠實力的球隊。他們的總經理——經濟學博士柴迪（Farhan Zaidi）——曾在奧克蘭跟著比利·比恩學了十年。他們自己的數據宅之窩大到在道奇球場有一間用客隊休息室改裝的專用辦公室。所以他們不但可以挖掘和栽培原先價值遭到低估的球員——例如，曾經被球隊遺棄，後來像馬丁尼茲一樣找瓦倫布洛克和范斯科約克進行訓練，之後變成強棒的第一棒打者克里斯·泰勒（Chris Taylor）——而且價值經正確評估的球員，道奇隊可以直接付錢買下。光是他們的王牌投手克蕭，二〇一七年就領超過三千五百萬美元的薪資。

在短短幾場的系列賽中，那些涉及整個產業的經濟優勢，幾乎沒有什麼重要性。雖然球團在關鍵時刻挑選了可能會成功的球員，而且給了球員各種可以贏球的工具，但是在此時此刻，結果掌握在球員自己的手中。這就是為什麼，不論場上發生何種情況，魯諾都始終冷靜面對，幾乎就像入定一樣的原因。他說：「你已經做了每一件總經理可以做的事。你在季後賽下的決定，對結果不會產生太大影響。你只需要好好坐著，欣賞這場球賽。」

西格的職業生涯都投注在預測未來上，當這個未來終於來到他的眼前，他還是試著用理性的方法進行研究。他計算了太空人隊每一場的獲勝機率，以及根據這些機率，他們拿下世界大賽冠軍的可能性有多高。西格這麼做，主要是不讓自己在看季後賽的時候太情緒化。他說：「這樣很痛苦。我是想要下適當決定的人類，不是史巴克先生（Mr. Spock）*。」有一樣東西，西格不必測量，就是他的心跳速率。他可以感覺到，這個器官一整個十月都在他的胸膛裡快速跳動。他問自己：**有心臟病的人就是這樣嗎？**西格不是待在太空人隊決策人員的私人包廂裡，而是坐在看臺上，嘴裡咬著太空人隊發給觀眾的加油毛巾，把一旁的球迷嚇壞了。其他決策人員問冷靜自持的魯諾：「他還好嗎？」

好不好是相對的。西格很難受，但要是太空人隊像本來那樣，差點就跟世界大賽擦肩而過，西格會覺得更糟。

太空人隊在美國聯盟的五戰三勝制分區冠軍賽中，對上波士頓紅襪隊時，西格的毛巾比較沒有那麼濕。他們將九月的贏球氣勢延續下去。奧圖維在第一戰，單場轟出三支全壘打，用八比二揭開十月的序幕。然後太空人隊在第二戰中，同樣以大幅領先奪下勝利。雖然他們輸了第三戰——勝投是紅襪隊三年前從紅雀隊交易得來的小個子火球人凱利——但太空人隊在開戰四天後，就拿下第三勝，成為分區冠軍。能這麼快就奪冠，功臣是一個意想不到的人：卡洛斯．貝爾川。正規球季結束時，貝爾川的打擊率下滑到生涯最低的兩成三一，只有十四支全壘打和五十一分打點。十月的時候，這名四十歲的老將不但擔任太空人隊的指定打者，還偶爾上場守備。十三年前他效力太空人隊，生涯第一次打進季後賽，現在是他第二次在太空人隊打季後賽。這次，他大部分時間都坐在休息區——其實他通常會在球隊休息室看比賽影片——等著上場打出致命一擊。他在第四戰的九局上半成功把握機會，將紅襪隊終結者金布洛爾（Craig Kimbrel）的曲球打到深遠的左外野，拿下系列戰的致勝分。魯諾描述這支二壘安打：「我就知道他會在季後賽

＊譯注：《星艦迷航記》中以理性和冷靜著稱的主要人物。

為我們擊出關鍵安打。」

起初，美國聯盟冠軍賽看來會一面倒。凱戈和韋蘭德繳出精采的主場先發，帶領太空人隊以二比一連勝洋基兩場，以兩勝零敗之姿領先洋基隊。韋蘭德在季後賽出戰紅襪和洋基的前三場，兩場先發，一場後援，將他在底特律最後幾天再次變身強投，以及休士頓正規賽季尾聲帶領球隊渡過難關的好狀態延續下去。這三場他都拿下勝投，十七又三分之二局三振十六名打者，投手自責分率二．〇四。

但在紐約，太空人隊熄火了。洋基隊連續三場重創太空人隊，以十九比五的戰績勝過太空人隊。賈吉轟出兩支全壘打，一個人就打回六分，比太空人隊整隊的得分還多。第三場他們以零比五，被洋基隊完封，面臨再輸一場就要淘汰的命運。球賽結束幾分鐘後，貝爾川走進洋基球場的客隊休息室，看見二〇一七年太空人隊打的一百七十一場比賽中，他從未看過的景象（就連那六十五場輸掉的比賽之後也沒見過）：一片靜默。

輸球之後，就算沒有要頒拳擊腰帶，貝爾川的隊友也會坐在置物櫃前面，面對更衣室中間，用英文、西班牙文或西班牙英文彼此交談，準備隔天晚上扭轉命運。現在，他看見二十四名駝著背的球員。他告訴休息室服務人員：「把門關上。」

貝爾川站在自己的置物櫃前，向所有隊員發表談話。「大夥兒，事情很簡單。」他用冷靜、慎重的聲音說。隊友統統轉過身來。「前兩場我們在自己家裡打得很好。我們來到這裡，我知道沒有人，就連我自己，都沒有想到我們會連輸三場。但是洋基為了在系列戰撐下來，他們必須這麼做。現在我們要回家了。我們要在自己的觀眾面前打球。我們在那裡打了前兩場。我們要再幹一票。我們是優秀的球隊。我們要在自己家裡解決他們。」

然後，太空人隊的球員馬上起身打包，準備返回休士頓。韋蘭德第六戰投得很好，發動七局無失分的精采攻擊，最後以七比一輕鬆取勝。奧圖維賽後透過福斯電視台的鏡頭，對著全國觀眾做作地說：「我愛死韋蘭德了。」這句話變成各種網路迷因，還有人把這句話做在T恤上面。

第七戰打得就比較艱困。五局上半，太空人隊只以一比零微幅領先，而且洋基隊很有可能一棒逆轉。當時，一壘有希克斯（Aaron Hicks），三壘有柏德（Greg Bird），洋基隊只有一人出局，弗瑞茲爾（Todd Frazier）朝太空人隊二十三歲的三壘手布雷格曼打出一支滾地球。

但是，布雷格曼才不鳥自己是第一次打季後賽。他也不鳥自己才二十三歲。他不鳥什麼壓力。太空人隊經歷沒有成功簽下艾肯的難堪，之後就將焦點放到布雷格曼身上，有一部分原因是他的才能，有一部分也是因為他們的球探報告顯示，布雷格曼除了贏球，其他東西，完完全全都不鳥。兩年半後，他還是什麼都不鳥。

布雷格曼從三壘趨前接球，柏德開始衝向本壘，西格在決策人員的包廂裡出了一身汗，馬上計算起這一球的各種機率。根據數學計算，這一球的正確打法是傳向一壘。雖然那樣會讓對手拿下追平分。但是這樣傳球比較保險，幾乎可以百分之百多拿一個出局數。

但是還有另外一個選項。布雷格曼可以傳向本壘。那就表示，他要越過柏德的肩膀，精準地把球傳給捕手麥肯，而且麥肯要在成功觸殺跑者之後穩穩握住球才行。基本上，布雷格曼等於要從十八公尺遠的地方，把球傳進一個杯子裡。就連站著不動，也沒有人類可以穩定地傳出這樣的球，更何況布雷格曼還在全力衝刺。在這種狀況下傳球的成功機率算兩成五好了。假如失敗，洋基隊就會把比賽追平，而且兩人在壘，依然只有一人出局。接下來的比賽結果會變得難以預料。西格等著布雷格曼把球傳向一壘，然後他大叫出聲。

「我把體內的培頓．曼寧召喚出來，來一記妙傳。」布雷格曼在事後這樣解釋的時候，他的隊友把昂貴的香檳倒在他身上，獎勵他成功傳出機率渺茫卻能改變比賽的一球；這一球，西格在心中想過，但很害怕。「嘿，我覺得我必須這麼做。這是第七戰。你不能保留實力。這個球隊裡，每個人都能有關鍵表現。」那天晚上洋基隊再也沒有得分。小麥卡勒斯出場後援，對擅長把快速球轟出去的洋基打者連投二十四顆曲球，以四比零結束比賽，拿下勝利。

太空人隊辦到貝爾川告訴他們可以辦到的事。他們回到家鄉，在拿下十一分的同時只丟掉一分，把洋基隊打敗了。在這七場系列戰中，貝爾川十二打席只有一支安打。即便如此，太空人隊知道如果沒有他，他們可能不會挺過美國聯盟冠軍賽。

再過一個半小時，二〇一七年世界大賽第二戰就要開球了。有一個聲音劃破攝氏三十七．七度的道奇球場，蓋過魚貫進入球場的球迷製造的喧鬧聲。這個聲音唱著「我相信我可以打出去」，用抖音一遍又一遍唱著節奏藍調歌手勞．凱利（R. Kelly）最鼓舞人心的頌歌。「我相信我可以打出去」。

這個聲音來自喬治．史普林格，他站在本壘板外，靠近一壘這一側，準備在賽前試打幾球。史普林格今年在正規球季持續進步，這樣的成長曲線，是五年前的他所不可能締造的曲線。那時他在小聯盟裡闖蕩，不管什麼球，只要球來就揮。今年他出賽一百四十場，被三振一百一十一次，比他新人球季時出賽七十八場比賽的三振次數還要少了三場。他的三振率是每五．七個打席三振一次，不但遠遠低於鄧恩的數據，而且比大聯盟球員的中位數優秀。辛區認為，九個打擊順位中，只有一個位置適合這樣的打者，這個棒次可以用他的力量和速度來發動攻勢，而且不會因為他被三振而破壞攻勢：第一棒。史普林格在每一場先發比賽都打第一棒。

史普林格在對戰紅襪隊的時候當開路先鋒，擊出四成一二的打擊率，有兩支二壘安打、一支全壘打。但在美國聯盟冠軍賽對上洋基隊的時候，以前那個打球節奏太快的史普林格又回來了。他當開路先鋒打了二十六個打席，只有三支一壘安打，而且三振次數高達七次。

前一天晚上，世界大賽第一戰，對上道奇隊和他這一代最優秀的投手，史普林格陷入更深的低潮裡。洛杉磯道奇隊的克蕭曾經三度獲頒賽揚獎。他和史普林格對戰三個打席，每個打席都投出兩顆好球。然後，每次克蕭一投低角快速球，史普林格就從球的上方砍過去，結果只是揮空棒。第九局，上場當開路先鋒時，史普林格只能看著道奇隊終結者簡森（Kenley Jansen）連續投出的第五顆卡特球從他身旁劃過。這是他本季首度吞下單場四次三振。

即使史普林格那天晚上打得很差，但凱戈還是跟克蕭投得不相上下，直到六局下半兩出局的時候，情況才有所轉變。在那之前，兩名先發投手都只讓對手打出一支全壘打。然後道奇隊的三壘手透納（Justin Turner）對凱戈開砲，轟出一支兩分打點的全壘打。辛區說：「他們有兩支大的，我們只有一支。」太空人隊這場比賽只打了兩小時又二十八分鐘，以一比三落敗，成為世界大賽二十五年來最快結束的一場比賽。

他們需要多來幾支大的，至少要打出分數才行，尤其是開路先鋒。許多非太空人隊內部人員的專家人士，根據最近八場比賽的結果，認為太空人隊最要緊的事，就是不要讓史普林格在第二戰繼續扛第一棒。

就在道奇球場中外野全壘打牆外面，停著一輛冒著煙、以仿木紋飾板裝飾的拖車，有一名這樣的專家坐在車內的沙發椅上。如果有人知道在十月底上場打擊的壓力有多大，非歐提茲莫屬。他跟紅襪隊一起打進世界大賽三次，三次都拿下冠軍。歐提茲的打擊率高達四成五五，有兩次拿下最有價值球員獎。歐提茲已經退休一年了。這時，他剛加入福斯體育台，在季後賽的賽前和賽後節目中擔任球評。他們正在安排第二戰的節目進行節奏，四周沒有攝影機，其他節目來賓——包括湯瑪斯（Frank Thomas）、赫南德茲（Keith Hernandez）和A羅（歐提茲的洋基隊老對手）——針對辛區應該怎麼處理史普林格辯論起來。歐提茲始終保持沉默，直到那時他才站起身來，走到轉播室中央。

他說：「大夥兒，棒球隊的每個人都可以被換掉。你試著贏他媽的世界大賽。你不惜一切代價，去贏世界大賽。A羅，我記得托瑞（Joe Torre）曾經在美國聯盟冠軍賽第二局或第三局對克萊門斯做了什麼。他**把他換掉**。史普林格打得慘不忍睹，他甚至連球都打不到。這是棒球。你得推動打線。你會遇到這種事，每個棒球人都會遇到這種事。為什麼他不會？換掉他。讓別人上場。我不看好他當第一棒。」

他的太陽穴開始冒出汗珠，他大聲吼道：「他想要把每一球都轟出場外。好，讓他把球轟出場外。在此同時，**我需要有人上壘！**」

房間裡只剩下空調無力的運轉聲。大家都在想同一件事。當初，老爹（Big Papi）在芬威球場（Fenway Park）主隊休息室中央，一定就是用像這樣的方式，對大家發表了數百次的談話。沒有人，就連 A 羅都不敢出言反駁這位季後賽再見全壘打王。

但是那天晚上之前，史丹佛大學心理學畢業的辛區，傳了一封簡訊給他那張皇失措的第一棒打者。上面寫著：**重點不是四打席無安打，也不是三振次數。重點在於，你要上場好好享受，享受棒球生涯中最棒的時光，因為你永遠不知道自己還會不會回到這裡。**

棒次安排的最終決定權，一直都屬於總教練。如果要辛區把史普林格換掉，必須要讓他相信幾件事情。他必須認定，最近八場比賽的預測價值，高於在那之間舉行的近八百場比賽——當時史普林格正慢慢地，從在蘭卡斯特噴射鷹隊（Lancaster Jethawks）那個球來就揮、不可救藥的二十二歲打者，蛻變成休士頓太空人隊裡選球能力良好的二十八歲全明星賽球員。他必須認定，史普林格不只是遭遇短暫的低潮期，在二十七個打席中表現不佳，而是發生根本上的打擊問題。換句話說，他必須要認定，對上莊家的七點，自己在拿了十六點後叫牌，結果接連爆牌，所以下一次，必須拒絕叫牌。

太空人隊裡沒有一個人相信這些事。辛區也不相信。

隔天下午，就在老爹發表獨白之後沒多久，辛區公布了他的選手陣容。他說明：「喬治．史普林格的好表現，比壞表現多得多，而且表現好的時候，也比表現差的時候多。所以我要繼續鼓勵他。他會當我們的開路先鋒。」

史普林格把勞．凱利的頌歌變成自己的版本，唱了一遍又一遍之後，踏進打擊練習區。他輕輕鬆鬆地揮了幾棒，有幾顆球差點就要飛出道奇球場，然後他告訴太空人隊的打擊教練哈金斯：「我今天不會揮大棒。我今天不會揮大棒。」史普林格反覆對自己說。

道奇隊派出三十七歲的左投希爾（Rich Hill），和韋蘭德在第二戰中一較高下。他正好擁有那種會讓史普林格低潮更久的球種：弧度明顯的曲球，轉速接近每分鐘兩千八百轉。希爾靠著這顆球締造奇蹟，在三十五歲左右，從獨立聯盟重返大聯盟，然後在前一年冬天，和洛杉磯道奇隊簽下三年四千八百萬美元的合約。一開賽，希爾就餵四顆快速直球給史普林格，兩好兩壞。接下來大家都知道他會投出怎樣的球，而且根據史普林格最近的紀錄，結果會是如何大家心裡有數。

希爾的第一顆曲球投在內角偏低的位置，朝史普林格的腳邊飛過來。史普林格忍住沒揮。下一顆曲球投在好球帶外側。史普林格控制出棒力道，把球打出界外。來到第七球，希爾試投一顆外角偏高的卡特球。史普林格再度忍住沒揮。他小跑步上一壘的時候，忍住沒有露出微笑。只是保送上壘而已，重要的是，他面對的那幾顆球，看起來又變慢，而且可以掌握了，跟美國聯盟冠軍賽第一戰以前，那一整年的感覺一樣。如果比賽感覺慢下來，史普林格持續發揮擊球能力，就不再是信不信的問題了。

史普林格說：「那個保送，改變了一切。」

第二戰下半場，韋蘭德在做他緊張的時候都會做的事。八月三十一日，他在客廳裡度過逐漸流逝的最後幾分鐘，和凱特試著決定要不要離開底特律的時候，他也是這樣：四處踱步。

他對道奇隊投了六局，只被打出兩支安打，但這兩分很有殺傷力：一支是彼得森（Joc Pederson）在第五局轟出的陽春砲，一支是席格（Corey Seager）在第六局擊出的兩分砲。他下場的時候，太空人隊以一比三落後。這是他到休士頓之後第一次，戰績表

奧圖維在季後賽打擊率三成一，敲出七支全壘打。

上，他的名字旁邊不會標注代表勝投的「W」。太空人隊也不太可能奪下勝利。面對道奇隊，你很難在比賽後段重整旗鼓。主要原因就是，他們有令人聞風喪膽的全明星賽終結者簡森。二〇一七年，道奇隊有九十八場比賽在第八局結束時領先對手。而且這九十八場最後都拿下勝利。

所以韋蘭德四處踱步，雙眼盯著道奇球場練習室裡的電視螢幕，看著隊友試著爬出雖不深卻令人喪氣的境地，是他讓他們陷入這樣的困境。就連柯瑞亞在第八局打出一壘安打，幫太空人隊追回一分，就連馬溫・岡薩雷茲在第九局從簡森手中擊出陽春砲，將比賽追成三比三平手，他也繼續踱步。岡薩雷茲把簡森一百五十一公里的卡特球轟到中外野的時候，連魯諾都無法維持老神在在的樣子。他在太空人隊的包廂裡，跟西格同時從座位上跳了起來。

奧圖維在十局上半當開路先鋒，從道奇隊後援投手費爾茲（Josh Fields）手中，把時速一百五十六公里的快速球打到中左外野的全壘打牆外。兩球之後，柯瑞亞把費爾茲的曲球扛出去，球幾乎落在相同的看臺位置上。在練習室裡的韋蘭德，聽見球迷大聲吼叫和老球場轟隆作響的聲音，幾秒後，他就從電視上看見吵成這樣的原因。太空人隊現在以五比三領先，韋蘭德終於停下腳步，但過沒多久，他開始踱步踱得比先前還要瘋狂。十局下半，道奇隊的第一棒普伊格轟出陽春砲，之後赫南德茲（Kike Hernández）又在兩出局的情況下擊出一壘安打，幫助道奇隊把比賽追平。韋蘭德感覺自己萌生曾經出現過的頹喪感。

他說：「我覺得肚子被人揍了一拳。而且我知道大家都有相同的感覺。」五年前，二〇一二年的時候，他效力的老虎隊先是在第一戰敗北，然後又在第二戰以些微之差輸給巨人隊，之後他們就振作不起來了。他們兵敗如山倒。雖然他已經從投手丘上退了下來，但是這一次，他要做點什麼，不讓類似的命運再度發生。

第十一局上半開始前的休息時間，韋蘭德穿著無袖汗衫，從練習室衝出來，從通道往上跑，來到太空人隊的休息區入口。他有話要對隊友說。「看看我們在哪裡！」大聲蓋過休息區的聲音。「如果有人告訴你，我們在世界大賽第二戰，而且現在打成平手，如果你沒有被人重重揍一拳，那你就說：『是啊怎樣，讓我們去贏得比賽。』**就讓我們去贏得比賽！**」

第二戰結束時，西格的加油毛巾都快要咬穿一個洞了，但史普林格在那四個小時裡面復活了。第一局保送上壘後，他打出一支一壘安打、一支二壘安打。他在十一局上半站上打擊區，面對道奇隊後援投手布蘭登．麥卡錫（Brandon McCarthy）的時候，是無人出局、二壘有人的局面。有兩件事浮過他的腦中。一件是韋蘭德說的話，一件是他再次拿來砥礪自己的真言：**不要揮大棒**。

麥卡錫對他投出第四球——一記位置偏低的滑球——他沒有揮大棒。這顆球脫離球棒的時候，時速一百六十三公里，比他擊出一壘安打和二壘安打的球速疲軟。但他把這顆球擊了出去。而且，飛行一百一十九公尺後，這顆球落在中右外野的看臺上，讓太空人隊以七比五領先。

之後，庫柏森（Charlie Culberson）在十一局下半替道奇隊回敬一支陽春砲，但是史普林格的全壘打才是關鍵。在霍芬海斯創立球隊五十六年後，他替休士頓在世界大賽中奪下第一勝。那只是一件微不足道的事。重點在於，現在兩隊在世界大賽中平手了。西格把沾滿口水的運動毛巾丟開，算了算機率。如果是二敗零勝的落後戰績，太空人隊贏得世界大賽的機率只有百分之十九。世界大賽紀錄中，曾經有五十二支球隊在前兩場以二敗零勝落後，後來居上贏得冠軍戒指的只有十隊。但一勝一敗平手呢？勝率就拉高到五五波。而且現在他們要回家打球了。

貝爾川在世界大賽第三戰，不像第一戰和第二戰那樣列在先發陣容當中，但他還是花時間為第三戰準備，特別鑽研一名道奇隊選手——表定先發投手達比修有。貝爾川很了解達比修有。他去年有兩個月跟達比修有一起待在遊騎兵隊，親眼見識過他的武器能令打者多麼沮喪。尤其是，達比修有有一顆很猛的滑球，可以搭配他的一百五十一公里速球，讓對戰打者在二〇一六和二〇一七年的正規賽季中，打擊率分別只有一成五一和一成七七。

太空人並不希望自己見識過他的威力，話雖如此，他們也認識達比修有。達比修有和球隊簽了一紙六年五千六百萬美元的合約，從日本來到美國發展。二〇一三年四月二日，是他在第二個球季的第一天出賽。那天他出場對太空人隊只差一人次就投出完全比賽。雖然之後他們經常在美國聯盟西區對上達比修有，可是他們沒有辦法掌握他的實力。道奇隊在二〇一七年交易截止日那天把他網羅進來，在那之前，達比修有對氣勢如虹的太空人隊先發兩場，十二局被打出八支安打，失掉四分。

達比修有在世界大賽第三戰對太空人隊投四十九球。他想讓自己難以預料，投了二十五顆快速球、二十三顆滑球和卡特球，以及一顆變速球。一般來說，達比修有的球是對戰打者最難擊中的那種球，連要打出界外都很難。在正規比賽期間，打者揮空的機率超過兩成六。第三戰的時候，太空人隊擊中二十五顆達比修有的球，只有兩次揮棒落空而已──擊中率八成。達比修有在第三戰只三振掉五名打者。他在二局下半退場的時候，已經被打出六支安打，有一次保送，失掉四分。太空人隊這邊，先發投手是小麥卡勒斯──這四分，比太空人隊以五比三勝出所需要的分數還多。達比修有不知道這是怎麼回事。太空人隊的打者很厲害，沒錯，但在這天晚上，他們彷彿可以**知道**他要投出什麼球。

事實上，他們的確知道。

對戰前一天，貝爾川看過前隊友最近先發出賽的影片。他覺得自己注意到一件事。此時他已經不必像之前找出柯隆的小動作那樣，從錄影帶中搜尋證據，他只要在電腦上點一下按鈕就可以了。又出現了。又來了。

貝爾川觀察到，達比修有要投快速球的時候，他會在把球放進手套裡的時候重新握球，用手掌轉球，用手指找到理想的縫線位置。他要投滑球或卡特球的時候（這兩顆球在角度上的變化很相似），他不會調整握球——他已經握在正確的縫線位置上了。貝爾川知道，達比修有什麼時候要投變化球，什麼時候不是要投變化球，每一次都很準。他悄悄走遍休息室，把這個發現告訴所有隊友。他偷偷告訴他們，達比修有有洩漏球種的小動作。看他在擺投球預備姿勢的時候，他的手指和手腕。如果手指和手腕晃動，就是快速球。如果沒有晃動，就是滑球或卡特球。相信我。

貝爾川還有其他事情要做。這件事貝爾川連想都沒想過。尤里．古利爾轟出一記左外野方向的大號全壘打，替太空人隊開啟大局。第二局太空人隊打線爆發的時候，貝爾川正在休息室裡看影片。這時太空人隊的西班牙語翻譯衝進來說：「我們有麻煩了，看看這個。」

國際轉播畫面捕捉到古利爾回太空人隊休息區時的反應。他似乎一面微笑點頭，一面在說「小中國佬」（Chinito），然後在一千五百七十萬名左右的全國觀眾面前，用手指按住眼角往外拉。

貝爾川心想，**沒錯，我們有麻煩了**。

古利爾似乎做出有種族歧視意味的手勢，立刻在社群媒體上引發熱烈討論，很多人要求聯盟立刻將他禁賽，知名美國棒球專欄作家和福斯頻道現場記者羅森索（Ken

Rosenthal）也是其一。太空人隊的公關人員鼓勵貝爾川，等比賽結束後去跟他們的一壘手談談這個問題。貝爾川說：「不行，現在就要讓他知道。讓他在接下來幾局好好想一想，想他比賽結束之後要怎麼說。」貝爾川知道古利爾馬上就要面對一場媒體風暴，這場風暴會用他不了解的語言襲擊他，貝爾川希望他能用比賽剩下的時間好好準備。

古利爾在休息區向貝爾川解釋，當時比賽氣氛緊張，他會說的英文字還很少，他是想告訴隊友，他從自己不曾成功的投手那裡敲出全壘打有多興奮。在古巴，小中國佬不是令人反感、用來指亞洲人的稱呼。他是在不假思索之下，用拉眼睛的動作來表示他要說的人是誰。他堅持自己不是在嘲笑達比修有。

貝爾川安慰古利爾：「如果你不是存心羞辱他，你應該把這件事說出來。」

比賽結束時，沒有幾個記者關心太空人隊的勝利，也對他們以兩勝一敗在世界大賽中領先不感興趣。他們統統跑到了古利爾的置物櫃那裡。古利爾透過翻譯表示：「我很意外。我沒有想要侮辱任何人。有人告訴我，我侮辱到別人的時候，我很震驚。我很難過，如果他覺得受到侮辱，我深感抱歉。這不是我的本意。」

這個時候，貝爾川傳了一封簡訊給他在遊騎兵隊的老朋友——達比修有。他寫：「你知道，如果我覺得他不是好人，我不會替他說話。古利爾是很棒的人。他做錯了。他知道自己做錯了，他向你道歉。」

對達比修有來說這樣就夠了。那天晚上，這名投手在推特上寫：「沒有人是完美的。包括你和我在內，都不完美。他今天做得不對，但我相信我們應該努力從中記取教訓，而不是指責他。如果我們可以因此有所收穫，這會是人類的一大步。我們住在如此美好的世界裡，就讓我們一起保持正面態度、向前邁進，不要滿心仇恨。我希望大家都能拿出大愛。」

大聯盟主席曼佛瑞德引述古利爾的懺悔和達比修有的回應，宣布他不會罰古利爾在世界大賽期間禁賽，但會罰他在下一個球季開賽時禁賽五場。同一天內，貝爾川給了隊友摸透達比修有的關鍵，然後又成功拆除一個可能引爆的種族事件。要是這件事爆發開來，可能會影響後面的世界大賽。以一個根本沒上場的球員來說，這天晚上表現還不賴。

第四戰對上道奇隊，來到第六局，雙方都還掛蛋。太空人隊面臨他們一個星期前，打美國聯盟冠軍賽第七戰時，一模一樣的狀況：一人出局，一、三壘有人。這次，打者克里斯・泰勒又朝布雷格曼打出滾地球。這次，布雷格曼又趨前防守。這次，西格又大叫了。而且這次，布雷格曼又成功在本壘解決跑壘者。雖然太空人隊以二比六輸球，但這場比賽證實了一件事，就是即便後援投手賈爾斯（Ken Giles）和馬斯葛洛夫（Joe Musgrove）在第九局丟了五分大失血，布雷格曼還是什麼都不鳥，連世界大賽都一樣。

在看過傑德・羅瑞和荷西・奧圖維，以及現在的艾力克斯・布雷格曼之後，西格想出一個棒球選手理論——確切來說是一種假設——內容跟身材矮小的棒球選手有關。大部分的球員都有一身好球技，不過他們有一般職業運動員的身材，一生都未被人拒絕過，往往沒有遇過任何挫折。所以，當他們在關鍵時刻面臨到可能失敗的情況，他們不知道要怎麼處理，因為他們以前從來都不需要面對這樣的狀況。對一名身材矮小的球員來說，沒有一件是容易的事，也沒有坐享其成的事。布雷格曼一生都在棒球生涯失敗的邊緣存活下來，而他對此再也沒有恐懼。西格說：「他可能已經對失敗免疫了。」球探說號稱一百八十三公分的布雷格曼什麼都不鳥，就是這個意思。

布雷格曼說：「我有這樣的機會，其中一個原因是，我是贏家。」很多球員說這種話的時候會眨一眨眼，但布雷格曼可不是開玩笑。

第五戰，雙方派出跟第一戰一樣的先發投手——克蕭對凱戈。但這兩戰的共通處，就只有這一點了。第一戰是精準的投手戰，由兩名賽揚獎得主，拿出他們的最佳表現一較高下。但在第五戰，從一開始就是一場浴血奮戰。道奇隊從凱戈手中拿下四分，在第四局把他打下場。凱戈說：「感覺很奇怪，我剛才在世界大賽第五戰丟了四分，而我還坐在這裡，想要覺得不爽。但我發不了火，因為我知道，對上克蕭，我們落後四分沒關係。」一局後，克蕭也退場了，總共丟掉六分。兩支球隊開始輪流猛攻，總共拿下二十四分，直到九局結束的時候，兩隊又回到原點：平手。

這些分數裡面，有七分是奧圖維和柯瑞亞打的。奧圖維和柯瑞亞不像喬治．史普林格，沒有在萬眾矚目的十月發生任何緊張不安的情況，就連第五戰也沒有。奧圖維在第五局轟出一支三分砲，第七局敲出一支帶有打點的二壘安打。柯瑞亞的表現也不遑多讓，在第四局敲出帶有打點的二壘安打，並在第七局轟出一支兩分砲，但他其實前兩個星期都守著一個祕密：他在美國聯盟冠軍賽第二戰結束後的慶祝派對上嚴重傷到拇指，導致這隻手指因為反覆注射止痛劑而滿是針孔。他說：「我看起來像毒蟲。」但像他這樣小的時候不管有多累或受傷多嚴重、每天晚上都會練球的人，不會錯過世界大賽任何一局。

十局下半比分還是十二比十二，而且比賽已經進行超過五個小時，看來免不了要打到更晚。美粒果棒球場裡，沒有人還坐在位子上，魯諾也站了起來。那天晚上道奇隊派出第七名投手簡森，在他出場第二局的時候，快速解決兩名打者，但之後他對麥肯投出一記觸身球，然後保送史普林格。接著布雷格曼站上打擊區。

麥肯有很多強項，但腳程不快。二〇一七年，Statcast 測了四百六十五名大聯盟選手的平均短跑速度。麥肯排在第四百六十四名。這個時候，太空人隊的板凳上只剩下二十四歲、短跑速度排名第十五的費雪（Derek Fisher）。他是魯諾拒絕交易出去的重點栽培新秀。辛區不需要什麼先進的統計分析，也知道要把費雪換上去，替麥肯代跑。

費雪沒有在二壘上面待很久。前一天晚上，布雷格曼在第九局從簡森手上轟出一支大砲，但那一球來得太晚，沒有辦法扭轉比賽結果。現在，布雷格曼要採取不同的方法。布雷格曼告訴辛區：「我要好好打他的卡特球。」當然，就像辛區說的：「說是這樣說，做就不一樣了。」

布雷格曼一上來，簡森就賞了一顆他想要的卡特球。布雷格曼抓到了。他把球揮到左外野。費雪快速繞過三壘，滑進本壘。太空人隊不但在今年休士頓最後一場比賽中拿下勝利，還以三勝二敗的領先之姿，即將返回洛杉磯繼續打世界大賽。西格知道，他們有百分之六十八的機率在世界大賽奪冠。

布雷格曼站在最前面繞著球場跑的時候，隊友把他團團圍住。他們開始把球衣從他身上扯下來。布雷格曼並不介意。他很多事情鳥都不鳥，尤其是現在，球衣算什麼。

韋蘭德在第六戰打完之後承認：「我不能說，我很驚訝棒球之神說：『好，去吧，我們要打第七戰。』」第二戰是韋蘭德加盟太空人隊之後第一次沒有拿下勝投，這一次他又得到一個之前沒有的戰績：敗投。不見得是他投得不好。他一開賽就投出五局零失分，但在第六局，道奇隊接連打出一支一壘安打、被投手觸身、敲出一支落在三不管地帶的二壘安打，然後又打出一支高飛犧牲打，因此拿下兩分。就在一個星期之前，太空人在第一戰只轟出一支大的，這一次，也只有史普林格在第三局轟出一支全壘打。他們同樣以三比一輸掉比賽。西格馬上算出太空人隊從第七戰脫穎而出的機率——現在，這個機率，就是他們在世界大戰奪冠的機率。考慮到道奇隊的主場優勢和達比修有的可怕實力，他說：「明天贏得球賽的機率是四成二。折磨人的丟硬幣比賽還在持續進行。」

這一次，硬幣重量不平均。機率顯示，道奇隊占據些微優勢，但太空人隊沒有辦法計算貝爾川破解達比修有的最強武器，能夠產生多少影響。

第七戰第一球投出去，太空人隊就知道，前五天的某個時候，達比修有和道奇隊就看出貝爾川發現的事情了。第一顆球，達比修有對史普林格投出時速一百五十四公里的速球，他把球放進手套裡，手腕和手指動作比第三戰的時候小。但他還是會晃動。對達比修有更傷的是，他必須想著，不要在投每一球之前做出洩漏球種的小動作，沒有辦法直接把球投出來。就像凱戈說的，「當你開始想投球以外的事情，你就完蛋了。」

達比修有對史普林格的第三球是一記偏低的滑球。史普林格把球擊出去，球落在左外野的邊線上，第一棒就敲出二壘安打。他朝太空人隊的板凳區用雙手比了個大拇指。達比修有投出下一球，此時道奇隊的一壘手貝林傑（Cody Bellinger）從地上接起布雷格曼的滾地球，然後把球傳進了球員休息區，讓史普林格拿下這場比賽的第一分。兩球後，達比修有試著再投一顆滑球。跑者要盜壘的話，喜歡挑慢速球，因為這些球進壘的時間比快速球久，而且捕手比較難接。待在二壘的布雷格曼，發現這可能是好機會。他盜上三壘的時候，捕手根本沒有傳球阻殺。再過兩球，奧圖維又收到一顆滑球，他把球打成朝一壘過去的滾地球，讓布雷格曼跑回本壘，在第一局以二比零領先。

二局上半兩人出局後，太空人隊以三比零持續領先，此時三壘有人，史普林格站上打擊區，挑戰那天晚上的第二個打席。達比修有已經對太空人隊的九名打者投了四十一球，其中只有一次揮棒落空。現在他面對的打者，已經跟第一戰被三振四次的那個打者截然不同了。史普林格先前十次上場打擊，有九次上壘。他在世界大賽中已經連續三場打出全壘打，並在系列戰中總共打出四支全壘打。道奇隊總教練羅伯茲（Dave Roberts）讓門神莫羅（Brandon Morrow）在牛棚暖身，但他傾向於讓達比修有繼續待在投手丘上。

世界大賽最有價值球員史普林格（四號），第七戰從達比修有手中轟出全壘打，跟柯瑞亞兩人歡欣鼓舞。

達比修有對史普林格的第五球是一記滑球。這一次，奏效了。史普林格揮棒落空。那一球打成滿球數。然後達比修有嘗試投了顆快速球，是一顆一百五十四公里的紅中速球。

世界大賽紀錄中，只有兩名選手曾經連續四場轟出全壘打，分別是名人堂球員賈里格（Lou Gehrig）和傑克森（Reggie Jackson）。只有兩名球員在同場系列戰中轟出五支全壘打，分別是傑克森和阿特利（Chase Utley）。達比修有那晚的最後一球是第四十七球，史普林格讓這些紀錄保持人，從兩人一組變成三人一組。達比修有說他拖著步伐下投手丘，留下五比零落後的局面時，感覺「這個痛會跟著我好一陣子」。當時他成為世界大賽史上，第二個兩場都無法投到第三局的先發投手。

此時，奧圖維則有不一樣的感受。很久以前，他還在馬拉凱市的時候，他就學到永遠不要窺探未來。沒有人一定可以得到什麼，尤其是一名身高一百六十五公分的棒球員。當下這一刻，還有你怎麼度過這一刻，才是最重要的。就連一個月前，打完正規季賽，奧圖維打擊率三成四六、全壘打二十四支、八十一分打點，三十二次盜壘成功，確定贏過洋基隊的賈吉，成為美聯最有價值球員（賈吉比奧圖維高三十五．六公分、重五十三．二公斤），他也不曾假定得獎的人就是自己。但是現在，世界大賽第七戰，太空人隊以五比零領先，奧圖維忍不住臆測未來。他開始數起出局數。

三個小時後，奧圖維守在右外野靠近內野的地方。九局下半，太空人隊以五比一領先，對手已有兩人出局。太空人隊針對席格調整守備位置。布雷格曼站在奧圖維平常站的位置。投手是莫頓，他準備塞給席格一顆一百五十六公里的內角速球。奧圖維握拳在手套裡面碰了一下，然後蹲低膝蓋。

二〇一七年的時候，柯瑞亞不只向貝爾川請教怎麼打擊，還請貝爾川當他的愛情顧問。確切來說，對象就是不在乎汽車旅館有尿騷味的德州小姐丹妮拉。他也把對丹妮拉的感情告訴了貝爾川。柯瑞亞聽過貝爾川說起太太潔西卡和三個孩子的那種樣子。雖然柯瑞亞才二十三歲，但他知道，他想要跟貝爾川一樣。

「你快樂嗎？」貝爾川問柯瑞亞。

「快樂。」柯瑞亞說。

「你們情投意合嗎？」

「對。」

「她了解你的工作嗎？移地比賽，還有你要經歷的事？」

「了解。」

「那就沒有什麼還要再談的了。」

柯瑞亞想了一個計畫，然後他在第六戰開打前，找福斯頻道的羅森索幫忙。太空人隊最後兩場比賽，如果贏球，就會執行他的計畫。

二〇一七年十一月一日，洛杉磯晚上八點五十七分，休士頓晚上十點五十七分，席格打出滾地球——這顆球，魯諾和西格規畫了六年，柯瑞亞盼望了二十三年，休士頓等了五十六年。這名道奇隊的游擊手，剛剛好打出太空人隊資料上他可能打出的球，朝著部署在淺右外野的奧圖維滾過去。奧圖維對自己說，**別漏接了**。他沒有漏接。他跟從前做過的幾千幾百次一樣，把球接起來。他跟從前做過的幾千幾百次一樣，把球傳向一壘。這一次，這顆球成了世界大賽的最後一個出局數。

太空人隊沒有一個人記得接下來幾分鐘奧圖維做了什麼。他衝向柯瑞亞，柯瑞亞把他高高抱起。太空人隊在道奇隊球場投手丘後面搭建的舞臺集合。他們輪流舉起世界大賽獎盃，史普林格獲頒系列戰最有價值球員獎。然後，至少對柯瑞亞來說，就是這一刻了。他和羅森索在全國電視前執行他們的計畫。

羅森索說：「你一輩子都在夢想這一刻、這種感覺。這跟你想的一模一樣嗎？」

「一模一樣，而且比我想的還好。」柯瑞亞說：「這是我人生中的一大步、人生中的非凡成就。此時此刻，我要踏出人生中的另外一大步。」

這位游擊手把手伸進褲子後面的口袋，然後轉向丹妮拉。「丹妮拉，你讓我成為世界上最快樂的男人。」說完之後，他單膝跪下。「你願意嫁給我嗎？」

「我的天啊！」丹妮拉說。她用手捧著柯瑞亞的臉頰，眼淚流了出來。

福斯電視台的鏡頭轉到遠方目瞪口呆的老爹身上時，之後，柯瑞亞想到他可以擁抱另一個人。柯瑞亞彎下身，把他拉過來抱了好幾分鐘，把臉埋在他曬傷的脖子上。這時他也哭了。他在老卡洛斯耳畔小聲地說：「**我們辦到了**。」

柯瑞亞擁抱爸爸，韋蘭德擁抱凱特。

隨著勝利成真，成千上萬名攜手一起讓這件事實現的人，回到當初帶著他們一起拿下冠軍的路上。這次結果當然很重要。為了這場勝利，兩天後，超過七十五萬休士頓人集結起來——有些人的家還要靠發電機發電，有些人的家再也不存在了——隊伍長到在市區占滿二十個街區，大家一起參加太空人隊有史以來第一次冠軍遊行。更重要的一點，還有他們會永遠記得的一點，是他們怎麼完成這個目標。

吉姆・克蘭在道奇球場上說：「即使戰況激烈，我還是告訴魯諾：『我會按照計畫進行。計畫、計畫，執行計畫。』他就這樣做了。」克蘭身穿淺藍色格子運動外套，臉上掛著微笑，因為他的隊伍不但奪下世界大賽冠軍，而且短短六年價值就增加不只一倍。《富比世》指出，太空人隊現在身價十六億五千萬美元。

玩二十一點時很會算牌、一下就能摸透對手的賭王貝爾川眼眶泛紅地說：「我只花二十年就走到這一步。這是我的福氣。現在，去哪都沒有遺憾了。」事實上，他知道自己的職業生涯要朝哪發展。他抱著年紀還小的兒子，他一直在拉自己的耳朵。兩個星期後，貝爾川宣布退休。不久之後，他去應徵洋基隊的總教練。雖然他沒有獲得這份工作，但他當上球隊教頭的日子，很快就會到來，這點毫無疑問。

奧圖維把球傳到古利爾手中，確定拿下第七戰最後一個出局數的時候，魯諾坐在道奇球場夾層的決策人員包廂最前排，膝蓋上坐著他的兒子。他抱著三歲的亨利步下樓梯，穿過看臺，走進球場，踏上頒獎舞臺。魯諾說：「我不知道他會不會記得，但他在現場。」不到半小時，亨利被安穩地抱在媽媽吉娜的懷中，此時魯諾的思緒已經從比賽結果，跳到那個向來令他的工作有所意義的事情上：過程。他搭著韋蘭德的肩走出球場，韋蘭德已經答應不只在休士頓待滿二〇一七年，二〇一八年和二〇一九年他也會在這打球。

韋蘭德的思緒則是飄到比較沒那麼遠的日子。他和凱特的婚禮將在三天後舉行。先前，他們在規畫婚禮，唯一有可能影響到婚禮的只有一件事：替老虎隊打世界大賽第七戰。這件事早就不可能了。現在，這對準新人還在洛杉磯，他們的賓客已經開始陸續抵達義大利。當天晚上出席歡迎派對的人傳簡訊告訴他們：「你們的婚禮會場布置得好

2017 年 11 月 1 日，太空人隊封王後，球員立刻衝進球場。

27
60
15

克蘭凝視太空人隊改造後的成果。

美。真希望你們在這裡。」

西格那張臉皺了一個月，現在終於換上苦笑。他始終站在慶祝人群的外圍，阿拉蒂陪在他的身旁。舞臺四周有金屬圍欄隔開人群，但他站錯邊了。之後他又跑到休息室外面的走廊去，球員在休息室裡點起雪茄，將香檳淋到對方身上。有些球員跑過走廊的時候，會跟西格擊掌。大部分的人連看都沒看他一眼。沒關係。

這個世界會為有所成就而慶祝西格也會。他說：「贏球很有趣，用數學來取得世界大賽的冠軍戒指很有趣。」道奇隊在這次系列戰的得分跟太空人隊一模一樣——三十四分——但太空人隊的分數分配得比較好，所以現在成為冠軍的是他們。但是西格在另外一場系列大戰中運籌帷幄，這是一系列的決策——由千百人下的千百個決定。這些決定加在一起，才讓此時此刻誕生。但能不能創造這一刻，誰也不能確定。若說人生不是一連串的決定，那會是什麼？西格和魯諾十幾年前就在紅雀隊開始做這件事情。他們從來都不覺得自己可以打敗人生的發牌員。西格說：「如果有人告訴你他們認為未來會是什麼模樣，別相信他們。未來比我們想像的還要奇怪很多。未來比我們**可以想像到**的還要奇怪很多。如果你覺得自己摸透了，等著看吧。你會是錯的。」

魯諾和西格始終相信，他們可以提高機率，讓自己對的時候比錯的時候多。這樣的機率，他們會一直追求下去。

西格說：「不需要再得點了。」他很開心，但也精疲力盡了。「至少這一季不需要了。」

結語
太空世界

太空人隊在二〇一七年夏初崛起，然後在八月的時候陷入低迷，這段期間，西格沒有在休士頓親眼見到這個情形。他反而對美國東北部的偏僻小路和得來速熟悉起來。他身上本來經常穿著數據宅之窩的卡其褲和Polo衫制服，換成了不一樣的款式，上面用紅色粗體字寫著「谷貓」（ValleyCats）。

在魯諾的指派下，六月到八月期間，西格都要穿著棒球衣。三十六年前，他在聖荷西州絲帆魚隊打少棒聯盟的最後一個球季。從那時起，他就再也沒穿過球衣。西格和太空人隊的一A球隊三城谷貓隊（Tri-City ValleyCats）一起坐在休息區。這支球隊打紐約賓州聯盟的比賽，以工業之都紐約特洛伊市為他們的主場。西格搭谷貓隊的巴士，向北最遠去到佛蒙特州，向西最遠去到俄亥俄州，向南最遠去到維吉尼亞州。谷貓隊的球員裡，幾乎沒有幾個可以合法飲酒，很多人都不到這個年齡。年紀最大的球員二十四歲，最小的球員十八歲。

西格主要是跟教練團待在一起，這些教練只比他小一、二十歲，還不到小三十歲的程度。谷貓隊的總教練是恩斯伯格（Morgan Ensberg），二〇〇五年左右，他曾經在太空人隊擔任三壘手。有一天晚上，在坐了很久的巴士後，西格發現自己和隊上許多球員，待在同一間特洛伊市酒吧裡。感覺很奇怪，好像西格在加州大學戴維斯分校念大學，在學校外面遇見教授的時候。只是這次，教授是他。

酒吧快要打烊的時候，西格注意到，剛才他尷尬地跟幾名球員打過招呼，現在，其中一名可能需要他的幫忙。這名球員沒在喝酒，但做拿破崙時代裝扮的保鑣注意到他的動靜。保鑣說他玩「雄鹿獵人」（Big Buck Hunter）玩得太大聲了。打這款電動遊戲的時候，玩家要拿塑膠螢光步槍，獵殺出現在螢幕上的野生動物。保鑣衝過去把遊戲機的插頭拔掉。球員把假槍轉過去，對著保鑣扣下扳機。這件事讓西格覺得不妙。保鑣盯了一個晚上，準備出手挑戰，把比他高大很多的職業運動員撂倒，就在此時，西格介入了。他把球員帶到外面，然後回去對付那個保鑣。保鑣一副也想把中年數據科學家揍一頓的樣子。但率先發難和使出最後一擊的人是西格。他用的不是拳頭。

他告訴保鑣：「你要對客人好一點！」

魯諾把西格派到特洛伊市，不是為了要他協調酒吧紛爭。西格這麼做，是出於自願。在公事上，他到那裡的目的，是要為恩斯伯格和球員提供建議，告訴他們怎麼把數據用於球場布陣和選球，他是要去當一壘指導教練，還有，最主要的一件工作，就是他要以在太空人隊的新頭銜（又是一個從來沒人聽過的頭銜），進行觀察和提出意見。他不再是太空人隊的決策科學長，現在，西格是總教練流程改善特別助理。他的背後寫著二十一號，代表「二十一點」。

二〇一七年六月，西格穿著三城谷貓的制服。

到了二〇一七年，太空人隊用來替世界大賽冠軍打下基礎的競爭優勢，是從哪些技術和策略而來，這方面其他競爭球隊已經懂了很多。就連老虎隊在內，每一支球隊都有一個日漸壯大的分析部門，裡面都是工程師和數據奇才。這個部門可以幫助球隊整合各種預測資訊，好在選秀會上成功挑選球員，並根據球員的未來表現，正確評估球員的價值。兩個冬天以前，釀酒人隊挖角魯諾的高階助理史坦斯，請三十歲的他過去擔任總經理。太空人隊就把艾利亞斯升上去接史坦斯的位子。西格說：「有時候我們實在忍不住去想從前那段美好的時光。當時只有我們，可以隨便挑、隨便選。」太空人隊從二〇一五年開始就繳出亮眼的戰績，所以他們的優先順位，總有一天會落到紅雀隊以往的名次。而且，排在太空人隊前面的球隊，比以前更會選人，表示可以挖掘的遺珠愈來愈少。

每一支球隊都採取防守調度的做法。比起二〇一三年，魯諾和史坦斯把防守調度的概念告訴心存懷疑的凱戈時，大聯盟打者在二〇一七年面對防守調度的次數，將近先前的四倍。而且很多球隊都開始善用輸球，藉此累積資源，等到很久以後，球隊準備要奪冠了，才派上用場。西雅圖水手隊總經理狄波多（Jerry Dipoto）表示：「你會發現，跟你競爭狀元籤的球隊，可能比爭奪世界大賽冠軍的球隊還多。」隨著二〇一八年球季即將到來，至少八支球隊（等於大聯盟球隊的四分之一）沒有參加十月季後賽的打算。冬天的時候，這些球隊都沒有在簽自由球員這件事上花超過兩千萬美元，其中兩支球隊——勇士隊和海盜隊——甚至沒有簽下任何一名自由球員。

這八支球隊，不太可能像太空人隊一樣，統統靠這個策略成功。其中，至少有幾支球隊打定注意，接下來十年會繼續輸球，球場會繼續空蕩蕩，然後他們必須再次重建。每年只有一個狀元籤，而且最後只有一枚世界大賽冠軍戒指。太空人隊無意再次加入那樣的撞車大賽，也沒有這個必要。他們先前在棒球煉獄外，或在更糟糕的境地裡徘徊好多個球季，不是為了爭一次冠軍。如果說他們在二〇一一年和二〇一三年之間，打出一百六十二勝三百二十四敗的戰績代表最谷底，那麼二〇一七年絕對不是他們的顛峰——那只是他們在極短時間內的第一個高峰。

世界大賽中，替太空人隊先發出賽的二十五名球員，有三名是魯諾接手之前就已經待在球隊了，四名是他選來的，九名從交易得來，另外九名是他簽下的自由球員。這些決定，是為了組成不但可以贏一次，還可以繼續贏球的隊伍。太空人隊最重要的四名打者，同時也是世界大賽的前四棒——史普林格、布雷格曼、奧圖維、柯瑞亞——都沒有超過二十八歲。布雷格曼和柯瑞亞才二十三歲而已。史普林格要到二〇二一年才會成為自由球員，柯瑞亞要等到二〇二二年，布雷格曼要等到二〇二三年。二〇一八年三月，魯諾將奧圖維成為自由球員的時間延到更後面。他和現任美聯最有價值球員簽下五年一億五千一百萬美元的延長合約，要到二〇二四年合約才會失效。從二〇二〇年起，光是這名二壘手，每季就會賺走太空人隊在二〇一三年開幕日的全隊薪資。

他們的投手也沒有馬上就要離開。二〇一八年之後，凱戈會成為第一個獲得自由之身的投手，但小麥卡勒斯在那之後，還會在太空人隊待上三年。魯諾也有接班計畫。艾利亞斯現在同時掌管國內和國際球探部門，他和高思坦持續為魯諾發掘頂尖的明日之星。這些新秀，魯諾絕對不會交易出去，就連拿來換韋蘭德這樣的球員也不可能。

魯諾用不同以往的方式，來打造一支能在未來成功的隊伍。他和西格在紅雀隊發明一套流程，然後在太空人隊中改良和發揚光大，他們成功了。他的奧迪也因此有了一塊新的個人化車牌「WS112」，用來紀念太空人隊在二〇一七年的總勝場數。但是魯諾從來不相信，這就是勝利的永久方程式。

原因之一在於，這套流程基本上是向後回顧的流程，所以它是靜態的。西格的預測巧妙地運用各種資訊來源——軟資訊、硬資訊、人類資訊和統計資訊——藉此預測未來。但除此之外還有更高深的境界，在競爭對手愈來愈清楚他們怎麼逆轉勝的時候，一個可以讓太空人隊繼續保持領先的創新境界。想要辦到就要善用資訊，讓球員可以達成過去戰績顯示他們達不到的成就。還要讓每一個身材矮小但有成長心態的安打型打者，擁有成為奧圖維的機會，讓每一個球速並不威猛但控球精準的投手，擁有成為凱戈的機會。預測未來是一回事。持續改變未來則是另外一回事。

雖然西格到小聯盟的具體工作是太空人隊的最高機密，但他此行有一項任務，就是想辦法進步。他不是獨自努力而已。

二〇〇七年，陶布曼（Brandon Taubman）從康乃爾大學經濟系畢業。他跟很多常春藤盟校畢業的學生一樣踏入銀行業，成為一名評估複雜金融工具（稱為衍生性金融商品）的專家，先是在安永會計事務所（Ernst & Young）工作，之後轉到巴克萊銀行。身為一名一百七十公分高的長島人，陶布曼很早就從自己打棒球，轉為欣賞棒球比賽。但他一直在玩全明星棒球賽遊戲的現代版：夢幻運動選秀會。DraftKings 和 FanDuel 這類網站，每天晚上會讓玩家挑選自己的出賽陣容，用真錢來賭博。陶布曼和朋友用他受過的金融訓練，設計了一套系統，每天輸入好幾百隊陣容，來發掘像天氣預報這種被忽略卻有預測價值的因素。他們的勝率有五成八，比百分之五十三這個損益平衡點還要高出很多。二〇一三年，陶布曼應徵一個比他在巴克萊銀行的薪水低很多，甚至比他在夢幻運動選秀會賺的錢還要少的分析師職位。雖然另外四百九十九名應徵者，學歷幾乎都比他好，但是魯諾從雪片般的應徵信中，選了陶布曼的名字。

陶布曼剛開始是以經濟學家的身分，協助史坦斯處理合約評估之類的事務。幾年下來，他承擔的責任愈來愈大。魯諾幾乎每一季都讓他升職。到二〇一七年九月的時候，三十一歲的陶布曼，成為太空人隊棒球營運、研究暨創新部門的資深主管。

西格則是升上特助的位置，數據宅之窩由曾經當過半導體工程師和《棒球指南》記者的法斯特接掌。二〇一七年秋天，數據宅之窩擴大成為有九名員工的部門，法斯特早些時候接觸過 PITCHf/x 和 TrackMan 等球員追蹤技術，此時他的經驗比以前更有用了。在魯諾給法斯特第一份跟棒球有關的工作之前，法斯特就憑著過人本領，認識到偷好球（pitch framing）具有很高的價值。偷好球是指，捕手接到好球帶邊緣的球，有能力以微妙的方式蒙騙主審，讓主審把原本應該是壞球的球判成好球。這樣的能力，一年可以讓球隊多得或少得好幾十分。法斯特在太空人隊發揮分析長才，讓球隊知道，麥克修和近期的莫頓具有潛在價值。

二〇一七年即將展開之際，莫頓三十三歲，當時的他是一名遊走各隊的浪人投手，戰績四十六勝七十一敗，生涯投手自責分率四．五四。他也有一顆一百五十三公里左右的快速球、一顆他太常使用的伸卡球，而且他跟麥克修一樣，有一顆沒有很常拿出來的曲球。雖然他的統計數據並不起眼，但是陶布曼和法斯特一起說服魯諾，在二〇一七年球季開始前，與莫頓簽下兩年一千四百萬美元的自由球員合約。莫頓投伸卡球的頻率從百分之六十三，降到百分之四十一，曲球使用比率則是從百分之二十四，提高到百分之二十八。莫頓拿下十四勝七敗的戰績，投手自責分率三・六二，並在世界大賽中成功關門。

奪得冠軍後的幾個月，太空人隊把焦點放在網羅一名投手上。他們認為，他們的統計資源也能幫助這名投手提升戰績。海盜隊在二〇一一年，以總順位第一位選中加州大學洛杉磯分校的柯爾（Gerrit Cole）。四年後，柯爾戰績十九勝八敗，投手自責分率二・六，在國家聯盟賽揚獎投票中排名第四。他的成績在接下來兩個球季下滑了。這兩年戰績為十九勝二十二敗，投手自責分率四・一二。他的手臂沒有任何問題。他才二十七歲，還能投出超過一百六十一公里的快速球。奇怪的是，二〇一七年，雖然他的滑球比較有殺傷力，但比起滑球，他卻開始比較常投快速下沉球。對手打他的伸卡球，打擊率有三成六，只有百分之七的機率會揮棒落空。但是他們打他的滑球，打擊率只有兩成六八，揮空率近百分之三十四。二〇一八年一月，在陶布曼和法斯特的極力主張下，太空人隊用四名小聯盟球員，換來柯爾在太空人隊效力兩年。這四名小聯盟球員不在太空人隊的頂尖新秀名單中。投手懷特利、馬提斯，還有外野手費雪、塔克，這些球員都還是太空人隊的頂尖新秀。這筆交易太空人隊萬無一失，柯爾有排在韋蘭德和凱戈後面，成為第三位輪值王牌投手的潛力，他將投出更多滑球。

在此同時，太空人隊的系統已經建立好幾百名球員的資料，太空人隊可以協助他們快速進步，不必犧牲隊上的明日之星，或花大錢去買贏球的機會。魯諾和西格來到太空人隊的這六年，棒球技術急遽發展，而且吉姆・克蘭在分析師的建議下，在很早的階段就至少投資三種技術。在大聯盟引進 Statcast 系統，正式採用 TrackMan 技術之前，太空人隊就已經使用 TrackMan 好幾年了。除此之外，還有 Blast Motion 感應器——這片圓盤上面有加速計和迴轉儀，安裝在球棒上面，可以測量揮棒的速度和角度。還有高速攝影機，可以詳細記錄球員在比賽和訓練時的一舉一動，並將這些動作用千分之一秒的格速拆開來看。

太空人隊不是只在大聯盟的比賽場地採用這些技術，他們也把這些技術運用在小聯盟的場地，就連特洛伊市的球場也有安裝。西格和法斯特將他們收集到的數據融入數據宅之窩的公式裡，讓他們的預測更加準確。但這些技術還有其他用途。假如二〇一四年春訓的時候，太空人隊可以把 Blast Motion 感應器裝在馬丁尼茲的球棒握柄上，球隊高層就不用只靠馬丁尼茲的說法和少數幾個打席，來判斷他的打擊能力是否真的有所提升。他們會有憑有據。知道自己沒有憑據這件事，更是加快了太空人隊在技術方面的投資腳步，讓他們下定決心不要再錯過這樣的發展。

在現場比賽中，這些技術更有威力。TrackMan 數據和高速影像結合，讓球隊分析師可以偵測投手的投球過程或投出去的球有所改變，已經來到引發長期傷勢的緊要關頭，讓他們有機會避免；甚至在投手有機會向辛區承認之前，偵測到場上投手已經很疲憊了。

這些技術還有一個用途，就是讓球隊各個層級的球員，都能立刻有一個可以衡量的目標。打擊教練仰賴的只有經驗，當他們建議球員可以試著改變揮棒動作來提高打擊率的時候，這是一回事。但球員都不是數據科學家，讓他們看見實實在在、比較容易理解的證據，而不是圖表或落點，又是另外一回事了：這裡有 TrackMan 數據，顯示擊球仰角在十九到二十六度之間，變成全壘打或讓安打上壘數增加的機率最高。這裡有 Blast Motion 數據，可以從中看出你平常怎麼揮棒。還有高速影像，配上容易理解的數據圖像，可以從中看出不同的球你該怎麼揮擊，並多加運用這些揮棒動作。

二〇一七年過後，太空人隊的決策人員除了早就使用先進技術，還有另外一項優勢：戰績紀錄。太空人隊從前只能對凱戈這群球員循循善誘，希望他們相信數據宅之窩的方法不僅有效，還能幫助個別球員。這些年來，魯諾早就把這項工作交給一位名叫普堤拉（Pete Putila）的高階主管。二〇一一年，魯諾到太空人隊的時候，普堤拉是一名實習生。魯諾一直把他留在身邊，一來是普堤拉很有才幹，二來是他講究方法而且態度親和。普堤拉現在當上球員部門的主管，是少數幾名從魯諾進來前就留到現在的員工。有一部分是因為，這名西維吉尼亞大學的畢業生，非常擅長將以數據為主的建議，翻譯給隊上的所有球員聽，也很擅長說服球員嘗試這些建議。二〇一七年後，對普堤拉和決策人員來說，這項工作做起來更輕鬆。太空人隊的冠軍戒指替他們省了很多事。比起穿著卡其褲和 Polo 衫的阿宅掛保證，奧圖維和柯瑞亞也在用同樣的工具，更能說服年輕球員相信這些技術。

太空人隊的成功也帶來另外一個結果。棒球界的老人因此對他們讚賞有加，有時候甚至到了嫉妒的程度。這些老人曾經將他們視為自稱無所不知的外人。一名敵對總經理表示：「我想他們在打擊方面有很多創舉，這個領域，他們比其他人都要先進得多。他們的進攻資訊占了上風。我真的聽見有些管棒球營運的人說：『我希望他們輸到他媽的脫褲子，他們太驕傲了。』但傑夫．魯諾可不是拿錢參加人氣比賽。他拿錢是要贏他媽的球。而且他正在這麼做。」

就連某些球員經紀人都開始欣賞太空人隊（超出球員價值的錢，多一元太空人隊都一概不付，令這些經紀人大感受挫）。一名經紀人表示：「看得出來他們深信自己在做的事。他們有一套系統，而且這套系統能有效運作並非意外。他們認定的事情就會發生，而且也發生了。我認為傑夫．魯諾是一位了不起的總經理。我可能不會想跟他一起出遊——但我願意在他底下工作。」

在谷貓的巴士上過了三個月的西格，回到兄弟會朋友的車庫，然後經歷了五十一年來最棒也最可怕的十月。他們的流程發揮效果了，但這個過程還沒結束。還有好多可以改善的方法，就連眼光放得最遠的球隊，都還沒有開始在這些方面著手改進。或許他們可以嘗試新的防守陣形，在面對超常打出飛球的打者時，把內野手調去守外野。或許有一天他們可以派穿著制服的分析師，和休息區裡的總教練並肩作戰——不是只跟三城谷貓隊的恩斯伯格，而是跟休士頓太空人隊的辛區一起待在休息區。

他們絕對可以改善球員的食物。以小聯盟的最低層級賽事來說，比賽過後，球員休息室通常會放一條國民品牌「神奇麵包」（Wonder Bread）、一桶花生醬和一罐果醬。假如有球員叫餐點，一日餐費是二十五美元，只夠點速食類的食物。很多拉丁裔球員都沒有叫餐，而是把餐費寄給在多明尼加共和國或委內瑞拉的家人。在這種情況下，球隊還奢望把他們培植成世界級的運動員。

太空人隊還要在了解球隊化學反應上更加用心。他們為了借助貝爾川在轟出全壘打之外的能力，而付給他一千六百萬美元。但他們沒有辦法預測到，即便貝爾川沒有在世界大賽中轟出任何一支安打，少了他的話，太空人隊就很有可能不會成為冠軍。研究化學反應對球隊表現有何影響的貝佐魯科娃和史貝爾教授，已經將範圍擴大到西格的前東家：美國太空總署。要想完成火星登陸任務，六名太空人必須關在一個跟一間套房同樣大小的太空梭裡，一起度過超過一年的時間。他們正在研究，自戀和侵略等因素，會對這些太空人的工作效率產生什麼影響。他們相信，相關技術可以運用在球隊休息室裡。如此一來，球隊必須安裝攝影機，去分析球員的所有互動過程，包括交談和非口語互動。還要有生理監測儀器，去記錄球員的壓力反應，例如心跳速度和皮質醇濃度。但這是辦得到的。

總是會有更多可以收集和利用的數據。凸顯出你已經擁有的數據並不充分。假如太空人隊只聽電腦的，他們可能永遠不會相中波多黎各的高中游擊手，不會留下一百六十五公分的二壘手，不會簽下四十歲的自由球員，也不會去交換一名年紀已經不小、一年賺走兩千萬美元的投手。而且如果不是因為紅雀隊老闆小德威特一個人的直覺，還有《魔球》這本書在巧妙的時間點出版，下這些決定的人很有可能還在矽谷和美國太空總署上班。數據可以幫人發揮最佳實力，但把這件事跟完美表現混為一談，可就不明智了。如果說拒絕數據力量的人會被淘汰，那麼相信光靠數據就有答案、而不把數據當成工具的人，同樣也會失去競爭力。英國統計學家博克斯（George E. P. Box）曾經寫下：「所有模型都是錯的，但有一些有用。」

大家對數據世界了解愈來愈多——每支球隊都能取得同樣一套數據和技術。既然如此，新的優勢可能來自於，那些幾乎不可能量化和納入統計模型的資訊。換言之，總有一個可以讓人類智慧和人工智慧同時作用的地方，而且這個地方不限於棒球比賽。直覺總是會有它的舞臺。

誌謝

我在十四年前以臨時記者的身分加入《運動畫刊》。雜誌社派給我的頭幾項工作，其中有一項是要採訪一隻每天在跑步機上訓練的冠軍獵犬。從那時起，《運動畫刊》就一直是我工作的地方。所以，我可以說在這裡工作了大半輩子，而且我報導的對象，在大部分的情況下，資料也比較好取得了。《第二波魔球革命》誕生於《運動畫刊》的報導，許許多多的同仁都曾為其出力，尤其是巴蘭坦（Taylor Ballantyne）、貝克泰爾（Mark Bechtel）、坎內拉（Steve Cannella）、陳艾伯特（Albert Chen）、德馬克（Richard Demak）、杜爾森（Adam Duerson）、富奇（Max Fucci）、葛雷（Maggie Gray）、赫希（Hank Hersch）、杭特（Ryan Hunt）、凱斯（Ted Keith）、麥克唐納（Terry McDonell）、米勒（Gabe Miller）、斯卡洛基（Stephen Skalocky）、史班（Emma Span）、維杜奇（Tom Verducci）、沃爾（Grant Wahl）以及韋特海姆（Jon Wertheim）——還有沒錯，甚至包括西普納克。夸克（Sarah Kwak）一字一字替本書核對內容是否屬實，沒有一處謬誤逃得過她的眼睛。

尼可拉斯（Abby Nicolas）也替本書找出了所有能夠喚起記憶的照片。要是沒有史東（Chris Stone），這本書便不會存在，不管點子有多不切實際，他都總是能夠悉心澆灌作家的點子。

《運動畫刊》的書庫可能是全世界最棒的體育檔案庫。這個書庫位於紐約歷史協會裡面。我在那裡待了很久，翻閱記載霍芬海斯法官打造太空人隊和當時休士頓崛起的泛黃歷史剪報和文件。為了知道外界怎麼看待近代太空人隊的種種創舉，我向棒球界、新聞界和學術界的許多人士諮詢過，特別是貝佐魯科娃和史貝爾教授。大聯盟電視網的阿諾維克（Chris Arnowich）、賈克林（Doug Jaclin）、卡格（Micah Karg）、肯尼（Brian Kenny）和魯梭（Chris Russo），從很早就一直支持我對太空人隊的看法。

我的報導大部分來自對太空人隊成員所做的訪問。過去五年以來，我和至少四十六人談過話，有好幾個人跟我一次花好幾個小時，聊了超過六次。貝爾川、柯瑞亞、艾利亞斯、凱戈、魯諾、馬丁尼茲、麥戴爾、史普林格、韋蘭德，他們都非常大方地為我撥出時間和提供見解。他們在世界大賽中奪冠，也對我幫助很大。

帕里斯–蘭姆（Chris Parris-Lamb）很快就了解我要在這本書裡呈現什麼，而且他在這個過程中，一直跟我一起努力讓內容更精鍊和切中要害。身為經紀人，他不只替作家賣書，還用心讓作品更上層樓。除了他，格納特公司（Gernert Company）的每一個人

——尤其是波林（Sarah Bolling）和格納特（Jack Gernert）——以及地下電影公司（Underground Films）的費雪（Steven Fisher）和里德（Christopher Reid），也都如此盡心盡力。

顯然，對皇冠出版集團（Crown）的團隊來說，沒有所謂太短的出版日程，看著皇冠的團隊開始動起來，最後將這本書付梓，真是了不起。亞當斯（Craig Adams）、布雷克（Tammy Blake）、博奇科夫斯基（Tricia Boczkowski）、賽普勒（Julie Cepler）、達加（Jon Darga）、艾斯納（Melissa Esner）、弗蘭（Ellen Folan）、賈西亞（Kevin Garcia）、劉安卓莉亞（Andrea Lau）、麥克法登（Ivy McFadden）、昆蘭（Kathleen Quinlan）、羅斯納（Annsley Rosner）和史登（Molly Stern）都相信，本書值得他們付出心血。我的編輯和好朋友道坦（Kevin Doughten）毫不保留、夜以繼日地將書中字句塑造成形，應該要花好幾個星期，去聽超級豐滿樂團（Superchunk）的演唱會才對。

我很幸運，擁有一群可以在才華和個人特質上互補的朋友——這個圈子沒有斷層。我要特別感謝布利澤（Rachel Blitzer）、麥卡錫（Matt McCarthy）和菲利普斯（John Phillips），他們是我日常生活中很好的試水溫對象，永遠那麼有耐心，永遠都會為我提供意見。就連看似最微不足道的內容發展，他們還是為我提供意見——例如，將流傳九十年的恐怖水怪故事裡的題詞用在書中會是好點子嗎（只有一個人在這場辯論中贏了）。芬奇（Charlie Finch）是一位小說家、散文家、評論家，同時也是任何寫作者都夢寐以求的良師益友。

我在賽拉（Serra）和喬治（George Goldman）家寫下本書頭幾個字，當時喬治從我的肩膀後面看過來，問我二十一點是什麼。之後，我寫書的每一天，比利（Billy）和瑪莉（Marie Goldman）一直在我心中，而且就算我現在即將打下句號，我的心裡也一直會有他們的位置。我的家人大都很幸運，不必知道整體攻擊指數究竟是什麼，但我的其他家人，也都一直熱心地幫我讀稿和支持著我，有琳恩（Lyn）和格倫（Glenn Reiter）；黛安娜（Diana Reiter）、尚恩（Sean）、伊芙（Eve）和莉莉（Lily Mersten）；朱莉（Julie Reiter）；蘇珊（Susan Goldman）；丹尼（Danny）、科琳（Corinne）、奧莉薇雅（Olivia）、諾亞（Noa）、艾芙利（Everly）和艾登（Aidan Goldman）。其中，亨利（Henry Rodin）是讀得最仔細、給我最多鼓勵的人。

我從太空人隊身上學到最重要的一課，就是「別把焦點放在結果，要放在過程上」。而且原來，一名作家的寫作過程，對他的太太和孩子來說，比對作家本身來說還要難熬。愛麗絲（Alice）、瑪德琳（Madeleine）、希莉亞（Celia Reiter）跟我一樣，為《第二波魔球革命》付出很多。我的心——就位在腸道上方不遠之處*——永遠屬於她們。

---

*編注：參見93頁譯注。

照片出處

23頁 Otto Greule Jr./*Sports Illustrated*/Getty Images
30頁 Neil Leifer/*Sports Illustrated*/Getty Images
32頁 Shel Hershhorn/The LIFE Images Collection/Getty Images
37頁 Pinterest
52頁 Darren Carroll/*Sports Illustrated*/Getty Images
59頁 AP Photo/Aaron M. Sprecher
62頁 Larry Goren/Four Seam Images via AP Images
85頁 Courtesy of University of Central Missouri
98頁 Bob Levey/Getty Images
108頁 Courtesy of the Correa family

113頁 Sam Rubin/Yale Sports Publicity
128頁 AP Photo/Tomasso DeRosa
139頁 AP Photo/*Norwich Bulletin*, Tali Greener
158頁 AP/REX/Shutterstock
160頁 Mike Janes/Four Seam Images via AP Images
170頁 Darren Carroll/*Sports Illustrated*/Getty Images
178頁 Darren Carroll/*Sports Illustrated*/Getty Images
179頁 Hayne Palmour IV/U-T San Diego/ZUMA
179頁 Darren Carroll/*Sports Illustrated*/Getty Images
200頁 Bob Levey/REX/Shutterstock
202頁 Bob Levey/Getty Images
217頁 Chuck Solomon/*Sports Illustrated*/Getty Images
225頁 Bob Levey/Getty Images
247頁 Jamie Squire/Getty Images
248頁 Bob Levey/Getty Images
262頁 Tom Dahlin/*Sports Illustrated*/Getty Images

268頁 James Devaney/WireImage/Getty Images
280頁 AP/REX/Shutterstock
297頁 Robert Beck/*Sports Illustrated*/Getty Images
310頁 Ezra Shaw/Getty Images
314頁 Ben Reiter
314頁 Ezra Shaw/Getty Images
316－317頁 Tim Bradbury/Getty Images
318頁 Robert Beck/*Sports Illustrated*/Getty Images
323頁 Hans Pennink/*Times Union*

國家圖書館出版品預行編目(CIP)資料

第二波魔球革命：提升事業與人生戰績，球團、企業、個人都能用的常勝智慧／班・賴特（Ben Reiter）著；趙盛慈譯. -- 初版. -- 臺北市：大塊文化, 2019.02
面；14.8 x 20 公分. -- (touch ; 67)
譯自：Astroball : the new way to win it all
ISBN 978-986-213-953-0(平裝)

1.棒球 2.美國

528.955 107023886

LOCUS

LOCUS

LOCUS

LOCUS